自由法曹団百年史
1921–2021

自由法曹団＝編

Japan Lawyers Association for Freedom

1921-2021

日本評論社

発刊にあたって

自由法曹団が結成されて100年を迎えます。1921年、神戸の造船所における労働争議で労働者が官憲に殺傷される弾圧が発生し、これに対して、東京から現地に駆けつけて調査し抗議活動を行った弁護士が中心になって結成されたのが自由法曹団です。

団に参加した弁護士は、労働争議や小作争議、弾圧事件等で取り組みを進めたものの、治安維持法の下で自由を求める活動そのものが弾圧され、さらには、弁護活動を理由として弁護士が弾圧され処罰される事態となり、アジア太平洋戦争の時期には、その活動を休止せざるを得なくされました。敗戦後、直ちに活動を開始した自由法曹団は、駐留軍の占領下で続発した弾圧・謀略事件や労働争議はもとより、その後の高度成長から今日に至るまで、労働者の解雇や差別等との闘い、えん罪や弾圧との闘い、公害や災害による被害の救済など市民の生活と権利を守る活動を進めてきました。

*

団が重視してきたのは、人々が受けている人権侵害に対して、その現場で調査・確認した事実に基づいて、ひろく人民と団結して闘うことです。それが自由法曹団の原点であり、一貫した立場です。また、裁判闘争では、権利侵害を跳ね返し、あるいは要求を実現するために、知恵と力を集め、事実と道理に基づき裁判所を説得するとともに、広範な国民大衆の共感と支持を得て運動としても取り組む大衆的裁判闘争を重視してきました。幾多の困難を乗り越えて勝利を実現するとともに、憲法を生かした新しい判例を勝ち取るなど多くの成果を上げてきました。

団は、裁判などの事件活動だけでなく、国家機密法や小選挙区制など様々な悪法や憲法改悪に反対するなど自由と人権、平和と民主主義を守る活動にも、全力を挙げてきました。団の活動は、20世紀から21世紀に入った今日、沖縄の基地問題や戦争への道をひらく改憲阻止の課題、市民生活、差別や貧困、教育問題などの課題、原発問題、新型コロナ問題など新たな課題への取り組みとひろがり、海外の弁護士との交流など国際活動にも及んでいます。

＊

自由法曹団は、毎年、各地の法律事務所に多数の若手弁護士を迎え入れ、これら様々な課題に取り組んできました。今日2,000名を超える団員弁護士が、全国42の支部組織や法律事務所において、地域に根を張り、人権擁護の活動を展開するとともに、そのネットワークを生かして全国的な課題についても問題提起し、学習会や街頭宣伝など運動づくりにも各地で先頭に立って様々な取り組みを進めてきました。時に悪法を廃案に追い込み、政府の政策を是正させる力にもなってきたと自負するところでもあります。

このような自由法曹団の活動は、平和と人権、民主主義を守る闘いであると同時に、政治や社会経済が生み出す矛盾との闘いといえると思います。

＊

いま、団創立100年をむかえるにあたり、過去に団が出版してきた『自由法曹団物語』とは別に、自由法曹団や団員の活動を振り返り、それを歴史の中で位置づけ、団の歴史としてまとめることにしたのが、本書の百年史です。

本書を団内外の多くの皆さん、若手法曹や法曹を志す皆さんにもお読みいただき、本書を通じて、100年に及ぶ自由法曹団と団員の活動を知っていただき、裁判闘争をはじめ、自由と人権、平和と民主主義を守る様々な活動に役立てていただければ幸いです。

なお、自由法曹団は、創立100年を機に、100年にわたる活動について、各地の団員の協力のもとに詳細な年表にまとめあげた『自由法曹団百年史年表』を発行するとともに、主に2000年代に入って取り組んできた団や団員の特徴的な活動については、新たに『自由法曹団物語――人間の尊厳をかけてたたかう30話』を出版します。本書とともにあわせて、ご活用下さるようお願いします。

2021年6月

自由法曹団　団長　吉田健一

自由法曹団百年史 1921-2021

目　　次

凡例

1. 本文中の暦年は西暦表記とし、下2桁表示を基本とする。

2.「自由法曹団」を「団」、自由法曹団所属の弁護士を「団員」と表示する。

3. 人物の氏名については、肩書以外は敬称略とする。

4. 団員の氏名については章ごとの初出のみ「団員」を付記する。

5. 判例あるいは裁判例については、読者の便宜を考えて西暦・元号併記とするほか、一般の例にならい以下のように略記する。

例：最判1974（昭49）年11月6日刑集28巻9号393頁

＊裁判所名、掲載判例集は、以下のように略記した。

最判（決）	最高裁判所判決（決定）
高判（決）	高等裁判所判決（決定）
地判（決）	地方裁判所判決（決定）
刑集	最高裁判所刑事判例集
民集	最高裁判所民事判例集
判時	判例時報
判タ	判例タイムズ

第1章

戦前の団創立から敗戦の時代
――治安維持法と闘った団員の群像と戦後の再出発

わが国は、明治維新を経て近代国家となったが、天皇を主権者とする絶対主義的天皇制国家であり、対内的には、大地主が半封建的地主制により重い小作料で小作農民を苛酷に収奪し、独占資本が無権利状態に置かれた労働者を低賃金と長時間労働により無慈悲に搾取し、対外的には、帝国主義国としてアジア諸国に対する侵略と戦争の国策を進めてきた。

第一次世界大戦（1914-1918）中の17年にロシア革命が起き、わが国の労働者・農民の闘いは、ロシア革命の影響を受け、この大戦を境に、次第に高揚に向った。わが国は、この大戦に参戦し、産業を急速に発展させたが、物価が高騰し、労働者・農民の生活は苦しく、労働争議と小作争議が次第に増大していた。19年に名称を「大日本労働総同盟友愛会」と改めた全国組織の労働組合は、労使協調主義から次第に階級主義的色彩を強め、労働者はその指導の下で争議行為を行うようになっていた。小作農民は、18年の米騒動の後、小作料の引き下げ等を求める小作争議を行うようになり、その争議件数は、21年には前年の4倍に達した。22年には、農民組合の全国組織である「日本農民組合（日農）」が結成され、小作農民もその指導の下で闘うようになっていた。

また、わが国の社会主義運動は、10(明治43)年の大逆罪による幸徳秋水ら12名の死刑判決執行等の残虐な弾圧と特別高等警察（特高）による厳重な取締まりにより、「冬の時代」に置かれてきた。その後、国外では17年ロシア革命、国内では大正デモクラシーの影響を受け、労働者・農民の大衆運動が高揚する中で、社会主義者らも活動を強め、22年7月、日本共産党を創立した。したがって、21年に結成された自由法曹団は、このような時代状況の下で人道主義・自由主義・社会主義の流れを受けて生まれた弁護士の団体であるということができる。

自由法曹団の創立と活動

自由法曹団の創立

1921(大正10)年7月29日、神戸の川崎造船所・三菱造船所争議団のデモ行進に警官隊が襲いかかり、労働者1人がサーベルで刺し殺される等の人権蹂躙事件が発生した。8月10日、東京の弁護士14名が、この人権蹂躙に憤激し現地に遠路集合して調査し、官憲に抗議した。これらの弁護士は、絶対主義的天皇制国家の支配に苦しむ労働者、農民及び人民の人権の擁護・伸長のために闘う同志に広く呼びかけた。8月20日、これに賛同した60～70名の弁護士が、東京・日比谷公園内の松本楼において発会式を開き、自由法曹団を結成した。

団の名称は、代言人時代からの社会主義者の弁護士牧野充安（1871-1945）と青年弁護士宮崎龍介（1892-1971）が強く主張して、皆が賛同した「自由

戦前最大規模の3万8000人のデモになった
川崎・三菱神戸造船所争議　1921年7月

法曹団」と称することとした。目的は「人民の人権の擁護・伸長のために闘う」、団の機関は「世話人を置く」と簡単に定めた規約を制定した。発会式で、世話役に上村進（1883-1969）と松谷與二郎（1880-1937）を選出し、事務所を東京の麹町区内幸町１丁目の上村法律事務所に置くことを決定した。

しかし、結成された団には、団を代表する団長や、団の機関である幹事長も、幹事も置かず、入団につき、申込・承認の手続も定めず、団費も決めなかった。発会式に参加して団員となった弁護士の紹介により、またその所属事務所に入所するなどして団への参加を申し出た者を団員とした。

団を創立した主な弁護士

ところで、団を創立した弁護士は、下記の、明治社会主義の流れをくむ弁護士、進歩的な人道主義者、自由主義者、社会民主主義者の弁護士であった。団は、思想・信条の違いを超えて人民の人権の擁護・伸長のため闘うとの１点で結集した、統一戦線的弁護士団体であった。

①山崎今朝弥（1877-1954）、吉田三市郎（1879-1953）、田坂貞雄（1879-1957）、阿保淺次郎（1881-1965）、佐々木藤市郎（1880- 没年不詳）ら組合東京法律事務所周辺の弁護士

山崎は、大逆事件後の「冬の時代」、社会主義の火を守り伝えた弁護士である。吉田は徹底した自由主義者であり、13 年、山崎、田坂らと組合東京法律事務所を開設した弁護士である。

②布施辰治（1880-1953）、宮島次郎（1875-1932）、横山勝太郎（1877-1931）、平松市蔵（1880-1944）ら法治倶楽部周辺の弁護士

布施は、人道主義者である。宮島、横山らと共に、東京市電争議事件（08 年）を弁護し、社会運動団体である法治倶楽部をつくって活動した。宮島は神戸人権蹂躙問題調査団の団長である。

③上村進（1883-1969）、宮澤武七（生年不詳 -1959）、山中正直、谷健次郎ら革新法曹会周辺の弁護士

上村らは、普通選挙の実施による政治の革新を目指す革新法曹会を

川崎・三菱神戸造船所争議に結集した弁護士たち
（自由法曹団結成前夜、1921 年）
〔2 列目〕左から 4 人目布施辰治　〔3 列目〕左から松岡駒吉、三輪寿壮、1 人おいて山崎今朝弥、宮崎龍介、賀川豊彦　〔4 列目〕中央 鈴木文治
（『三輪寿壮の生涯』より）

つくって活動し、上村らは神戸の人権蹂躙問題調査に参加し、東京で報告講演会を組織し熱弁をふるうなどの活動をした弁護士である。

④片山哲（1887-1978）、宮崎龍介（1892-1971）、三輪寿壮（1894-1956）、細野三千雄（1900-1955）、飯塚友一郎（1894-1983）、長野國助（1887-1971）ら中央法律相談所周辺の弁護士

片山は中央法律相談所を開設し、総同盟法律部長、日農顧問の社会民主主義者であり、宮崎らは同相談所に入所した弁護士である。宮崎らは神戸人権蹂躙問題調査に参加した。

⑤牧野充安（1871-1945）、松谷与二郎、古屋貞雄（1889-1986）、大沢一六（生年不詳 -1960）ら個人事務所周辺の弁護士

なお、1926（大正 15）年 1 月 1 日付「無産者新聞」第 9 号新年号付録の 2 面下段に、「謹賀新年、祝無産者新聞週刊発展、自由法曹団（いろは順）」として、2 段、各段 32 名、計 64 名の下記の弁護士の氏名が、右肩に自宅か事務所の住所を表示して掲載されている。この弁護士らが、1925 年か

ら1926年の団創立直後当時の団員の大部分と推定される。

池田清秋、飯塚友一郎、芳賀喬一、細野三千雄、奥秋高義、和光米房、上村進、神浦静夫、片山哲、吉田三市郎、田坂貞雄、高島晴雄、長野國助、黒沢松次郎、山崎今朝弥、山中正直、牧野充安、真野毅、松田義隆、松谷与二郎、松高元治、布施辰治、古屋貞雄、藤倉元信、後藤進二、江渡由郎、秋山真澄、阿保淺次郎、安東正臣、佐々木亮次、澤田清兵衛、宮島次郎、宮澤武七、三輪寿壮、三浦尚文、東海林民藏、瀬尾藏治、菅野廣助、鈴木喜三郎、大沢一六、海野普吉、高橋己之助、横山勝太郎、伊勢勝蔵、藤原繁夫、藤井清士、斎藤林平、竹内金太郎、後藤伝兵衛、山口貞昌、山崎常市、黒田寿男、中村高一、神道寛次、藤田玖平、楢橋渡、菅原裕、水上孝正、長田治人、坂井五郎、若林三郎、石黒英雄、馬測分也、松平久松。以上64名。

創立した自由法曹団の主な活動

創立した自由法曹団の主な活動は、下記のとおりであった。

①人権蹂躙事件の調査・抗議・告発等の活動――石川島造船労働争議、京都・沢田合金労働争議、関東大震災時の労働運動指導者ら虐殺事件(亀戸事件)、京都水平社事件等。

団は、23年9月1日の関東大震災の際、習志野騎兵連隊の兵士により労働運動指導者ら10名が亀戸警察署に連行されて虐殺された亀戸事件の調査と証拠収集を総同盟から依頼され、団員山崎、布施ら16名が手分けして調査し記録をまとめ、司法大臣、戒厳司令官、内務大臣、東京地裁検事正に決議文を手交して抗議した。

②労働争議・小作争議の支援・弁護等の活動――石川島造船所争議、奥村電機労働争議、日本楽器労働争議、藤田農場小作争議、香川・伏石村小作争議、新潟・木崎村小作争議等。

団は、22年、岡山県・児島湾の干拓事業で造成された藤田農場の小作争議で、争議指導・窃盗・横領で起訴された日農幹部らの弁護を日農から依頼され、団員布施、徳田球一、細迫兼光らを派遣して、同年６月、無罪判決を勝ち取った。

③立法制定活動、立法反対活動――普通選挙法制定、過激社会運動取締法反対、治安維持法反対、同法改悪反対等。

普選運動は、国税の有無にかかわりなく、20歳以上の成年男女に衆議院議員の選挙権を要求する運動である。団も、大衆団体と共にこの運動に参加した。しかし、憲政会総裁の加藤高明内閣は、25年２月、国税の有無にかかわりなく、成年男子のみに衆議院議員の選挙権を認め、女性にはこれを認めない選挙法を成立させた。

④弾圧事件の弁護活動――京都学連事件、第一次共産党事件、3.15共産党事件、4.16共産党事件等。

⑤朝鮮人たちの人権蹂躙事件の調査、弁護、援助等の活動――関東大震災時の在日朝鮮人被虐殺真相会への協力、朝鮮共産党事件の援助、朴烈事件二審の弁護、朝鮮半島に渡り、人権蹂躙事件の相談・激励・援助等。

日本共産党に対する弾圧

日本共産党の創立と治安警察法による弾圧

社会主義者堺利彦ら８名は、コミンテルンと連絡を取り、22年７月15日、創立総会を開き、秘密結社としての日本共産党を創立し、党規約を採択し、執行委員を選出し、初代委員長に堺利彦（1871-1933）を選出した。翌23年２月４日第２回党大会を、同年３月15日臨時党大会を開催し、「天皇の政府の転覆及び君主制の廃止」を内容とするブルジョア民主主義革命を完成させ、引き続き社会主義革命に前進するという革命の戦略的展望を明記した綱領草案を討議した。

しかし、これを探知した前海軍大臣の加藤友三郎内閣は、23年６月５日、秘密結社を禁止している治安警察法14条（6月以上1年以下の軽禁錮）を適用して約80名を検挙し弾圧した（第一次共産党事件）。

ところが、約50名は証拠がなく、起訴されたのは堺委員長ほか29名であった。東京地裁（裁判長宇野要三郎）は、24年2月第1回公判を開いた。この弾圧事件につき、山崎今朝弥、布施辰治、今村力三郎（1866-1954）、松谷与二郎、神道寛次、黒田寿男（1899-1986）、沢田清兵衛らが弁護人となり弁護したが、その大部分は団員であった。この裁判は、被告人があくまで黙して語らないとの態度を貫徹していたのであれば、極めてわずかの犠牲でその秘密を保持し得たが、公判の途中で黙秘が変更された。議事録に天皇制政府の転覆を記載しておらず、第2の大逆事件とされる危険は避けられた。しかし、被告人は、治安警察法違反の刑事責任を厳しく追及された。裁判中、党執行部は、この弾圧に対し、恐怖解党論、法廷戦術解党論、再建解党論等の意見で混乱し、24年3月、解党を決議して解党した。

東京地裁は、25年8月、禁錮8月ないし10月の実刑判決を言い渡した。控訴審判決は翌26年4月に、大審院判決は同年8月にあったが、ほぼ第一審判決が維持された。

治安維持法制定と同法による共産党弾圧（3.15事件）

第一次共産党事件の弾圧により日本共産党は解党して存在しなくなったが、憲政会総裁の加藤高明内閣は、同党は再建されると予測し、それに対し治安警察法による弾圧では不十分として、25年2月、新しい弾圧立法「治安維持法」の制定を閣議決定し、衆議院に法案を緊急上程した。

この弾圧法1条は、「国体もしくは政体を変革し又は私有財産制度を否認することを目的とする結社を組織し又は情を知りてこれに加入したる者」は、10年以下の懲役または禁錮の刑で処罰し、未遂罪も処罰するとし、2条は「1条の目的をもってその目的たる事項の実行に関し協議をした者」を、3条は「実行を扇動した者」を7年以下の懲役又は禁錮の刑で処罰するとし、5条は「1条の罪を犯させることを目的として金品その他の財産上の利益を供し又はその申込もしくは約束をした者」を、5年以下の懲役又は禁錮の刑で処罰する、と定めていた。この治安維持法は、天皇制と資本主義制度の変革を目的とするすべての結社と政治活動を犯罪とする「稀代の悪法」であった。

団は、この治安維持法に対し、労働総同盟、日本農民組合、自由主義者の知識人らと共に全国的に反対運動を展開した。しかし、この法律は、同年3月、1条の「もしくは政体」を削除しただけで、衆議院・貴族院で可決され、4月22日公布、5月12日に施行された。

ところで、革命の戦闘司令部である党の解党は、革命運動の放棄であり、重大な誤りであるとして、コミンテルンの指導と援助の下、25年1月、日本共産党の再建が決定され、同年9月、党の合法機関紙「無産者新聞」を創刊、翌26（昭和元）年12月第3回党大会を開き日本共産党は正式に再建された。委員長に佐野文夫（1892-1931）を、中央委員に佐野学（1892-1953）ら6名を選出した。27年2月には、「日本の民主化、君主制の廃止」による民主主義革命を強調するとともに、日本帝国主義の中国侵略を予見し糾弾する27年テーゼを採択した。そして、このテーゼに基づき、工場細胞及び農民組織に基礎を置く党組織を確立し、28年1月には党員400名を超える党となり、同年2月には非合法機関紙「赤旗」を創刊した。そして、同年2月20日の第1回普通選挙には、合法無産政党の1つ労働農民党から11名の党員を擁立した。この選挙で、労働農民党は非党員の元京都帝大教授山本宣治（1889-1929）と弁護士水谷長三郎（1897-1960）の2人しか当選させることができなかったが、得票数は22万1844票あり、共産党の支持基盤が拡大していることが確認された。

政友会総裁の田中義一内閣はこの再建日本共産党を察知した。内務省警保局保安課、警視庁特高課及び東京地裁検事局は、28年3月15日午前5時、全国1道3府27県において、治安維持法違反を理由に、労農党、全日本無産青年同盟、日本労働組合評議会、日農など日本共産党と関係があると当局が見当を付けた団体の事務所や個人宅百数十か所を一斉捜索し、共産党員と目星を付けた約1600名を検挙した。そして、プロレタリア作家小林多喜二（1903-1933）が小説「1928年3月15日」で描いているとおりの言語に絶する残虐な拷問を加え、自白を迫った。しかし、検挙された者約1600名のうち、起訴された者は438名にすぎなかった（3.15事件）。

治安維持法は、弾圧者にとっては不十分な弾圧法と考えられた。

緊急勅令による治安維持法の改悪と共産党弾圧

田中義一内閣は、28年6月、枢密院の賛成多数で可決された緊急勅令により、治安維持法1条1項を「国体を変革することを目的として結社を組織した者又は結社の役員その他指導者たる任務に従事した者」を死刑又は無期懲役もしくは5年以上の懲役もしくは禁錮で処罰するとして、最高刑を死刑に引き上げ、1条2項を「私有財産制度を否認することを目的として結社を組織した者又は結社に加入した者又は結社の目的遂行の為にする行為をなした者」を10年以下の懲役又は禁錮で処罰するとし、同結社に加入していなくても官憲が、私有財産制度否認の結社を支持し結社の目的に寄与する活動をしたと判断した者はだれでも検挙・処罰できるよう大改悪をした。

田中内閣は、29年1月、この緊急勅令による改悪治安維持法承諾案を議会に上程したが、衆議院では、賛成と反対の演説が応酬しあって紛糾した。労農党の山本宣治は、29年3月4日、大阪天王寺公会堂で開かれた全国農民大会で、「明日は死刑法＝治安維持法が上程される。私は、その反対のために今夜東上する。反対演説をする」「いまや階級的立場を守るものはただ一人。だが私は寂しくない。山宣ひとり孤塁を守る。背後には多数の同志が……」と演説した。翌5日の衆議院は、山本宣治が反対演説をする番となったとき、討議打切りの動議が出され、賛成249票、反対171票の賛成多数で、緊急勅令による改悪治安維持法を承認した。3月5日夜、反対討論できず東京・神田の常宿の旅館に引き上げてきた山本宣治は、右翼団体「七生義団」の男に頸動脈を切断され絶命した。貴族院では反対討論する者はだれもおらず、同月19日に承認され、同法は恒久法として成立した。改悪治安維持法は血塗られた弾圧立法として、その後、弾圧の猛威を振るうこととなった。

解放運動犠牲者救援会の結成

労働争議及び小作争議が増大する中、官憲の弾圧、資本家及び大地主による攻撃によりその犠牲者も増大した。27年9月に起きた千葉県の野田醤油争議の救援をきっかけに、28年3月7日、東京・芝の協調会館で、「解放運動犠牲者救援会」の発起人会が開催され、思想・信条の違いを超えて弾圧犠牲者救援の1点で結集した救援会を結成し、検挙された人々への差入れ、公判、釈放などの援助、病人や負傷者の治療、家族の救援などを大衆的に行う活動を行うことを申し合わせた。団から神道寛次、細迫兼光、三輪寿壮が参加した。

ところが、その直後の3月15日、絶対主義的天皇制権力は、治安維持法違反で日本共産党を弾圧した。救援会は、創立総会を前にして抗議と救援等の活動に立ち上がった。

同年4月7日、東京・芝の協調会館で、解放運動犠牲者救援会の創立総会を開催し、会長に安部磯雄（1865-1949）、書記に太田慶太郎（1906-1989）、法律部長に布施辰治、会計監査に山崎今朝弥、評議員21名の役員を選出した。団員の松谷与二郎、上村進、細迫兼光、宮崎龍介、三輪寿壮らもこの評議員の一員となった。

創立された救援会は、同年6月には、全国的に支部もしくは支部準備会を組織した。東京では、職場や地域に班を組織し、城北など2支部、城南など8支部準備会を結成し、約2500人の会員を組織し、この組織した支部等を統括する東京支部連合会をつくり、市ケ谷刑務所前の団員古屋貞雄の法律事務所に事務所を置き、弾圧犠牲者の家族を結集して、差入れ等の活動等を展開した。

ところで、28年3月に3.15事件で大弾圧を受けた日本共産党は、中心となっていた多数の党員が検挙・起訴され、大衆との結びつきを弱められ、困難な状態となった。しかし、検挙・起訴を免れた党指導者を中心に党の再建をはかり、同年4月末までに全国的な連絡網を回復し、休刊していた『赤旗』も同年12月には再刊し、党中央を再建した。同年7～9月、モスクワで開催されたコミンテルン第6回大会には市川正一（1892-1945）らを参加させた。

しかし、これを察知した田中内閣の特高警察と思想検事は、29（昭和4）年4月16日払暁、全国1道24県において、約300名の党員・支持者を改悪治安維持法違反で検挙した。そして、さらに同年夏頃まで検挙を継続・拡大し、検挙数は約1000名に及んだ（4.16事件）。29年の治安維法違反検挙者数は4942名、起訴者数は339名であった。

そして、絶対主義的天皇制権力は、その後も治安維持法違反による弾圧を強化し、30年は検挙者数6124名、起訴者数461名、31年は検挙者数1万0422名、起訴者数307名、32年は検挙者数1万3938名、起訴者数646名となり、33（昭和8）年には検挙者数1万4622名、起訴者数1285名とそのピークに達した。

治安維持法違反事件の公判闘争

3.15事件及び4.16事件の地方公判の弁護人

3.15事件及び4.16事件で検挙され起訴された被告人のうち、東京地裁を除く全国の地裁の公判は、救援会法律部長布施が自由法曹団員を中心とする下記弁護士に弁護人となってもらい、統一・公開裁判を要求して公判闘争を闘った。

［3.15事件弁護人］

①旭川地裁　額賀二郎

②札幌地裁　神道寛次、木田茂晴、谷広、中田克己知

③函館地裁　中村高一、額賀二郎、松井

④新潟地裁　布施辰治、上村進、高畠春二、玉井潤次、井伊誠一、中野老、細迫兼光、猪股浩三、沢田清兵衛、綱島正興、中野省吾、中村徳十郎

⑤長野地裁　布施、上村、神道、中村高一、細野三千雄、北村、秋山、中沢

⑥名古屋地裁　柴田末治、神道

⑦京都地裁　布施、水谷長三郎

⑧大阪地裁　小岩井浄、布施、井藤誉志雄、浪江源治、佐々木健助、秋田旭、吉田賢一、石森弁蔵、緒方弘、白畠正雄、田島義夫、改田四郎、林田菊治、森田定次郎、別城遺一、中山福蔵、吉野周蔵

⑨神戸地裁　布施

⑩岡山地裁　足利、海野普吉、佐藤
⑪福岡地裁　細迫、小林恭平、鶴和夫、日下部政徳、林

［4.16事件弁護人］
①秋田地裁　布施、上村、牧野充安、細迫、中村、武藤、酒井
②横浜地裁　布施、上村、神道、細迫、中村、三浦次郎、糸山
③静岡地裁　神道、今泉、大村
⑤新潟地裁　上村、中野老、高畠春二
⑥名古屋地裁　柴田末治
⑦京都地裁　布施、上村、神道、細迫、中村、小林、小岩井、大森詮夫、河合篤、谷邨直雄、牧野充安、武藤運十郎、高畠、山崎今朝弥、松谷与二郎、三輪寿壮、細野三千雄、細田綱吉、秋田旭、色川幸太郎、黒田、木下
⑧大阪地裁　小岩井、佐々木健助、秋田旭
⑨神戸地裁　小岩井、色川、秋田旭、河上丈太郎
⑩福岡地裁　小林恭平、日下部政徳
⑪宮崎地裁　布施
⑫佐賀地裁　橋爪

3.15事件、4.16事件地方公判の闘い

裁判所は、これらの公判を、非公開の秘密裁判で個々バラバラに審理し、何が裁判の根本問題であるか不明のまま迅速に終了し、被告人を刑務所に送り込むことを企図していた。治安維持法により非合法化した共産党の姿を国民の目にふれさせてはならず、したがって、裁判を統一・公開しないというのである。これに対し、被告人、救援会及び弁護人は、全国の各地裁のすべての事件を東京地裁に移送して統一・公開裁判を開けと強く要求して闘った。この弾圧裁判に対する闘いは、1つの法廷に統一し、公開した法廷で国民に、弾圧された日本共産党の真の姿を明らかにし、共産党員の行為の正当性と弾圧の不当性を広く国民に訴え、弾圧裁判の批判を生み出し、これを結集して裁判所を包囲し、被告人に対する厳罰を糾弾するこ

とにあると考えたからにほかならない。しかし、この闘いは容易ではなかった。地方公判は、すべてほぼ権力の企図どおりに遂行された。3.15事件の地方公判は、28年の10月から翌29年2月頃までの間に地裁判決、ほぼ29年中に控訴審判決、29年から31年にかけて上告審判決があり終了した。4.16事件の地方公判は、29年12月から翌30年10月までの間に地裁判決、30年から翌31年にかけて控訴審判決、31年に大審院判決があり終了した。

3.15事件大阪公判の闘い

地方公判中最大の98名が起訴された3.15事件大阪公判の闘いは下記のとおりであった。

大阪地裁（裁判長柴田貞輝、立会検事金子要人）の第1回公判は、28年11月21日に開廷された。東京から駆けつけた布施辰治と地元大阪の小岩井浄（1897-1959）を弁護団長とする弁護団がこれに対応した。裁判長は、逃亡中と病気中の2被告を分離して審理すると宣告し、検事が直ちに公訴事実の陳述に入ろうとした時、布施弁護士はすかさず立ち上がり、「日本共産党は単一の団体であり、且つその巨頭と目される中央委員たちは目下東京で予審中であるから、刑の量定を公平に保つためには、本件を東京地裁で一括して審理されたい」と陳述し、移送申立書を提出した。裁判長は、移送申立書は受理したが、しかし、このまま審理は進めると述べた。布施、小岩井両弁護人は審理続行は不当であるとし、3人の裁判官の忌避を申し立てた。裁判長は、休廷して合議し、1時間後審理を再開したが、「忌避申請は審理を遅らせる目的でなされたものと認めるから却下する」と宣告した。布施弁護士は「抗告のほかありません」と述べた。裁判長は、これをもって公判を閉廷した。

第2回公判は翌22日に開廷され、裁判長は、金子検事に公訴事実を陳述させようとした。しかし、被告人が立ち上がり、裁判の進行につき裁判長と押し問答を繰り返した。が、裁判長はあくまで審理を進行させようとした。全被告人は「退廷！退廷！」と口々に連呼して総立ちとなり、革命歌を合唱し法廷は大混乱状態となった。裁判長は「公安を乱す恐れあり。

よって傍聴を禁止する」と宣した。

布施弁護士はすかさず異議の申立をした。裁判長は「公開禁止は裁判所の決定であるから異議の申し立てはできない」と述べた。布施弁護士は「できます。弁護人の権利です。解らぬのですか。そんな裁判長がありますか。お控えなさい」と大声を上げげた。しかし裁判長は、何ら問題とせず、傍聴を禁止したまま午後3時まで公判を続行した。

この大阪公判も、統一・公開裁判の実現を勝ち取ることはできず、29年2月に判決、同年12月に控訴審判決、30年5月に大審院判決があり終了した。

中央・東京公判闘争の新方針

しかし、東京地裁には、3.15、4.16、その中間に検挙され公判に付された被告人274名ものマンモス事件が、未だ審理に入らず係属したままとなっていた。

日本共産党は、30年7月、拡大ビューロウ会議を開催し、公判闘争の新方針として、①全国的統一裁判の要求、②公開裁判の要求、③治安維持法の撤廃、④政治犯人の釈放等のスローガンを大衆に浸透させる等を決定していた。救援会は、同年6月に書記太田慶太郎が治安維持法違反で検挙され、もはや非合法化するしかなく、同年8月、非合法下に第2回全国大会を開催し、国際赤色救援会（モップル）加盟を可決して名称を日本赤色救援会に改め、太田の後任に滝沢一郎（1918-没年不詳）を選出し、弁護士は組織外のグループではなく救援会法律部のメンバーとして組織するとの新方針を決定した。そして、この方針に基づき、東京帝大在学中の30年秋、高文司法科試験に合格し、東京弁護士会に登録して布施事務所に籍を置き、救援活動を行っていた角田守平（1906-1997）に拠点事務所開設の任務を与えた。

角田は、翌31年3月、谷郙直雄（1904-1989）を誘い、市ケ谷刑務所近くの四谷区新宿1丁目に四谷法律相談所を開設した。その後、窪田貞三郎（1903-1945）、梨木作次郎（1907-1993）も同事務所に入所した。

しかし、布施弁護士は、救援会内に弁護士を組織することは、弁護士の合法性を狭め、弁護活動を十分に行えなくなると反対した。布施は、非合法の結社を組織し、もしくはその結社に加入して活動したことを理由に弾圧された者を弁護する弁護士が、非合法化した救援会に加入したのでは、救援会に加入しない多くの弁護士を結集することができず、合法的に十分な弁護活動ができなくなると考えたからであろう。その結果、角田と布施は、非合法化した救援会とは別に、救援会に加入していない弁護士を結集して新弁護士団を結成することを合意した。そして、弁護士側から布施事務所の大森詮夫（1902-1943）、谷郁、角田が代表し、救援会から鳥海滋が代表して準備委員会を開き、名称、目的等を討議・合意した。

解放運動犠牲者救援弁護士団の結成

31（昭和6）年4月、東京・神田の駿河台下のブラジル会館で創立総会を開き解放運動犠牲者救援弁護士団を結成した。規約で、弁護士団は「法廷闘争を中心として犠牲者の法律的救援を目的とする」と定めた。翌32年6月の総会で、「白色テロルの犠牲者のため凡ゆる法律的救援をなすことを目的とする」と改正した。幹事に布施、上村、細迫、神道の4名を選出し（布施が事実上の幹事長）、書記長に小林恭平、書記に谷郁、角田、窪田、阿河準一を選出した。

この救援弁護士団結成時、上記幹事、書記長及び書記9名の外、青柳盛雄、池田遠思、大森詮夫、河合篤、木下郁、高橋武、中村高一、牧野充安、三浦次郎の9名が入団した。しかし、書記長の小林は、31年5月急性肺炎で倒れ、その後任に谷郁を選出した。同弁護士団は、32年1月～12月に第3～第6回総会を開催した。この間、新たに松岡松平、大貫清、陳逸松、蓬田武、梨木作次郎、後藤亨、東本紀方、牧野芳夫〔以上東京〕、井藤誉志雄、垣見周端〔以上関西〕、柴田（天野）末治〔名古屋〕の11名が入団した。角田が中心となり、青年弁護士を組織した。

日本農民組合（日農）の、31年3月の左右の分裂に伴い、救援弁護士団の団員全員が加盟する全農全国会議弁護団を結成したが、33年1月、2つの弁護士団を統一して日本労農弁護士団を結成した。規約で「本団は、政治的抑圧と経済的搾取に反対し、勤労大衆の権利と利益を法律分野におい

救援弁護士団・全農弁護士団・日本労農弁護士団団員名簿

	氏名（生存年）	団の役職等	検挙等	確定判決
1	布施辰治（1880-1953）	救弁団・労農団幹事	検挙・起訴	懲役2年・実刑
2	上村　進（1883-1969）	同上、労農団幹事長	同上	懲役2年・猶予
3	細迫兼光（1896-1972）	救弁団幹事	同上	同上
4	神道寛次（1896-1971）	救弁団・労農団幹事	同上	同上
5	小林恭平（1906-1933）	救弁団書記長・初代	病気帰省死亡	
6	谷郁直雄（1904-1989）	同書記、同書記長	検挙・起訴	懲役2年・猶予
7	角田守平（1906-1997）	同書記、同書記長	検挙・起訴	同上
8	窪田貞三郎（1903-1945）	同書記・労農団幹事	検挙・起訴	同上
9	阿河準一（1908-1998）	同書記	検挙・起訴	同上
10	牧野充安（1871-1945）	最長老団員	検挙・不起訴	
11	中村高一（1897-1981）	労農大衆党中央委員	検挙・不起訴	
12	木下　郁（1894-1980）	関東庁長官木下の甥	不明	
13	高橋　武（1905-1991）		32年病気帰省	
14	三浦次郎（1907-1971）	救弁団・全農団書記	検挙・不起訴	
15	池田遠思（1899-1954）	全農団書記	検挙・不起訴	
16	大森詮夫（1903-1943）	労農団幹事	検挙・起訴	懲役2年・猶予
17	河合　篤（1906-1945）	全農団書記長	同上	同上
18	青柳盛雄（1908-1993）	救弁団書記	同上	同上
19	松岡松平（1904-1975）	労農団幹事	同上	同上
20	大貫　清（1900-1941）	松岡松平事務所	検挙・不起訴	
21	陳　逸松（1907-1999）	松岡松平事務所	1933年台湾帰国	
22	蓬田　武（1902-1991）	公判速記担当	検挙・起訴	懲役2年・猶予
23	梨木作次郎（1907-1993）	救弁団書記	検挙・起訴	同上
24	後藤　亨（1901-1938）	布施事務所弁護士	検挙・不起訴	
25	東本紀方（1903-1953）	四谷法律相談所	同上	
26	牧野芳夫（1905-1981）	牧野賤男（事）弁護士	同上	
27	井藤誉志雄（1901-1982）	労農団関西支部	検挙・起訴	懲役1年・猶予
28	垣見周端（1909-1978）	同上	検挙・免訴	
29	柴田末治（1901-1976）	全農団名古屋	検挙・起訴	懲役2年・猶予
30	土屋英男（1909-1972）	神道事務所弁護士	同上	同上
31	浪江源治（1903-1976）	労農団関西支部	検挙・不起訴	
32	加藤　充（1909-2009）	同上	同上	

て擁護伸長することを目的とする」と定め、書記を置かず、上村進を幹事長、幹事に布施、神道、大森、河合、松岡、角田、窪田、三浦、梨木、青柳の10名を選出した。この弁護士団には、前記29名の救援弁護士団員のほか、弁護士登録まもない土屋英男と大阪の浪江源治、加藤充の3名が入団した。井藤、垣見、浪江、加藤の4人で、日本労農弁護士団関西支部をつくった。

東京地裁における中央・東京公判闘争

救援会は、30年8月の第2回大会で、日本共産党事件公判闘争方針として、次のとおりの当面の活動目標を決定していた。

①われわれは「公開の全国的統一裁判即時開廷」の獲得を当面の目標として、これに活動を集中する。種々なる口実で当局が公判を延々させるのは、それによって被告を強圧し闘争力をにぶらし、日和見分子を解党派に結集せしむる方法であるが、それに対しては即時開廷を要求して闘わなければならない。当局の分離公判に対しては、全国的統一の要求を対峙し、暗黒裁判には完全な公開を要求して闘わねばならない。

②この現実の準備闘争を毅然と闘うと同時に、階級的戦士の釈放要求闘争、救援事業を大衆的に、活発に行うことにおいて、救援会は前面に起たねばならない。

被告人、救援会及び弁護士団が、残された東京地裁の中央・東京公判に、この救援会の決定した当面の活動目標を携えて対応すること、そのために被告会議の開催を要求してくることは、裁判所当局は百も承知していた。そして、東京地裁当局は、この中央・東京公判を前にして、「統一公判は開く。ただし法廷警察権を積極的に行使して少しでも騒ぐ者は容赦なく退廷命令を発し、1人ひとり分離迅速に審理をすすめる」との方針を決定し、裁判長に宮城実、陪席判事に西久保良行、同尾後貫荘太郎を選定した。この裁判所の決定は、分離非公開に反対する被告らの抵抗によって、中央・

東京公判の審理を更に遅らせないため、裁判公開を担保に被告らの要求する統一・公開裁判をやむなく認めたものであった。この東京地裁当局の方針決定で、やっと統一・公開裁判の扉が開かれた。

宮城裁判長は、30年10月、豊多摩刑務所へ出かけ、平田検事、布施弁護士立ち会いの下、共産党幹部8名と被告会議を持ち、統一・公開裁判の要求を認め、公判方針策定のため勾留中の被告人の被告会議開催要求を認めた。獄外では、救援会（モップル）、弁護団及び獄外被告人がモ・ベ・ヒ会議を開き、公判闘争の任務は、支配階級の反共デマをうちくだいて日本人民解放の前衛である日本共産党の正しい姿を人民の前に明らかにし、治安維持法による階級裁判に反対し、階級的政治犯である被告人の無罪・釈放を闘い取ることにあるとの方針を決定し、この方針に基づき、被告人の代表が代表陳述を行う等の要求を裁判所に要求し、これを承認させた。被告人から法廷委員を選び、裁判官、検事、弁護人立ち会いの下に何度も打合せ会をもった。そして、被告人を3つのグループに分け、赤レンガの旧最高裁判所建物1階の陪審法廷で、被告人席の前と両側を40名の看守が取り囲み、その後部と両側に18名の巡査が立ち並び、傍聴席は200席とし、法廷の外を200名の警察官が取り囲む、まさに異常事態下で裁判が開かれた。

第1グループは、第1回公判を31年6月25日に開廷、同年9月29日までの3か月間に22回の公判を開き、①総論＝佐野学、②組織問題＝鍋山貞親（1901-1979）、③日本共産党史＝市川正一、④日本共産党の労働組合政策＝杉浦啓一（1897-1942）、④革命的労働組合運動史＝国領五一郎（1902-1943）、⑤日本共産党の農民運動に対する政策と指導方針＝高橋貞樹（1905-1935）、⑥日本共産党の青年運動に対する政策と指導＝徳田球一（1894-1953）、⑦治安維持法排撃＝三田村四郎（1896-1964）、⑧総括と補充＝佐野学、が代表陳述を行った。

第2グループは同年11月14日から同月26日まで、第3グループは32年4月23日から同年5月3日まで各代表陳述を行った。

第1回公判において、布施弁護士は、被告人らは「事件の有罪・無罪を争うというものではない。資本家・地主の政府が治安維持法を以て労働者・

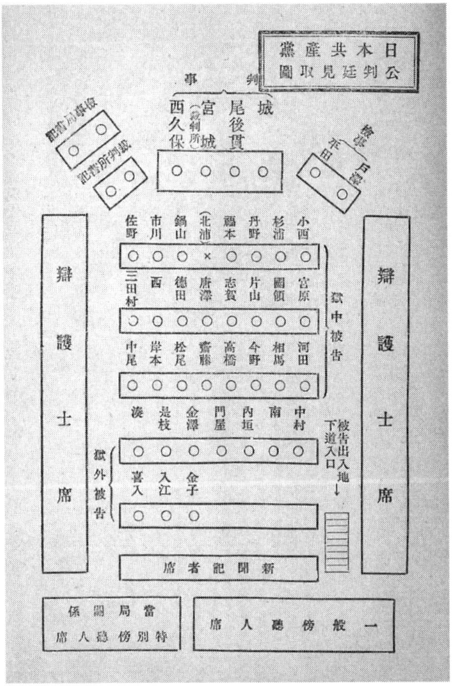

日本共産党公判廷見取図
（プロレタリア科学　臨時増刊　1931 年 11 月号より）

農民のために闘う者達を弾圧する政治的意見が正しいか、被告人達が労働者・農民のために掲げて闘う政治的意見が正しいかということを広く労働者・農民に訴えようとする点にある」とし、「私共弁護人の弁護態度は、あくまでそうした被告人達の主張・陳述を尽くさしめて、労働者・農民の批判に訴えんとする法廷闘争を守る事にその重点を置く」、「私共弁護人の許された弁護権は極度にこれを行使するであろうことを承知してもらいたい」と意見陳述した。

宮城裁判長は、32 年 7 月 5 日、一切の証拠調べ請求を却下し、検事に論告・求刑を行わせた。弁護人らは、同年 7 月 7 日、9 日、12 日の 3 日間にわたり、①検挙・取調方法に対する弁論＝布施、上村、松岡、大森、②治安維持法論＝細迫、谷郁、③目的遂行論＝河合、角田、青柳、④共産青年同盟と治安維持法＝阿河、⑤個人に対する弁護＝神道、窪田、三浦、の各弁論を行った。被告人と弁護団は、たくみによく闘い、ほぼ裁判の公開は守られた。弁護人蓬田武は、衆議院の速記者の経験を生かし、速記によるほぼ完全な公判記録を作成し、布施の責任で印刷し関係者に配付した。

宮城裁判長は、弁護人の最終弁論が終るや被告人に最終陳述を行わせ、32年7月26日、公判を結審、同年10月29日、被告人181名に対し判決を言い渡した。無期懲役4名、懲役15年2名、懲役10年1名、懲役9年5名、懲役8年7名、懲役7年6名、懲役6年13名、懲役5年15名、懲役4年17名、懲役3年37名、懲役2年6月13名、懲役2年35名（内5年間の執行猶予24名、4年間の執行猶予2名）であった。

被告人らにとって、無期懲役を含む重罰判決であり、決して容認できない判決ではあった。しかし、中央・東京公判は、絶対主義的天皇制権力が、わが国を、誤った国策により反動と侵略を一気に突き進めようとしていた時、首都東京において、囚われの身であるとはいえ、これに公然と立ちはだかって反対し、統一・公開裁判を守りぬき、日本共産党の真の姿を国民に伝えるということを裁判闘争を通してやり遂げたものであり、輝かしい歴史的成果を納めたと評価できよう。

国家権力による弁護士団弾圧

布施弁護士に対する弾圧

天皇制政府は、基本的人権である結社の自由否認の治安維持法を批判し、同法違反により弾圧された政治犯である被告人の行為は正しいと弁護する階級的弁護士の活動を憎悪した。しかし、いやしくも近代国家においては、弁護士の弁護権の行使は、それが政治犯の弁護であろうと正当な業務による弁護権の行使であって、弁護権の行使自体を理由に弁護士を弾圧することは許されない。

しかし、司法権力は、まず、その先頭に立って闘ってきた布施弁護士に弾圧の触手を伸ばした。東京控訴院検事長は、29年4月、布施の3.15事件大阪公判の言動は極めて不穏当な言辞を弄したものであり、東京弁護士会会則39条の「弁護士の体面を汚したもの」に該当するとし、弁護士法34条、懲戒法17条に基づき、同控訴院懲戒裁判所に布施を懲戒（除名）相当として起訴した。この懲戒裁判は、裁判官の面前での弁護権の行使それ自体を否定して弁護士資格をはく奪するファッショ的弾圧であり、東京弁護士会会長をはじめとする42名の様々な立場の弁護士が弁護人となってその不当性を追及した。

しかし、同裁判所（裁判長赤羽燕）は、31年6月、除名の懲戒相当の判決を下した。布施は控訴したが、その控訴審である大審院は、実質審理を何もせず、証拠申請を却下し、弁護人の弁論期日も取り消し、同年11月、控訴を棄却した。布施は、この判決の確定により、弁護士資格をはく奪されたのである。

また布施は、30年8月、月刊個人雑誌「法律戦線」の論文及び共産党員被告人に対する手紙の郵送が、新聞紙法違反（安寧秩序を乱す）及び郵便法違反（公安を害する）を理由に、東京区裁判所に起訴された。布施と弁護人は、この弾圧の不当性を糾弾して無罪を要求した。しかし、東京区裁判所（裁判官土屋忠左衛門）は、32年7月、禁錮4月、罰金300円の有罪判決を下した。布施が、控訴したところ、二審東京地裁（裁判長藤井五一郎）は、犯意の証明がないとして一部無罪としたが、禁錮3月の有罪判決を下した。布施は、上告して争ったが、大審院（裁判長江崎定次郎）は、33年3月、上告を棄却した。布施は、同年4月5日、禁錮3月の刑に服し、豊多摩刑務所に下獄した。

迫りくる弁護士弾圧の触手

国家権力の弁護士弾圧の触手は、布施弁護士に対する弾圧にとどまることなく、次第に拡げられていった。救援弁護士団は、32年7月、3.15弾圧、中間弾圧、4.16弾圧事件中央・東京公判の検事論告求刑に抗議する死刑重罰反対演説会を、団員細迫兼光の司会で、築地小劇場において開催した。が、この演説会は警察権力により解散させられ、司会者であった細迫は、同年8月、治安維持法違反（共産党への資金調達）で検挙され、同年10月起訴された。

また、弁護士団書記の阿河準一も同年７月検挙され、同年８月、同弁護士団書記長の谷郁直雄も治安維持法違反（共産党へ資金調達など）で検挙され、続いて松岡松平も検挙された。

岡林辰雄（1900-1990）は、32年３月布施事務所に入所したが、弁護士としてよりも、全協日本金属労組東京支部オルグとして活動していた。岡林は、同年11月、治安維持法違反（上記組合活動をして共産党の「目的遂行の為にする行為」をした）で検挙された。岡林は約２年８月間拘置され、35年２月、懲役２年、執行猶予２年の東京高裁判決が確定した。

33年５月、谷郁検挙後、弁護士団書記長として活動していた角田守平が治安維持法違反（共産党入党）で検挙され、起訴された。他方、救援会も、33年４月末、書記長代理鳥海滋、中央委員太田慶太郎らが検挙され、同年８月には委員長滝沢一郎、委員長代行中川規矩丸も検挙され、壊滅的打撃を受けた。

したがって、日本労農弁護団への弾圧の触手は、日に日に迫っていたのであった。

日本労農弁護士団に対する弾圧

33年９月13日早朝、警視庁特高は、毛利特高課長指揮の下に、課員を総動員し、3.15、中間、4.16弾圧中央・東京公判事件につき、東京地裁でその中心となって弁護活動をし、翌日の14日から東京高裁で、一審と同様、非転向組の被告人につき、統一・公開裁判を担当することとなっていた弁護人を、すべて根こそぎ全員検挙した。救援弁護士団を結成して共産党員の被告人の弁護活動を行ったこと等が共産党の「目的遂行の為にする行為」に該当する治安維持法違反があったとされたのである。この日、検挙された弁護士は、布施、上村、神道、大森、河合、窪田、梨木、牧野充安、牧野芳夫、東本、中村、池田、土屋、三浦、蓬田、大貫、武藤運十郎（1902-1993）の17名である。この日、新潟地裁に出張していた青柳も、法廷を出たところで検挙された。この日、出張中で検挙されなかった三浦及び後藤も、数日後検挙された。11月15日には名古屋の柴田が、大阪・神戸の井藤、垣見、浪江、加藤もその頃検挙された。検挙された弁護士の総数は

東京朝日新聞

左翼弁護士團壊滅
今拂曉に大檢擧
布施、上村兩氏等の十七名
共産黨外廓の疑ひ

共産黨公判立往生？

治安維持法で
起訴されん
擴大强化に策動

日本労農弁護士団の 17 名の弁護士のいっせい検挙
1933 年 9 月 13 日付東京朝日新聞

27 名であった。この事件は、27 名もの弁護士がその職務である弁護権の行使を犯罪とされ検挙された日本弁護士史上最大の事件であり、日本労農弁護士団事件と言われている。

そして、東京地裁（裁判長大塚今比古）は、起訴された 11 名の弁護士に対し、35 年 12 月 17 日、判決を下した（団員山崎今朝弥、吉田三市郎、田坂貞雄らが弁護人となった）。布施＝懲役 4 年、上村＝同 5 年、神道＝同 4 年、角田＝同 3 年の各実刑、松岡、大森、河合、梨木、青柳、窪田、阿河、土屋＝各同 2 年、執行猶予各 3 ～ 1 年。蓬田には、36 年 2 月 10 日、懲役 2 年の実刑判決を言い渡した。実刑の布施ほか 4 名は控訴し、東京控訴院（裁判長石坂修一）は、布施につき懲役 2 年の実刑判決、東京控訴院（裁判長神垣秀六）は、上村、神道、角田、蓬田の 4 名につき執行猶予の付いた懲役 2 年の判決を言い渡した。

名古屋地裁は、35 年 12 月、天野（旧姓柴田）に対し、懲役 2 年、執行猶予 3 年、大阪地裁は、井藤に対し懲役 1 年、執行猶予 3 年の判決、垣見は予審免訴であった。

布施は上告したが、大審院は、39 年 5 月 25 日、上告を棄却し、懲役 2 年の実刑が確定した。布施には、新聞紙法違反の前科があり執行猶予はつかなかったのである。布施は、懲役 2 年の実刑判決に服し、同年 6 月 25

日から翌40年7月26日の紀元2600年記念恩赦により出所するまでの約400日間、千葉刑務所へ下獄した。

敗戦と自由法曹団の再出発

15年戦争下の自由法曹団

国家権力は、一方で治安維持法違反で日本共産党を弾圧し、それを弁護する日本労農弁護士団の弁護士をも弾圧し、他方で、中国東北部（満州）の侵略政策を進め、31年9月18日には奉天郊外の柳条湖で南満州鉄道を自ら爆破し、これを中国軍のしわざであると主張して満州事変を引き起こし、15年戦争（満州事変）を開始するに至った。翌32年には、傀儡国家満州国を建国し、37年7月には、戦線を北から南へと次第に拡大し、宣戦布告のない日中戦争に発展させた。また、ナチス・ドイツが38年に第二次世界大戦を開始し、ヨーロッパ各地を征服するや、40年9月、日独伊三国同盟を締結した。ドイツが41年6月、突如、独ソ戦を開始するや、南部仏印（フランス領インドシナ）を侵略した。これに反対するアメリカが、満州を除く中国からの全面撤退、三国同盟の事実上の死文化等を要求するや、アメリカとの交渉を決裂させ、41年12月8日、真珠湾を奇襲攻撃し、無謀なアジア太平洋戦争に突入した。そして太平洋全域から中国・東南アジアに及ぶ世界大戦を遂行し、国内外の人民に悲惨な災禍を与え、45年8月15日、ポツダム宣言を受諾して無条件降伏し、15年戦争は終了した。

この15年戦争の間、人民の人権の擁護・伸長のため闘うことを目的に創立された自由法曹団は、33年9月の日本労農弁護士団に対する弾圧以降、天皇制の国家権力が築いた侵略戦争遂行体制の下ではその存在基盤はなく、活動停止を余儀なくされた。そして、この侵略戦争遂行体制下では、日本労農弁護士団事件で弾圧された者も、弾圧されなかった者も、誰もが人権の擁護・伸長のため闘う活動を行うことはできず、特高の監視の下、市井の一弁護士として生きる道しかなかった。

日本労農弁護士団事件で検挙・起訴され、35年12月、懲役2年、執行猶予2年の判決を言い渡された青年弁護士梨木作次郎は、執行猶予の期間は、新聞の配達夫をしたり、友人の世話で東京府杉並・永福町の材木店で働き、材木を担ぐ肉体労働の日々を過ごした。

38年に執行猶予の期間が過ぎ、弁護士資格を回復した梨木は、再び新宿の友人の借家で法律事務所を開設し、弁護士活動を再開した。そして、その後、事務所を東京・麹町の半蔵門近くに移し、終戦間際まで、歯を食いしばって時代の到来を待ち、弁護士活動を続けた。梨木は言う。「敗戦までの10年。私は、市井の一弁護士として生きていたわけです。ただ黙って生きてきたのです。そうするより外に、どうしようもなかった。糸の切れた凧が、人里離れた森の中へ吹き落とされたようなものでした。ただ、ささやかに市民の依頼を受け、その小さな権利を代って主張するだけです。」

しかし、この15年戦争の間、無念の死を迎えた者もいた。3.15事件で検挙・起訴され、懲役6年の実刑判決を受けた団員近内金光（1898-1938）は、受刑中腸結核に罹患し、釈放されて六甲山の甲南病院で、同志に「かたきを取ってくれ」と言って38年9月死去した（享年41歳）。団員大森詮夫も、検挙されて警察に留置中結核で身体を壊し、弁護士資格回復後、入退院を繰り返し、日本帝国主義の敗北を信じ市井の弁護士生活をしたが、43年3月、「俺が死んだら細井和喜蔵君の無名戦士墓に葬むってくれ」と遺言して死去した（享年40歳）。団員窪田貞三郎は、弁護士資格を回復して台湾に渡り、弁護士を再開したが、45年5月死去した（享年36歳）。

敗戦と生き残り8名の申し合わせ

連合国軍のアメリカは、45年3月10日、B29による東京の市街地に対する無差別の焼痍弾投下による大空襲を行った。梨木の東京・半蔵門近くの事務所も、この東京大空襲により焼失した。しかし、大日本帝国の敗北による終戦の来る日を歯を食いしばって生き延びてきた梨木は、45年8月10日頃、親しいジャーナリストから日本降伏のニュースを入手し、「いよいよ、来るべきものが来た。再出発に備えよう」と、焼け残された東京丸ノ内3丁目2番地の三菱21号館に事務所を借り受け、時代の到来を待ち受ける態勢を整えた。

8月15日、君臨してきた天皇は玉音放送を行い、連合国に無条件降伏した。アメリカ占領軍は、9月、東京・千代田区の第一生命ビルに連合国軍総司令部を設置し、同総司令部は、10月4日、全政治犯の釈放、特高警察の廃止、治安維持法その他全自由抑圧法令の撤廃を内容とする指令を発した。

10月8日、15年戦争下を生き残った弁護士8人（上村進、神道寛次、岡崎一夫、岡林辰夫、梨木作次郎、青柳盛雄、武藤運十郎、大脇松太郎〔1898-1960〕）は、東京・大森駅前の大森ホテルに集まり、自由法曹団の再建、当面の行動綱領（①釈放政治犯人の法律的救援、②被拘禁政治犯人の調査と釈放、③一切の人権蹂躙の究明、④人権蹂躙官憲の具体的調査とその処罰、⑤人権抑圧諸法令の撤廃、⑥司法制度の徹底的革新）を決め、とりあえず幹事長に上村進、顧問に山崎今朝弥、布施辰治を推すこと、事務所を三菱21号館の梨木の事務所に置くことを申し合わせた。

この年10月15日、治安維持法は廃止された。

自由法曹団再発足大会と戦後の再出発

その後、まず自由法曹団の活動再開にあたり、「再発足大会」を開催することを決定した。再建してどのような団体をつくるか、再発足大会の呼びかけの範囲をどうするか等を熱心に論じた。結局、人権の擁護・伸張に賛成する法律家を皆呼ぼう、ということとなり、世話人の上村進、吉田三市郎、山崎今朝弥、田坂貞雄の連名で、法律学者、裁判官を含めて約450名に招請状を発送した。

45年11月10日午後1時から、自由法曹団再発足大会が、東京会館で開かれた。約150名の法律家が集まり、盛会であった。世話人を代表して上村進は、「今度は民主主義になったからといって油断してはいけない」という趣旨の挨拶をした。15年戦争の下で生き延びた団員もこの大会に参加した。自由主義者として団の活動に共鳴した弁護士も参加した。団も、これらの弁護士を喜んで迎え入れた。自由法曹団の旗は、再び樹てられたのであった。

再健された団は、1つの弁護士団体としてまとまった活動をしていくため、46年7月の第2回大会で規約を制定した。団の名称は自由法曹団とし（1

条)、団は「民主主義的平和国家建設の基礎である人権の擁護伸張並びに法制の徹底的革新を期することを目的とする」(2条)とし、この目的に賛成する弁護士並びに法曹関係者をもって組織する(3条)と定め、団本部を東京都に置き、常任幹事会の承認を経て支部を地方に設けると定めた(4条)。

団の機関として、幹事長1名、幹事会並びに常任幹事会、その諮問機関として評議員会並びに顧問を置くとし(8条、9条)、その役員は毎年5月と11月に開催する定期大会で選出し(5条、10条)、団の経費は、団費及び寄付金を以て当てると定めた(16条)。

第2回大会で、幹事長に上村進を、顧問に山崎今朝弥、布施辰治、吉田三市郎、田坂貞雄らを選出した。

国家権力による33年9月の日本労農弁護士団に対する弾圧で活動停止を余儀なくされてきた自由法曹団は、12年後のここに再建され、再出発した。

第2章

日本国憲法誕生と占領下の時代
——占領下での弾圧に抗した大衆的裁判闘争

民主化と権利闘争の前進

敗戦後の日本を占領した連合国の中で実質的に日本を支配した米国を中心とする連合国軍総司令部（GHQ）は当初、戦犯の告発、財閥の解体及び農地改革など民主的改革を進めた。46年11月3日公布の日本国憲法が47年5月3日施行された。

戦争の惨禍は国民の大多数に及んだ。焦土の前に生活と生業を失った。加えて食糧と物資の極度の欠乏による物価の急騰が庶民の生存を脅かし絶望の縁に追いやっていた。

いっぽう戦争を指導した支配層（特権階級）では違っていた。窮乏する国民を尻目に自らの保身と蓄財が際立っていた。45年敗戦の前日（8月14日）、日本政府は、備蓄の食糧、原材料、製品など軍需物資（当時の時価1000億円に相当とされる）の大量処分を行っている。それらは軍事産業の手元に配られ「隠匿」された。あわせて日銀券の増発による臨時軍事費もバラ撒かれたという。

これら特権階級の手許に滞留した厖大な物資は公定価格外（闇ルート）で横流しされた。彼らの「濡れ手に粟」だった。随意に価格操作がなされ、あるいは売り惜しみが横行した。これら「隠匿物資」の存在が知られて大衆的な怨嗟の的となった。

軍需産業で稼ぎ慣れた大資本は手元の資材や燃料を「物づくり」に向けようとしなかった。溢れる失業者を前にしても雇用を拒み工場閉鎖を続け生産をサボった。

各地で抗議行動が勃発した。住民による「隠匿物資」の摘発、労働者による「工場占拠」「生産管理」が旺盛に展開された。これらの大衆運動が「生活擁護同盟」や「民主主義擁護同盟」の誕生につながり、労働運動の高揚と労働組合の結成に拍車がかけられた。自由法曹団の団員が、これら各地の大衆的な民主運動に法律家の観点から深く関わることになった。

日本の労働者・市民の闘いと組織は急速に高揚し拡大した。再建当初の団にはたくさんの仕事が待っていた。戦犯と特高の責任追及、司法民主化の課題、労働組合の結成と争議支援、弾圧事件の弁護等、全国にまきおこった民主主義運動の中で団員は奔走した。団は、人々とともに個々の事件に取り組むとともに、「人民の法律」や「労働法律旬報」の発刊など法的闘いの発展にも力を注いだ。

解雇された労働者の「地位保全仮処分」も当時の団員の創意が生み出したものである。敗戦直後らしい闘いとして、隠退蔵物資摘発や生産管理闘争があった。戦争する国の時代を生き残った国民のほとんどが飢餓に直面しているさなか、大量の食糧などが隠匿されているのを摘発した市民が弾圧された。団は、たんなる食糧の問題ではなく、わが国の民主化にとって「道標を示すもの」として支援を訴えた。また経営者が生産をサボタージュする状況の下で労働者が生産を自主管理する闘争形態が生産管理闘争である。これを「正当な争議手段」と主張する団の見解を受け入れ、その合法性を認容する裁判所の決定などもあったが、やがてこれに対する弾圧が拡大し、違法とする最高裁判決（50年）などによって、終息させられた。

歴史の暗転

敗戦後4年目の49年。欧州では東西分断が決定的となり、中国では共産軍が蒋政府軍を追い詰め、朝鮮では南北の軍事的な危機が迫っていた。米政府は日本を反共の前線基地にすべく矢継ぎ早に手を打った。

48年末にGHQは日本政府（吉田内閣）に「経済安定9原則」の実行を求め、49年2月には「公務員の大幅な削減」「民間企業の首切り合理化」「徴税の強化」を盛り込む「ドッジ・プラン」を打ち出した。労働者階級と勤労市民層による反対と抵抗の闘争が展開された。この年1月施行の総選挙では、国民の支持を集めた共産党が35議席に躍進を遂げ米政府と占領軍に衝撃を与えた。

49年7月4日、国鉄当局は第一次首切り3万700人を発表した。翌5日に国鉄総裁（下山定則）が失踪し6日の午前零時過ぎ綾瀬駅近くに轢死体で発見された（下山事件）。共産党か国労の仕業との噂が流された。

7月13日第二次首切り6万2000人の発表がされると、15日夕刻、三鷹駅で無人電車が暴走する事件が発生し死者6名重傷者13名の惨事となった（三鷹事件）。翌16日、吉田茂首相が「共産党は虚偽とテロを手段に社会不安をあおっている」と発表し、国労三鷹分会の労働者が相次いで逮捕された。委員長（飯田七三）は逮捕される前に自らの逮捕を報道で知った。真偽の確認のために出向いた警察署で拘束された。順次、逮捕された9人は共産党員だった（後れて逮捕された竹内景助のみ非党員)。「共産党の組織的犯行」の宣伝がいき渡った。

このような緊迫した状況下で起きたのが、その後最大のデッチ上げ事件と評される本章の主題となる松川事件である。その松川事件が発生した翌50年6月25日朝鮮戦争が始まった。同年6月、日本共産党中央委員全員の公職追放と「アカハタ」の発行停止が命じられた。レッドパージによって約1万2000人の労働者が不当解雇された。団体等規正令により組合や団体に解散命令まで出された。「アカハタ」発禁後は、政令325号占領目的阻害行為処罰令によって、その「後継紙」、「同類紙」や反戦文書も弾圧された。これらの激しい攻撃によって、共産党はもとより、戦後労働組合運動をリードしてきた「産別会議」（全日本産業別労働組合会議）や民主的運動は壊滅的打撃を受けた。団員は、アメリカの軍事法廷と日本の裁判所でその弁護にあたったが、ほとんどが有罪であった。

52年、サンフランシスコ講和条約が締結された後、メーデー事件（東京)、吹田事件（大阪)、大須事件（名古屋）など騒擾罪を適用した大弾圧事件が発生した。

謀略と弾圧が荒れ狂う厳しい情勢の下で、動揺した一部の団員からGHQによる解散命令を受ける前に先手を打って、自由法曹団解散論が提起された。多くの団員は弾圧がはげしくなったいまこそ団を強化しなければならないとして、解散論を克服し団の存続と統一の決意をかためていった。団は激しい攻撃に耐え、この困難な時代の中に闘いを進めた。この中で司法研修所を修了した若い弁護士が団に参加してきた。

本章では、謀略によるでっちあげで死刑判決を含めて全員が有罪判決を受けた20人の被告らと団員が、多くの人々とともにかたく結合し、全力をふりしぼって無罪判決を勝ち取ることに成功した松川事件裁判闘争を取り上げる。大衆的裁判闘争の始まりであった。

松川事件と松川運動

福島に不穏な動き、そして事件の発生

水力発電と石炭の供給地である福島は占領軍にとって戦略上の重要な拠点だった。福島市に軍政府（MG・司令官マクダーモット）が置かれ、その法務局（局長トロットマン）が日本の警察・検察を配下に「治安」を握っていた。司法（裁判所）も例外ではなかった。後の国家賠償（国賠）裁判で橋本節治（当時の共産党県委員長）が自らの体験を語っている。49年の春頃から呼び出されたが、その際にMGの局長が福島地検の検事らを指示する現場に遭遇したという。そこには、後に松川を担当する検事山本諌もいた。指示は電気産業労組（電産）猪苗代分会の組合員の処罰だった。橋本も電産や国鉄労組（国労）支部の党員とシンパの名簿提出を求められた。日本法による権利保障の約束を口実に返答を延ばしていたが、8月には最後通牒となった。司令官や局長を従えた上級将校が橋本の前に姿を現わし「7日以内に提出せよ」「これは作戦命令だ。従わないとお前を軍事法廷にかける」と威嚇した。「考えさせてくれ」とその場を凌いだ橋本はそのまま姿をくらますが、それが事件発生の「何日か前だった」と述懐している。

松川事件　列車脱線・転覆の現場
（1949 年 8 月 18 日撮影）写真提供＝共同通信社

8 月 17 日未明、東北本線の松川・金谷川駅間で列車が転覆し乗務員 3 名が死亡した。カーブ外側の線路を撤去した人為的な痕跡が顕著だった。

「二本の幹線と十本の支線」発言の意味するもの

松川は「戦後最大の冤罪事件」と呼ばれる。むろん正しい。しかし実際は警察と検察が元被告 20 名の無実を知りながら列車転覆致死事件の「犯人」に仕立てた「権力犯罪」だった。その経過と実態を見る必要がある。

事件発生の翌日、増田甲子七（内閣官房長官・元福島勅撰知事）が「三鷹事件をはじめその他の各種事件と思想的な底流は同じ」と共産党の犯行を示唆する談話を発表した。全国にその報道が流れた。

それから間もない 8 月 26 日、国警福島県本部隊長（新井裕）が捜査の見通しに触れて「二本の幹線と十本の支線があり、これを一本にできればしめたもの」と記者団に語った。「二本の幹線」とは大量首切に反対し県下で最も先鋭な国鉄と東芝の労組を指していた。前日の 25 日から「不良狩り」と称して国鉄と東芝に関係のある若者たちの別件逮捕が始まっていた。その目的は捜査本部が描く捏造構想の資料収集にあった。その数は十名に及んだ。

そして 9 月 10 日、赤間勝美（19 歳）を逮捕した。1 年前の仲間同士の喧嘩が口実だった。

「赤間自白」と二本の幹線のねつ造

国労の線

戦時中に臨時工夫に徴用され、定員法で国鉄を解雇されていた赤間青年は、早い段階でアカとの内偵もあり、捜査本部が「自白」対象者としてめぼしをつけた切札だった。赤間を知る武田辰雄（巡査部長）は、赤間と中学の同窓生で顔見知りの青年の２人（飯島義雄・安藤貞雄）と接触して別件容疑で脅しながら夜遅くまで取り調べた。そのかたわら事件の前夜に赤間が列車転覆を「予言」したとする架空の筋書きを２人に認めさせ、それだけの調書をつくりあげ、その引き換えに２人の非行を不問にした上、若干の金まで握らせて解放した。

その「予言」が自白強要のネタだった。玉川正(警視)が乗り出し、武田ともども赤間に対して連日の長時間に及ぶ苛酷な取り調べを行った。玉川は特別高等警察（特高）の前歴を有し、公職追放を解かれ復職後は警察署長を経て国警県本部捜査課次席の職にあった。共産党に異常な敵意を燃やしていた。

玉川らは赤間に犯行の「自白」を迫った。赤間は連日の暴力と脅迫と偽計を伴う早朝から深夜に及ぶ苛烈な取り調べに見舞われた。武田は当夜のアリバイ証人の祖母（赤間ミナ）の名を挙げ、ミナの調書の中身を変えて読みあげ赤間を絶望に追い込んだ。玉川は六法全書を示し「列車転覆は死刑か無期しかない」「罪を認めて裁判官に情状酌量を求めるほかない」と脅したうえ、頃合いをみて「本当は共産党の仕業なのだ。それをお前のせいと言いふらしている。その仇をとれ。お前が一緒にやったと言えば、その情を知った裁判所は刑を軽くして外に出してくれる」と吹き込んだ。9月18日の夜の取り調べは翌日にまで及んだ。疲労困憊のすえ赤間は「明日は話すから寝かせてくれ」と懇願した。外部との接触を絶たれ孤立を強いられた赤間は「共産党がやった」「情状酌量しかない」という玉川の言葉を信じてすがるほかに道はないと思い込まされた。拘束10日目。9月

19日深夜に玉川の誘導に従った筋書きを認める最初の「自白調書」がつくられた。そこには実行者に、赤間のほか、本田昇、高橋晴雄、共謀者に鈴木信、阿部市次、二宮豊の名が書き込まれた。いずれも国労関係の情報収集の過程からも知り得た名前だった。

東芝の線

だが「二本の幹線」には足りない。新たな「自白」が必要だった。東芝側の若者が狙われた。9月18日、菊地武（17歳）を逮捕した。別件容疑は即座に晴れたが、身柄拘束のまま玉川と武田の取り調べを受けた。これに少年担当の土屋幸次（巡査部長）が加わり胸元にドスを擬して脅し、頭髪を掴み振り回す暴力を加えて「自白」を強いた。しかし菊地自身が肉体的な変調に見舞われ急性盲腸炎を発症し緊急入院となった。思惑がはずれた玉川は矛先を赤間に戻し、新たに武田が入手したという1枚の東芝労組の集合写真を見せ、その中から佐藤一と浜崎二雄を指示させ「共犯」に加えた。赤間にはまったく面識ない2人だった。こうして東芝側から実行犯を加える赤間の9月21日付「自白」調書がつくられた。

いっせい検挙

そして翌22日の第一次検挙（鈴木信、阿部市次、二宮豊、本田昇、高橋晴雄、赤間勝美、佐藤一、浜崎二雄）となった。

東芝労連から松川工場に派遣されてきた佐藤一は、当初から捜査当局の構想にとってはずせない存在だった。東芝側の「主役」に擬せられていた。事件発生の直後の警備資料（佐藤森義警部補8月17日捜査報告書）には「佐藤一を調べる必要あり」との書込みがあった。玉川の筆跡だった。浜崎には「青年同盟員」の情報があった。

若年の浜崎に「自白」強要の攻撃が加えられた。玉川、武田のほか三笠三郎（検事）も加わった。そして早朝から深夜に及ぶ連日の取り調べに疲労困憊の極に達した浜崎を誘導して虚偽の「自白」調書を作成した。逮捕から9日目。10月3日の午前2時だった。

以後、10月4日の第二次検挙（杉浦三郎、太田省次、佐藤代治、大内昭三、

小林源三郎)、10月17日の第三次検挙(二階堂武夫、二階堂園子)、10月21日の第四次検挙(武田久、齋藤千、岡田十良松、加藤謙三)が相次ぐことになった。菊地も退院後の10月8日に再逮捕され「自白」を迫られた。

ちなみに8月17日(事件当日)報告書には、杉浦、太田、佐藤代治の動静のほか、小林、浜崎、二階堂武夫、二階堂園子、菊地、大内が「組合事務所で密議をなし」と記載されていた。

逮捕された若年者(大内、小林、菊地)は、いずれも厳しい取り調べにさらされた。「このままでは死刑だぞ」「自白すれば執行猶予だ」と告げられ、疲労と絶望の中で誘導の筋書きに従った「自白」調書が作られた。女性の園子も同様だった。加藤は不利な供述を取られ「自認」調書となった。

「二本の幹線」をつなぐ「太田自白」ねつ造

太田は年長の33歳だった。首切りの通告を受けて迷っていた。ストの直前まで会社の課長クラス(西肇、小滝久作)から通告の受入れを説得されており、内面を見透かされていたフシがあった。その太田を玉川と武田さらに剛腕を買われた安斎亥之松巡査部長らが取り囲んだ。検事の三笠三郎、笛吹亨三も加わった。それでも太田は厳しい取り調べに10日以上も耐え続けたが、10月16日の夜には6人の取調官による集中攻撃を受けて3回も卒倒しかけ遂に力尽きて屈伏した。10月17日、笛吹が太田の自白調書をつくりあげた。

その太田自白の主要な内容は、国鉄側と東芝側の「連絡謀議」であった。8月13日と15日に国労福島支部、16日に東芝労組の場所とされる共同謀議の「自白」こそ、捜査本部が当初から描いてきた「二本の幹線」を「一本にする」構想の完結だった。

しかし架空の筋書きは随所で破綻を免れない。そのつど太田調書の書き換えが試みられたが、それにも限界があった。そこで「自白」と矛盾する証拠の隠匿や改竄が組織的に実施されることになった。後に発覚する「諏訪メモ」や「来訪者芳名簿」などがそれにあたる。

「自白」が完成すると被疑者本人の身柄は調書とともに裁判官唐松寛の下に送られた。刑訴法227条が根拠だが、唐松の取り調べは「自白」調書の内容を裁判官の調書に作り替えるのが目的だった。それに符合しない調書はつくらなかった。現に10月5日の午前の取り調べに浜崎が否認すると調書に記載もせず書記官とともに取調室を出て行った。代わりに顔色を変えた三笠検事がやって来て「お前は死にたいのか」と浜崎を脅して否認を撤回させ、午後から取調室に戻った唐松によって「自白」調書（同日付唐松調書）が作られた経過があった。この裁判官調書を作成する手法は三鷹事件でも行われていた（国警本部から応援の尾崎幸一警視らの入れ知恵と推測される）。これが公判段階で悪用される。その顛末は後述のとおりである。

2人の団員弁護士

大塚一男弁護士

46年3月、中国大陸から復員した大塚一男は、11月に復活した高等文官試験（「高文」）司法科に合格し、49年5月に司法修習を修了した。23歳で弁護士を登録すると自由法曹団の事務所（京橋3丁目のビルにあった）に出向いて活躍する先輩弁護士たち（幹事長の上村進、布施辰治、山崎今朝弥、神道寛次、岡崎一夫、小沢茂、青柳盛雄など）と知り合った。6月に入り労働争議で派遣された平市では米軍の命令（掲示板の撤去）に抗議の労働者が警察署に押し掛ける事件（6月30日「平事件」）が起こり、これが共産党による「騒擾事件」とされ福島の地裁本庁に150名超の大量起訴となった。この事件を担当することとなった大塚は、以来福島に通い詰めとなった。

7月4日、人員整理に抗議の組合員らが国鉄の管理部に押しかけた。組合の介入で混乱なく収まったが、21日から「建物不法侵入」の口実で武田久（支部委員長）鈴木信（分会委員長）岡田十良松（分会書記長）ら16名逮捕の「福島管理部事件」となった。また7月7日に伊達駅に30名が押しかけ駅長に不正摘発と被解雇者の就職斡旋を求めた。14日から斎藤千ら13名が検挙され7名が「暴行罪」で起訴される「伊達駅事件」が発生した。その1人に赤間も加えられた。大塚は阿部市次（国労支部書記）から依頼され弁護人となった。

岡林辰雄弁護士

岡林の経歴は多彩だった。31（昭和6）年に高文司法科に合格し弁護士登録、翌32年に日本共産党に入党、布施辰治事務所に所属するかたわら労働運動のオルグに専従、33年に治安維持法違反で特高に逮捕され、2年半の拘束と有罪判決で弁護士資格を失うが、38年に再登録、41年4月に妻キヨと共に逮捕（翌年5月釈放）、44年11月に妻キヨが再逮捕、敗戦の45年10月、1人拘置所に乗り込みキヨを奪還した。逸話に事欠かない。

弁護活動の開始と警察の妨害

大塚が松川の第一次検挙を知ったのは、平事件の第1回公判を終えて帰京したばかりの9月22日の当日だった。被検挙者に阿部の名があった。当初は東北地方を広く活動拠点としていた北村利夫弁護士が対応した。入れ替わりに28日頃大塚が福島に到着し、次いで岡林辰雄（45歳）が加わった。

この岡林と大塚がその後の弁護を主に担うことになった。

北村が福島を去るに際し「警察の面会室に盗聴器あり警戒せよ」とメモを残していた。事実だった。53年3月編纂の国家地方警察本部の部外秘資料（刑事部捜査課編「松川事件の研究」）がその使用を認めている。

弁護活動は被疑者の接見（面会）に始まる。それが様々な手段と口実で妨害された。特に「自白組」には徹底していた。北村も赤間が移管された保原署まで出向いたが接見できなかった。

大塚も赤間との面会を求めた。保原署長（土屋留蔵警視）は他署の預かりを口実に拒絶した。大塚が伊達駅事件の弁護人であり家族からも選任されていると告げたが無駄だった。土屋は赤間を破格に厚遇していた。厳しい食糧事情にも拘わらず署員から供出の加配米で2人前の飯を食わせ、酒を飲ませ、祭りを見物させ、署内行動の自由を認め、卓球、弓術、碁将棋をし、共に入浴し、背中を流した。そして「否認すると死刑になるぞ」と囁いていた（異例の処遇は後の公判で土屋も認めている）。

接見拒否に抗議する大塚に対して土屋は「赤間の意向」を持ち出し、「伊達駅事件のことで会いたがっているから面会は認める」としつつ「警察の立会いの上でないと面会を認めない」との態度に出た。大塚は「立ち会うならば告訴する」と警告の上「面会」の道をとった。「接見交通権」の大義より差迫った「面会」が重要だった。土屋署長ほか数名が立ち会う下で大塚は赤間と短時間の立ち話を交わした。福島に戻った大塚はすぐ威力業務妨害の告訴状をつくり地検に提出した。翌日の新聞に「保原署長告訴さる！」の見出しが躍った。

この面会は正解だった。赤間は伊達駅事件に懸念を示したが、松川事件にはまったく無関心だった。大塚は「事件と無関係」との心証を得た。

勾留理由開示から赤間否認まで

第一次検挙者の勾留理由開示公判が10月6日に決まった。その前日に岡林は妨害されてきた浜崎との面会に福島地区署に出かけ、大塚は赤間との面会に再び保原署に出向いた。東京から来た実兄（赤間博）が同行した。

保原警察の態度が一変していた。応接室に案内され署長の代わり笑顔満面の次席（小熊新作警部）がご機嫌をとり、弁護人と兄とどちらが先に会うかと問うた。即座に大塚は兄博を指名した。

この兄弟2人の接見が事態を変えた。兄から自分の「自白」で無実の多くの者が逮捕されたと知らされた赤間は「本当はやっていない。誰にも言わないでくれ」と言った。ついで面会を交代した大塚にも「自白」のウソを伝えた。しかし身柄は警察の手中にあり、既に山本検事から「裁判所も同情しているから嘆願書を出せ」と言われ、提示の文案に従って「上申書」をつくり署長に託したばかりの当日だった。法廷では「言いたくない」とだけ述べることにした。面接後、大塚は兄博にすぐ弟との対話を書き残すよう指示した（赤間博10月7日供述書）。

翌6日の開示公判で赤間は「今日は何も言いたくありません」とだけ述べた。捜査当局の目算が外れた。彼らは赤間に地元弁護士会あて弁護依頼の手紙を書かせた。大塚、岡林の排除が目的だった。福島弁護士会から弁護士（元裁判官、検察官ら）数名が選ばれた。その1人が知り合いの牧師（多田吾助）に赤間との接触を促した。多田牧師は聖書を差入れ、11月25日から3回の面会を行った。面会の最後に聖書の一節「人を恐れる者は憶病になり神を恐れる者は強くなる」と紙に書いて赤間に渡した。翻意の防止が狙いとすれば、結果は逆になった。赤間は弁護士会の弁護人を断って自由法曹団の弁護士を選んだ。

12月5日に臨んだ福島地裁（長尾信裁判長）の第1回の公判で赤間は「今まで警察の人におどかされて言ったのであります。私は神様に誓って本当のことを申し上げます」と述べ全面的に「自白」を撤回した。そして松川裁判が始まった。

初動における弁護活動

9月には福島地裁本庁で平事件の公判が始まっていた。岡林と大塚は、それに対処しながら松川事件の被疑者と面会や証拠の収集でも多忙を極めていた。事情の聴取が重要だった。東京から藤井英男弁護士が駆けつけ、秋田から小沢三千雄（一審の特別弁護人のほか無罪確定まで裁判対策・運動の専従をつとめた）が派遣されてきた。福島に留まった赤間博や逮捕に連座され後に釈放された本田嘉博（アカハタ記者）も救援活動に献身する傍ら情報の収集に力を尽した。

聴取の結果は署名を得て調書化された。その分量は30センチほどの厚さになった。「政治的盗難」に備え3通を複写し保管を分散した。

それらはのちの裁判で元被告のアリバイ立証などに役立った。例えば大塚が赤間の祖母ミナから聴取した調書（49年10月5日付）は、差戻審で初めて顕出された土屋元美（巡査）の赤間ミナ調書（9月17日付）と符合し「赤間アリバイ成立の蓋然性が極めて高度」との認定に直結した。また事件の当夜「実行犯」に擬せられた本田昇は、酔い潰れて国労事務所に泊り込み翌朝に起こされるまで眠り込んでいた。大塚は、事務所に同宿し本田を介抱した木村泰司から同夜の顛末を聴取して調書（10月1日付）に作成した。捜査当局は、国鉄を解雇された木村の私生活の乱れに乗じて金品の提供、酒食の接待、就職の斡旋をエサに篭絡に努め、本田につき「そういうことはあったが、それは別の日だった」と供述を変えさせ検事側の証人に起用した。差戻審になって、最初に木村を取り調べた警察官宮川武夫作成の9月30日付調書が顕出され、その内容は大塚調書と同じだった。それが「本田アリバイは決定的」と断ずる無罪判決に結びついた。

公判の開始と家族会の結成

49（昭和24）年12月5日、福島地裁（長尾信、有路不二男、田中正一）で公判が開始された。

被告のうち手ごわい幹部と目された者に対して捜査本部の描く筋書きは秘匿されたままだった。公判が開始され検察官の冒頭陳述で初めて知ることができた。被告らは8月13日に始まり16日までの間に行われた共同謀議に同席したとされていた。被告らには覚えがないことばかりで事実無根は明らかだった。にもかかわらず報道は「犯人」の一色に塗り潰された。

第2回公判を終えて武田宅に集まった家族たちを前に岡林は語った。「裁判を見ればあのとおり被告が何にもやっていないことは誰にでもよく判ります。けれども傍聴できる人は、ごくわずかです。検事や警察は新聞を使って全部罪人と書いている。これと闘わなければならない。では闘う方法はあるだろうか。それは家族の1人ひとりが法廷外のあらゆる場所に出て行って彼らのウソをあばき、被告の無実を訴えることです。無実はあなた方家族がいちばんよく知っている。家族が立ち上がって訴えるならば、国民はきっとわかってくれます。大勢の国民がわかってくれることが、この裁判に勝つなによりの力になるのです」と。

岡林は「主戦場は法廷の外」の発言（50年3月15日アカハタ）で知られている。この時それを家族に語ったのだ。

家族たちはお互いにほとんど知らない間柄だった。家族会の結成が団結の出発点となった。ごく限られた支援者の援助を受けながら家族たちは初めてメガホンをとり、街頭に立ち、勇気を奮って父や子や夫の無実を訴えた。デマ宣伝が全体を覆っていた中、人々の白眼視に耐えながら身内を助けたい一心から訴えてまわった。味方を見つけ仲間を増やし世間を変えるためだった。最初は砂漠に水滴を撒くに等しかった。終局に出現した大河の流れはそこから始まった。これが松川運動の源流となった。

戦後社会の全体が欠乏の中、頼みの働き手を失った家族たちが生活困窮の渕に追い込まれたことは言うまでもない。訴えの合間の内職で糊口を凌ぎ助け合った。

「有罪」を垂れ流し続けたマスコミ

50（昭和25）年6月にはマッカーサーによる日本共産党中央委員の公職追放、アカハタの発行禁止（停刊指令）が打ち出され、GHQの意向に逆らう報道や言論は絶無に等しい状況が生まれた。そして25日に朝鮮戦争が勃発した。

松川裁判に関する報道も、権力犯罪に便乗の傾向が加速した。警察や検察の首脳と緊密に連絡をとり、彼らのリークを報道の特ダネとし、捏造捜査にも積極的に協力し、あるいは先棒を担ぎ、挙句に記者たちから検事側の証人に名乗り出るまでになった。見返りも受けた。事前に教えられた論告求刑の号外が朝刊に折込まれ、巷に流れる始末であった。

刑訴法の脱法的な運用

全員にアリバイがあり公判前の「自白」以外に証拠はなかった。事実を知る被告らは当然として弁護人も支援者も無罪判決を疑わなかった。法律的にも有罪はあり得ない。憲法38条3項は唯一の証拠が本人の「自白」では有罪とされないと定めている。

新憲法の下、全面改正の新刑訴法は事件発生の年の元旦から施行された。旧刑訴の糾問主義から当事者主義（弁論主義・起訴状一本主義）に改められ、直接主義の要請から「伝聞証拠の禁止」（刑訴法320条）が明記された。その潜脱策が227条だった。第1回公判期日前に作成の裁判官調書には制約がない。そこに狙いがあった。要件は「公判期日において前にした供述と異る供述をするおそれ」のみ。公判における被告の「自白」撤回を想定した検察の公判対策だった。

ただし問題が残った。公判で証拠採用できる裁判官調書は「被疑者・被告人以外の者」の供述調書に限られる（刑訴法223条、227条、321条）。松川の被告は全員が「被疑者」「被告人」本人だった。そこで公判で検察官は「自白」組の被告たちを他の被告に関する「証人」に請求した。裁判所は弁論分離（313条）で呼応した。当日かぎり他の被告との関係では「本人」

ではない。「自白」採用目的の詭弁だった。弁護人の異議を却下し特別抗告を尻目に脱法的な審理が続けられた。

赤間ら被告たちは、証人となって自らが受けた「自白」強要の実態を克明に証言した。それ自体が「自白」の任意性と信憑性の弾劾だった。弁護側の反対尋問は必要なかった。しかし、第1回公判前の「自白」が記載された裁判官調書が証拠採用された。審理は50年9月12日の93回公判で終わった。裁判官調書の採用に対する弁護人の異議（最高裁に対する特別抗告）は結論が出されていなかった。

一審の全員有罪判決

判決期日は未定だった。音沙汰なく日が経った。10月下旬に地裁に立ち寄った大塚が裁判官3名に面会し指定を申し入れたが「明日来てほしい」と即答を拒まれたので翌日に出向くと「12月5日」の回答を得た。しかし、12月5日の出廷も肩すかし。長尾裁判長は「明日午前10時に宣告」と告げて姿を消した。翌12月6日の法廷は異様な警戒で開かれた。顔面蒼白の長尾が手元の紙を読み始めたが、シドロモドロで文意をつかめず、両陪席裁判官と鳩首相談し暫時休廷の挙句に陪席（有路）に代読を依頼する始末だった。堪り兼ねた被告たちが抗議すると長尾は「全員退廷」を命じて警備員の実力で排除した。被告空席の法廷で言渡しが続けられた。結果は、死刑5名、無期5名、有期懲役10名（計95年）の全員有罪だった。

判決文は未完だった。通常は言渡後に交付される判決謄本が、実際に届けられたのが翌51年1月18日だった。

被告団の「4つの誓い」と宮城拘置所への送致

釈放を信じ荷物も纏めていた被告たちは、引き戻された拘置所で全員の討議により決議を行った。「第二審では必ず勝つ」「真実は最後まで守る」「身体を丈夫にきたえる」「家族たちをはげまし共に闘う。弁護人の労苦にたいしてなぐさめる」の「4つの誓い」だった。

まだ暗い翌朝「警察が呼びに来た」との通報を受けた岡林が会ったところ来訪者は顔見知りの拘置所職員だった。用意の車で同行を促された。万一に備え後事を大塚に託して出向いた先は拘置所だった。暗闇の中慌ただしい面会のあと岡林がトラックに乗せられた被告たちを独り見送った。被告たちは宮城拘置所に送られた。

判決の異常な経過が背後の巨大な権力（米占領軍）の干渉を物語っていた。長尾裁判長自身も軍政府に出向き裁判の経過を報告していた事実を後に認めている（61年7月名古屋地裁における証言）。

自由法曹団に及んだ波紋

新刑訴を駆使した弁護活動には、旧法に馴染んだ古い法曹の一部やマスコミから行き過ぎとの誹謗が絶えなかった。50（昭和25）年6月には朝鮮戦争の勃発と前後してマッカーサーによる共産党中央委員の追放、アカハタ発行禁止、政府による全国的な集会デモの禁止、レッドパージ断行が続いた。自由法曹団の中にも「解散命令」や「幹部追放」を危惧する動揺グループの発生が避けられなかった。判決から間もない12月9日の総会では団員の一部が強硬な自主解散論を唱えたが、多数を得られず会場から去った。その背後に「弾圧がこわくて何ができる」の声が飛んだ。団は規約改正を行い、団長に長老吉田三市郎を選び布陣を新たに出発した。

団が同月23日に発した声明には、「基本的人権の擁護に任じ、これに関する法制の改革に力め、平和な民主国家日本の建設に寄興することを目的とする。苟も人権が蹂躙された場合には、被害者の階級・信条・所属政派等の如何に拘わらず徹底的に擁護することを期する、とは、改正された自由法曹団規則第二条である。吾人はあくまでこの規定の精神に徹し、ボス的勢力を排し、不当な権力に抗し、圧迫される者の味方となって、普く人権を擁護し、人道的明朗な社会の実現を期する。」との決意が表明されていた。

松川裁判では、岡林と大塚の奮闘に依拠してきた弁護活動に吉田団長を先頭に団員が結集して控訴審の勝利を目指す取り組み強化の必要が確認された。このときから多くの団員が弁護の実務に加わった。

宮城拘置所と「獄中からの訴え」

舞台は仙台に移った。判決謄本が届くと反論と事実を訴える控訴趣意書の作成が被告たちと弁護団の最重要の任務となった。被告たちは、併せて獄外（社会）に真実伝達の一環として「無罪釈放百万人署名」を呼びかけた。拘置所の規則では様々な制約があった。発信は1日1人・手紙1通、葉書3枚限り。被告は要求を重ねた。獄内の処遇改善でも同房者の信頼を得た。徐々に規制の緩和や改善が得られた。発信の枠も広がり、知合いやツテを頼りに肉筆の細字で埋めた通信が可能となった。返信も寄せられた。最終の発信数は約15万通に達した。

これらの訴えは『真実は壁を透して』（51年11月発刊）として出版された。

救援運動の誕生と進展

被告の訴えに呼応して東北6県の労農救援会を糾合する松川対策東北地方協議会が結成された。その活動は創意に溢れていた。例えば被告たちに面会や差入する交代制「里親制度」が編み出された。発案者の1人（小田島森良）が救援運動は差入れと面会激励に始まると語っている。被告から「腹が減って眠れない」と聞くとボロ自転車で知人の間を駆けめぐった。その自転車が壊れてしまった。それを知った駅前の靴磨きを生業とする婦人が貯金を叩いて闇値で6千円の自転車を提供してくれた。それで市内を駆け回りパンや飴や菓子など風呂敷に集めて3日に1度の拘置所通いを続けた。食糧事情が悪かった時期にみな自分の分を減らして支援してくれたという。このような地道な活動と訴えが実って共鳴のカンパが届けられるようになった。やがて中国の労働団体など外国からも支援がよせられ、被告らの文集などの出版を可能にした。

松川運動から無数の活動家が生まれた。例えば、偶々頼まれたカンパを対策協議会に届けたところ、被告の奥さんから人手不足を聞かされ差入れ手伝いのついでに幼い娘さんの付き添いで被告本人に面会した。そして事件を知り愕然とし運動にのめり込んだという（安藤重雄手記「人間変革のルツボ」）。これに類する手記や記録が無数に残っている。運動の一端を担った「終生の誇り」の想いで共通している。そして無数の若者が自己変革を遂げ大衆運動の優れたリーダーとなった。その後の労働運動や公害闘争などでその姿を数多く見出すことができる。

弁護団拡充と袴田重司弁護士の存在

二審段階になり、全国から多数の弁護士が「人権擁護」と「裁判の公正」の立場から弁護に加わった。従前の枠を超えた弁護団の結成は特筆に値する。「逆境のどん底にあった被告たちに光明をあたえ、勇気と確信をもたせ」「国民のあらゆる層の人々の良心に信頼してよびかける方針が最初に実った」(「松川15年」労働旬報社）と評価される。先鞭は仙台弁護士会だった。獄中の被告からの依頼に応えた袴田重司会長が自らも記録を調べ被告たちとも面会した。金網越しに「あなたは絞首台に曳かれても主張を変えないか」と問うたという。そして会議を召集し「えん罪」の心証を披歴し「人権擁護の使命を持つ弁護士は思想信条を超えて引き受けるのが望ましい」と自ら弁護人となった。これに弁護士33名（大川周造、菊地養之輔、高橋万五郎、勅使河原安夫ら）が応じた。地元の福島弁護士会からも安田覚治弁護士を筆頭に10名が参加した。大阪、京都など関西からも続いた。自由人権協会を通じて著名な弁護士（海野晋吉、近藤綸二、江橋英五郎）の参加も得られた。

とりわけ政友会以来の保守政党との関係が深く自由党県連の現幹部でもあった袴田弁護士の存在は、松川を「共産党の事件」と歪める見方を改めさせた。袴田弁護士は県公安委員の立場から当初は松川運動との距離を心がけたが、後日に一変した。心血を注いだ弁護活動が二審判決で裏切られて強い衝撃を受け「非道な判決を改めさせるには、運動をすすめるほかないと考えるようになった」と身内に漏らし、以来、遠路を厭わず集会に参加し壇上の報告に立った。また自分の弁論のガリ刷りを知己の裁判官や法律学者に配布した。それは、法曹の生き様を賭けた行動だった。

権力の不正暴露と「公正裁判の要請」

51（昭和26）年10月、仙台高裁（鈴木禎次郎・高橋雄一・佐々木次雄）で二審公判が始まった。その過程で新たな権力の不正が明るみにされた。

1つは「継目板の隠匿」だった。

弁護側の控訴理由は多岐にわたるが、現場の状況に照らし撤去された継目板は「2箇所4枚」と認められるのに「1箇所2枚」とした原判決に事実誤認があると主張していた。法廷で追及された検証調書作成者（白井常次郎副検事）が「2組目の継目板を地検倉庫で発見した」と白状したため、検察官はそれまで隠し続けた別組の継目板の提出を余儀なくされた。その小細工が白日に晒された。

もう1つは裁判所による「無実の証拠」の隠蔽だった。

高橋被告は、戦時中の43年3月に庭坂駅ホームから転落して重傷を経験しており歩行困難の後遺症を抱えていた。夜間往復30キロ歩行し線路破壊を実行することは不可能だった。高橋自身が一審の弁論で事実を述べていた。結審後に長尾裁判長は、治療した医療機関（3病院）に問い合わせたところ、いずれからも高橋の主張を裏付ける回答が得られた。にもかかわらず長尾はこれを無視して有罪を言い渡した。二審で弁護人の照会に当該病院が「以前にも裁判所の照会があった」と回答したことにより、この隠蔽が発覚した。この無実の証拠の握り潰しが波紋を呼んだ。

この検察と裁判所の不正が運動に転機をもたらした。

それまで「無罪釈放要求」の署名運動が取り組まれてきた。無実を知る者には当然だろう。しかし、遠巻きに傍観している大衆にとって、デマ横溢の下で、「無実」を前提にする署名をすることには限界があった。だが、そこには「犯人かどうかはわからないが裁判は公正であってほしい」との思いが芽生えていた。それを汲んだ「公正裁判要求」の新たな運動が提起され議論を経て決まった。これがより広範な人々の結集を切り拓いた。

53（昭和28）年6月、国鉄労組の総会が「公正裁判要求」を決議した。これまで距離をおく国労だった。それが転機となった。7月には労働組合のナショナルセンターであった日本労働組合総評議会（総評）の「公正裁判要請」を皮切りに労組や諸団体の決議が相次ぐ展開となった。

著名人の支援参加と世論の動向

「真実は壁を透して」に心を動かされた作家広津和郎と宇野浩二が高裁

の法廷を傍聴し事件現場を踏査し、獄外で病気治療中の佐藤一や弁護人数名と話を交わした。そして心証を踏まえ文筆活動を開始した。その問題提起が知識人の間に広がり高裁に「公正裁判」を求める連名（志賀直哉、吉川英治、川端康成、河盛好蔵、武者小路実篤、井伏鱒二、尾崎士郎）の要請となった。言論界にも変化の兆しが現れた。二階堂園子、大内昭三、小林源三郎、菊地武の保釈が実現された。

二審の不当判決と運動の再構築

2回の延期を経て53年12月22日に仙台高裁が行った判決は公正を願う人々の期待を完全に裏切った。当日の庁舎を囲む支援の群衆と報道陣のほかに米軍の憲兵（MP）が配置されヘリコプターが上空を舞った。サンフランシスコ講和発効後にもかかわらず占領中と見紛う光景だった。

裁判長が「確信をもって言渡す」の前置きで読み始めた判決は、原判決を破棄し3名を無罪としたほかは、4名の死刑、2名の無期、11名に15年から3年6月懲役の最悪の代物だった。詭弁が際立った。抗議の被告全員が退廷した。窓外は抗議の声がこだました。

大衆の怒りと落胆が交差する中、少なからぬ報道が「裁判批判」に抗した裁判官を称えた。広津らを槍玉に「素人」呼ばわりや揶揄も含めて攻撃を加えた。

救援運動の打撃は深刻だった。さらに多くの国民に真実を伝える必要が痛感された。その総括から運動が再生された。判決後に二階堂武夫、佐藤代治、浜崎二雄、加藤謙三の保釈が相次いだ。国鉄労組と東芝労組が「裁判やりなおし」を決議した。中央公論に広津執筆による判決批判が始まった。総評も支援の本格化を決議し、保釈の被告たちをオルグとして派遣することを決めた。出版、映画、演劇など多彩な宣伝が開始された。人々を触発し新たな世論の形成を促した。

「裁判批判」を巡る攻防

これに敵意を燃やす動きもあった。日本弁護士連合会（日弁連）では「裁判に対し干渉がましい言動が世人を惑わす」との理事会決議が用意されていた。これに仙台弁護士会が反対を決議し同会所属の理事が乗り込んで阻止した。日弁連が姿勢を変える歴史的な一幕となった。

「松川守る会」の誕生と救援運動の発展

二審公判の段階から被告たちの訴えに心を動かされた人々のサークルが始まっていた。先駆けの拠点に結核療養所があった。結核は未だ不治の病だった。余命の不安を抱え長期の療養を余儀なくされた患者たちは被告たちの境遇に我が身を重ねて救援に立ちあがった。

不当判決を契機に全国各地に「守る会」が生まれた。自発的だけに名称や規模は不揃いながら自分の職場や居住や業界や学園で個人の思いを周囲の人に伝えることから始まった。そこに松川運動の原点があった。特徴は自発性が貫かれ連帯感に包まれ創意に満ち親しみに溢れていた。学習会、署名、募金、面会、現地調査、大行進、公判傍聴、裁判所要請、集会が取組まれ、新たな活動や運営の形態が編み出され継承された。「自己実現」の体験から新たな活動家が生まれ育った。

思想信条や生活環境や事件に接するスタンスに違いがあっても各々に共有の正義感と「無実の者を殺すな」の一途の気持が「守る会」に人々を引きつけた。それが「運動の火種」「大衆化の礎」となった。

58 年には全国の運動を集めた松川対策協議会（松対協）が総評会館に 150 名の団体代表を集めて結成された。各県にも「松対協」が組織された。

松川事件無罪大行進

総評、国鉄、東芝など労組が組織を挙げて支援に乗り出し著名な知識人が運動の裾野を広げた。広津著「裁判批判」が共感を集め報道にも変化の兆しをもたらした。

最高裁に舞台を移した背水の陣

問題は最高裁だった。高裁判決の即日に弁護団は上告申し立てを行った。それと併せて刑訴法 406 条の「法令の解釈に関する重要な事項を含むと認められる」として「事件受理」の申し立てをした。事件が係属した最高裁第三小法廷にも理由書を提出して職権の発動を促したが裁判所は全く動かなかった。

そればかりではなかった。最高裁当局は 54 年 6 月 24 日に開始した全国刑事裁判官会同に仙台高裁で松川事件を担当した鈴木禎次郎裁判長を招き全 1 日を費やして松川事件の講演をさせた。最高裁長官と判事らも臨席する鈴木の晴舞台だった。それを知った弁護団は第三小法廷の裁判官に面接を求め、個別に詰問して反省を促した。

上告趣意書の期限が 55 年 9 月 30 日と指定された。

上告自体に険しい障壁があった。刑訴法 405 条は上告理由を「憲法違反」と「判例違反」に限定している。冤罪の主張は「事実誤認」のみでは通用しない。ただし例外があった。刑訴法 411 条が「判決に影響を及ぼすべき重大な事実誤認」があり、裁判所が「原判決を破棄しなければ著しく正義に反すると認めるときは判決で原判決を破棄することができる」と定めている。この職権発動に望みを託すほかなかった。そこにかけた「背水の陣の闘い」だった。

加えて「反共」を標榜する田中耕太郎が長官だった。彼は 55 年 5 月に全国から招集した高裁長官・地家裁所長の会同の席で「裁判批判」に異常な敵意を燃やし「雑音に耳を貸すな」と訓示していた。

56 年 12 月、松川の審理は第三小法廷から大法廷（裁判長田中）に移された。青柳文雄と龍岡資久が担当の調査官にあてられた。

裁判批判の大衆的な運動

最高裁長官の異様な敵意の表明は権力側の恐怖を物語っていた。大衆的な「裁判批判」が勝利の道筋との認識が広まった。批判は個人の自由、素人も玄人もない。誰でも参加できた。岡林は「大衆自身が他から強制されたり義務づけられたりすることなしに自発的に行う裁判批判の運動」（岡林辰雄「われも黄金の釘一つ打つ」）と後で述べている。認識し得た客観的な事実が、各々を自発的で独創的で積極的な行動に駆立て他に拡大を可能にした。

56（昭和31）年7月28日から総評法対部と松川対策委員会共催の現地調査が3次に及び実施された。全国250団体455名が夜間調査で「赤間自白」の虚構を体得した。翌日から被告との面会交流も行われた。翌57年も規模を広げて企画され58年に松対協結成に伴って発展した。線路破壊工作の実験が採り入れられた。検察の筋書きの犯行が可能かどうか確かめるため人々は足を運び、時間を計り器具を用い作業を試し、権力が描く虚構を実感した。そして得た確信を周りの人々に伝えた。これが批判の起点となった。

最高裁裁判官の構成

大法廷の動向を占う判決がうまれた。58（昭和33）年5月28日の「練馬事件（印藤巡査殺し）」である。従前の判例を変更し共同被告の捜査段階の自白により共同謀議のみに関わる被告有罪を認める判決だった。松川に当てはめれば捜査段階の「赤間自白」で鈴木被告らを有罪にする手法だった。多数意見9名（田中耕太郎、島保、齋藤悠輔、河村又介、入江俊郎、池田克、垂水克己、下飯坂潤夫、高橋潔）、少数意見6名（真野毅、小谷勝重、藤田八郎、小林俊三、河村大助、奥野健一）。やがて少数派真野と小林が退官した。松川の主任は多数派の高橋と池田。新たに高木常七と石坂修一が加わった。

石坂書簡の発覚と回避

二審の記録を閲覧した専従者の小沢三千雄は雑綴から判決当日に広島高

裁長官石坂修一が送付した鈴木裁判長宛の手紙を発見した。仙台高裁長官の当時の石坂が鈴木を事件配点に関する規則に反して松川担当にすえた経過を述懐の上「俗論や感情論をけとばし」た判決に「感謝もし敬意も払う」「判決が客観的事実に符合するや否や心を煩わす勿れ」「（真の判定は）天のみ之をよくするものであって人の事ではない」「その先に存在することを求めるのは、一種の賭博であることを確信して居らるるを期待します」と書き連ねていた。石坂の就任を知った58（昭和33）年6月に弁護団はこれを公表し忌避を申し立てた。決定の前に石坂は自ら回避に追い込まれた。これが後の判決に大きく影響した。

若手の弁護士の結集と趣意書の提出

上告趣意書が最重要の課題だった。そこに団に新加入の多彩な若手が加わった。上田誠吉（2期）、石島泰、金綱正巳、関原勇、竹沢哲夫（以上3期）、池田輝孝、佐藤義弥（以上4期）、植木敬夫（5期）、安達十郎、後藤昌次郎、島田正雄、柴田睦夫、松本善明（以上6期）であった。この統括に大塚があたり、また幅広い弁護団全体の結束に心を砕いた。

定期的な研究会のほか20日間の合宿と作業に心血が注がれた。単独で趣意書を作成した弁護人は53名、共同趣意書に連署の弁護人は131名に及んだ。全被告の分も含めて趣意書は高さ1メートルに達した（55年9月30日提出）。広津氏の著作も加えられその後の補充書も相次いだ。提出用の7通の作成を含む厖大な作業は200名超の支援者の分担で成し遂げられた。

「諏訪メモ」の発掘と口頭弁論

この時期に国鉄と東芝労組を結ぶ連絡謀議の筋書きが揺らぎ始めた。連絡謀議があったという8月13日と15日に東芝松川工場で労組と会社の団体交渉が行われており、そのことが会社側の記録（諏訪メモ）となって残されていた。その最後の発言者が佐藤一でそのアリバイを決定づける証拠だった。捜査本部は早い段階でそのことを把握し、「諏訪メモ」を領置していた。ところが、佐藤一が謀議に参加していたと記載された「太田自白」

の書き直しにも失敗した捜査当局は、物証自体を葬る道を選び、大沼新五郎（検察事務官）に隠匿を委ねた。

それが発覚した。松川運動の映画製作者が北芝（元松川）工場を訪れた際に応接した諏訪親一郎から当時の「メモ」を捜査当局に提供したと告げられた。57（昭和32）年6月、毎日新聞福島支局の記者（倉島康）が地検を取材してその「隠匿」をスクープした。大塚は、「メモ」の公開と還付を要求し最高検公判部長（安平政吉）と面談し（同年12月）、内容証明郵便まで送り付けた。これに対し、安平は「応じられない」と用意の紙片を読み上げて進展しなかった。それを横目に公安部長（井本台吉・後に検事総長）は福島地検に法務電信で密かに諏訪に現物の返還を指示した。

それを国会の質疑で知った岡林は直ちに諏訪宅を訪れてメモの現物を確認し撮影許可を得た。即座に関原勇弁護士が撮影者を伴い諏訪宅に赴いて写真に撮影した。それが58（昭和33）年10月中央公論の緊急増刊「松川裁判特別号」に掲載された。

同年11月、最高裁大法廷（裁判長田中耕太郎）は10日間の大法廷弁論を決めた。弁護団は「諏訪メモ」の提出命令を求めた。主任裁判官（池田克）から弁護団の手持ちの写真の提出を打診されたが弁護団は峻拒した。これが正解だった。大法廷は11月1日に異例の提出命令を発した。同月5日に開始の弁論法廷に間に合った。壇上の裁判官席で「諏訪メモ」は回覧された。そして弁護人の延57名による白熱の弁論が展開され検察を圧倒した（「松川事件上告審弁論」労働法律旬報社）。10回の弁論は26日に終った。この間に裁判官2人（斎藤悠輔・河村又介）が罹病等を理由に身を引いた。結論は12人の合議に委ねられた。

弁論を終えた12月に被告高橋が保釈された。翌59年5月、二宮、阿部、太田、それに「死刑組」の佐藤一、7月1日、鈴木、杉浦、本田と続いて被告全員が解放された。そして大法廷は、同月27日、言渡しを8月10日と指定した。

この間の「諏訪メモ」の顛末を見よう。その隠匿に関わった検事3名（山本諫、鈴木久学、田島勇）が告発され、その不起訴処分に対する準起訴請求が行われた。福島地裁は、大沼副検事の「メモ」持ち歩きなど証拠隠匿の疑いを認めながら公訴時効の成立などを理由に請求を棄却して終ったが、その審理の過程で行われた証人尋問や被疑者調書などは弁護団によって記録謄写され、その後の差戻後の審理や無罪確定後の国賠訴訟で活用された。

大法廷・逆転の差戻判決

59年8月10日、裁判長田中耕太郎は、原判決を破棄し仙台高裁に差し戻すと主文を読み上げ扉の裏に姿を消した。結果は際どかった。破棄差戻の多数意見は7裁判官（小谷、島、藤田、入江、河村、奥野、高木)、有罪の少数意見は5裁判官（田中、池田、垂水、下飯坂、高橋）だった。全国各地から「無罪を求める大行進」が日比谷を目指していた。その途上や会場では歓喜の声が弾けた。道路を隔てた検察庁舎には多数の警察官が入口を固めた。夕刻の野外音楽堂に1万人が詰めかけ最後まで闘うと誓い合った。

全員無罪の判決とその確定

仙台高裁の差戻審（裁判長門田実・細野幸雄・杉本正雄・補充の佐藤孝太郎）は60年3月21日に開始された。被告と弁護側の追撃戦だった。検察側は、東京高検で公安担当の高橋正八検事を主任に据えて挽回を策したものの、ほとんど無為に終わった。世論の高揚を背景に裁判所の勧告で検察は未提出記録の開示を余儀なくされ法廷に提出したが、それらからも捜査報告書や関係者の聴取書など弁護側に役立つ新たな証拠（捜査段階の被告、参考人、証人の供述調書、捜査復命書など1560通、証拠物100点）が数多く発掘された。

61年8月8日、門田裁判長は全員無罪を言い渡した。七夕祭りの仙台は歓喜で包まれた。

検察は再上告した。最高裁第一小法廷（裁判長岩田誠・入江俊郎・高木常七・斎藤悠輔）は、3日間の弁論を経て63年9月12日上告棄却を言い渡した。14年ぶりに被告全員の無罪が確定した。評決は3対1だった。裁判官斎藤による反対意見の品格が問われた。

権力犯罪の責任追及

「権力犯罪」の責任追及の課題が残された。「松対協」の解散に先き立ち

「責任追及のための全国連絡会議」が結成された。手段が問題だった。刑事責任の告訴状が起案されたが、検察に委ねる構造が大衆運動に不適合であるとして見送られた。様々な討議のすえ国家賠償訴訟による民事訴訟が決められた。その法的構成が問題だった。元被告を「犯人」に仕立て有罪を指向した権力の組織的一連の行為が責任原因の「行為」とした。「無罪の確定」を起算に「時効」も克服された。被告は国（法務大臣）、原告は元被告と家族とした。

64年5月、東京地裁に提訴した。訴訟費用の救助も得た。東京地裁は異例の裁判官会議を開き松川専門の合議体（民事33部）を新設し裁判官3名（裁判長白石健三・渡辺均・山下和明）、書記官2名、速記官3名を配置した。検察側（被告）も専従の検事ら7名が配置された。原告側はいずれも団員の岡林辰雄、池田輝孝、中田直人、石田享、鶴見祐策の常任（後に榎本信行が加わった）と専従の鈴木恩のほか「全国連絡会議」から元被告の本田、小林、佐藤代治が専従となり、約7年に及ぶ裁判と運動に献身した。

提訴から67年7月の結審まで84回の法廷で延177名の証人調べが行われ、事件現場や警察署や拘置所の実地検証は10日に及んだ。事件に関係する警察官や検察官が公開の法廷で追及された。捜査を指揮した新井裕（証言時は警察庁長官）、「諏訪メモ」隠匿の井本台吉（検事総長）、弾圧拡大を図り「転覆謝礼金」を捏造した辻辰三郎（後に検事総長）など警察と検察の下手人らが「自白」強要、虚偽証拠の捏造、真実の証拠の隠蔽・改竄など数々の罪状を突き付けられ詰問にさらされた。その数141名。裁判官の唐松寛も例外でなかった。原告側からは無罪に尽力された作家広津和郎や労働運動を代表し太田薫元総評議長などが証言をし、感銘を新たにした。

権力の不正が暴かれる中、郡山市警察の「来訪者芳名簿」の発掘が決定的だった。斎藤のアリバイに関しては一審以来弁護側が郡山市警察の資料の全面開示を求めてきたが、検察は応じなかった。二審では裁判所も郡山市警察に存否の照会をしたが、「ない」との回答で終わっていた。ところが「諏訪メモ」の隠匿が暴露され張本人の山本諫、鈴木久学、出島勇らに付き職権濫用罪の準起訴手続が進められたが、その過程でこれらの関係資料も捜査段階で押収しながら隠匿され続けてきたこと、最高裁判決が迫ったころ郡山警察署（元市署）に返還され、さらに県警察本部警備課に移管されたことが明らかにされた。

国賠の審理に先き立ち原告の請求を容れた裁判所がこれの提出を求めたところ、「在場者接見簿」「警備勤務表」とともに「来訪者芳名簿」が初めて日の目を見ることとなった。それによると、福島で昼からの「13日連絡謀議」の席で主役を演じたとされる斎藤千はその日は警察に逮捕された副委員長（渡辺郁造）の救援に終日を過ごし3食差入れにもあたっていた。警察署備付の「芳名簿」に署名を残し昼食では同伴者（宍戸金一）も連署していた。それを知った検事山本諌と保倉忠は国鉄を解雇された後に転居した宍戸を東京から呼び出し、理由も明かぬまま3日間の取り調べを行った。宍戸の記憶は鮮明だった。アリバイ潰しの失敗を覚った山本は「自分の署名」との付箋を宍戸に貼らせ、「芳名簿」と関連記録を一括押収すると闇に隠匿した。斎藤の主張や裁判所の照会も聞き流した。そして論告では斎藤を含め「謀議」容疑の全員に極刑を要求した。構想全体を崩壊に導くこの物証は刑事法廷に顕出されずに終わった。国賠の法廷に喚問された山本ら検事はこの物証を前に立ち往生の醜態をさらした。

国賠裁判の最終決着

東京地裁は69年4月23日、原告（元被告）らの「無実」を確認し警察検察の「不法行為」を断罪し被告国に損害賠償を命ずる判決を言い渡した。「本件の捜査、公訴提起及びその追行は一連の行為として違法」とした（判時557号）。この刑事訴追の追行全体を国の行為とする構成を確認させた意義は極めて大きい。

東京高裁（中西彦二郎、松永信和、坂井芳雄）も70年8月1日に国の控訴を棄却し（判時600号）、国の上告断念で確定した。賠償金1億267万9150円が支払われた。

確定判決は結論の冒頭で元被告の「無実」を宣告した。警察と検察が無実を知りながら嘘の自白を誘導したこと、真実の証拠を隠したこと、嘘の証拠をつくったこと、事件を捏造したことを認めた。自白は「虚偽架空の作文」とし、アリバイでは「明白な証拠を手にしながら、これを無視して公訴を提起し追行した」とし、証拠の隠匿では「検察官は、その手持ち証拠のうち、結果に影響を及ぼす可能性のあるものは、検察官がそれを信用するかしないかにかかわらず、法廷に顕出する義務がある」とした。「来訪者芳名簿」では「人の生死にかかわる重大事件の審理の過程で、このようなことがおこなわれたということは、まことにおどろくべきことである」「刑事裁判の経過の上に、明白かつ重大な汚点を残した」と痛烈な批判を加えた。

この判決は「検察当局に重大な衝撃を与えた」と評された（『戦後政治裁判史録5』127頁、第一法規）。そして冤罪者による国の責任追及の先例を拓く判例となった。

人民勝利の記念塔

無罪確定1周年の64年9月12日、事件現場を望む場所に記念塔が建立された。その碑文に広津和郎（松対協会長）が「階層を超え、思想を越え、真実と正義のために結束し、全国津々浦々に至るまで、松川被告を救えという救援運動に立ち上がったのである。この人民結束の大きさは、日本ばかりでなく世界の歴史に未曾有のことであった」「人民が力を結集すると如何に強力になるかということの、これは人民勝利の記念塔である」と記された。

「広く人民大衆に依拠し人民大衆と共に闘う」が、松川の経験を通じて団員に共有の合言葉となり、その後も団員の多彩な取り組みで磨かれ「大衆的裁判闘争」の作風として自由法曹団に根づくことになった。

第3章

60年安保闘争と自由法曹団

――人々とともに

占領下から安保体制の時代へ

米ソ対立が激しくなり、アメリカ占領軍の政策の大転換に伴って49年松川事件等の政治的謀略事件が数多く発生した。52年サンフランシスコ条約により、わが国は占領下から独立を果たした。同時に日米安全保障条約（安保条約）が結ばれ、アメリカ軍は駐留したままだった。この年52年、白鳥警部射殺事件（北海道）[1)]、辰野駐在所等襲撃事件（長野県）、菅生駐在所爆破事件（大分県）、芦別レール爆破事件（北海道）、青梅列車妨害事件（東京都）等、警察権力による謀略が疑われる多数の事件で、日本共産党員が刑事弾圧された。また、東京・メーデー事件、大阪・吹田事件、名古屋・大須事件の三大騒擾事件が起訴された。権力による国民分断の攻撃が続いた。

団員は、逮捕され被告となった人々の無実をはらすための刑事裁判闘争に注力した。占領法規から解放され、憲法が保障する言論・集会の自由、大衆行動の権利などを手にした国民は、政治的民主主義を高揚させ、運動の統一を準備していった。

時代は60年安保闘争へ

60年安保条約改定反対闘争（安保闘争）は、国をゆるがす大闘争に

1）最決1975（昭和50）年5月20日刑集29巻5号、自由法曹団編『憲法判例をつくる』（日本評論社、1998年）掲載

発展した。条約改定は阻止できなかったが、統一戦線を形成し岸内閣を倒した国民は、米日支配層の新たな複雑な対応に抗して、平和と民主主義を求める運動を発展させていった。

自由法曹団は、松川事件をはじめ戦後の激しい弾圧を跳ね返す裁判闘争を大きく発展させるとともに、安保闘争を中心とした60年代の〝せめぎ合い〟に〝民衆の弁護団〟として全力をあげて取り組み、その闘う力を強化した。前進する団に対して、極左暴力主義集団と言われた学生の刑事事件を弁護する弁護士の一部から、団は自らの規約に反して学生らの「弁護拒否」を行っている、とする批判が出された。団はこれに抗して1年半に及ぶ全団的規模の討議を行い、規約改正を実現し、団結を強化した。

歴史的な安保闘争

安保改定交渉開始

東条内閣の開戦時の閣僚であり、戦時中権力の中枢にあった岸信介は、57年2月に首相となって日本国憲法の改正に執念を燃やしていた。だが衆参両院で社会党が3分の1以上の議席を得ており、改憲は不可能だった。

そこで、岸首相は、52年安保条約の改定を先行させる方針を採った。政府は、アメリカが日本の防衛義務を負わず、米軍が日本の基地を自由に使える全土基地化をみとめ、日本国内の内乱、騒擾の鎮圧のために米軍の出動を認めている条約の「不平等」性を改め、日米を対等の地位へと改定するのだと説明した。

58年9月11日、藤山・ダレス会談において52年安保条約の改定方針が合意され、10月4日から安保改定交渉が始まった。

前哨戦となった警職法反対闘争

その4日後、岸内閣は警察官職務執行法（警職法）改正案を国会に提出した。政府を批判する大衆運動を抑圧し、国民の日常生活を警察の監視の対象にして干渉することを狙った治安立法であった。これから始まる安保反対闘争は、その最初のターゲットだった。

民主勢力と国民は、法案の危険な狙いを見抜き、「治安警察法復活をゆるすな」「オイコラ警察反対」「デートもできない警職法」をスローガンに広範な反対運動を巻き起こし、マスコミの多くも反対した。自由法曹団、総評弁護団、学者など多くの法律家は、事実に基づいて法案の危険な狙いと正体を各地で、そして、様々な職場で訴えた。

反対の大波が押し勝ち、法案は11月22日審議未了で廃案になった。治安立法反対運動の史上初めての勝利であり、それは安保闘争の前哨戦の勝利となった。

1955年8月
砂川闘争事件　立川基地拡張反対デモ

国民会議の結成

警職法反対闘争の対策に追われて中断していた安保改定交渉は、翌59年4月13日再開された。その状況を前にして、3月28日、安保条約改定阻止国民会議（国民会議）が、社会党、総評をはじめ労働諸団体、平和、民主、女性、農民団体など135団体を結集して結成された。社会党の反対で、共産党が幹事団体から外され、オブザーバー参加にされるなどの問題はあっても、社・共・総評の三者が事実上中軸になって、安保改定阻止の一致点で統一組織が結成されたことの意義は大きかった。

交渉反対・調印反対の闘い

国民会議結成2日後、東京地裁砂川事件判決（伊達判決）[2]は、安保条約による米軍駐留を違憲とし、刑事特別法2条の「施設・区域を侵す罪」については全員を無罪とした。伊達判決は安保反対闘争を大きく励ました。しかし、「安保は重い」と言われ、警職法案反対とは違って、反対運動がなかなか広がらなかった。この間に安保改定交渉は進み、新安保条約調印全権代表団が米国に出発という段階が日程に上ってきた。

この調印を阻止すべく、11月27日、第八次統一行動は7万5000人の国会デモとなった。この夜、全学連主流派の学生集団が国会構内に突入する事態が生じ、その行動をめぐって国民会議内の評価が分かれ、統一行動に波紋が生じた。さらに60年1月16日、岸首相ら全権代表団の渡米を実力で阻止しようと学生集団による羽田空港ビル占拠、警官隊との衝突事件が起き、これについても評価の違いが生じ、統一行動に停滞をもたらした。

1月19日、全権代表団は、ワシントンで新安保条約と地位協定に調印した。同時に、核搭載艦船の日本寄港と朝鮮有事の際の在日米軍の出撃については事前協議の対象としないとする2つの重大な秘密協定を結んでいたことが後に発覚した。

承認反対の闘い

安保反対闘争は承認反対・成立阻止の闘いになった。2月7日、岸内閣は新安保条約の承認を国会に求めた。国会提出により初めて明らかになった新安保条約は、「日本国の安全」及び「極東における国際の平和と安全」のための在日米軍の出撃容認、米軍基地が攻撃されたときの日本の共同防衛義務、日本自らの防衛力増強努力義務が定められていた。52年安保条約を侵略的な軍事同盟に強化するものであった。地位協定も刑事裁判権をはじめ米軍に多様な特権を認める不平等な従属協定であった。

社会党は13名の議員で特別チームをつくり、特別委員会などでこうした問題点を鋭く追及し、政府答弁は迷走した。政府の行為によって再び戦争の惨禍が起こることのないように政府を追い詰めた国会論戦と戦争ではなく平和の道を求める国民運動は、〝両輪〟の闘いとなった。

ソ連政府は、5月1日、ソ連領空で偵察飛行した米スパイ機U2機の撃

2）東京地判1959（昭34）年3月30日判時180号、前掲『憲法判例をつくる』掲載

墜を明らかにし、アメリカにきびしく抗議するとともに、U2 機は在日米軍基地にも配備されていると日本政府にも抗議した。米ソ間の戦争に日本が巻き込まれる危険性があきらかになり、安保反対の世論はいっそう広がった。国会論戦と反対運動は岸内閣を追いつめた。

強行採決の暴挙
――「平和」と「民主」の合流による安保闘争の爆発的高揚

5 月 19 日午後 11 時 48 分、岸内閣は、衆議院で質疑打ち切りを強行し、500 人の警官を院内に導入し、本会議開催強行を阻止するために議長室前廊下に座り込んでいた社会党議員らをごぼう抜きして排除した。その上で、自民党単独で本会議を開いて、50 日間の会期延長、新安保条約承認を採決した。

この暴挙は、安保体制への賛否を超えて国民の怒りを巻きおこした。敗戦後 15 年、国民の中には、2 度と戦争をくりかえしてはならないとする平和への要求と悲惨な戦争に引きずり込んだ民主主義も人権もない暗黒日本に逆行することを許してはならないとする民主主義への強い要求が醸成されていた。この 2 つの要求が合流し、岸内閣の安保改定強行という策動に立ち向かう大河となった。更につけ加えれば、戦犯から首相に成り上がり、9 条改憲策動の先頭に立っていた岸信介という政治家に強い不信感と警戒心をいだいていた国民に、彼が行った暴挙はつよい怒りを呼び起こした。

多くの学者、文化人は「立ち上がれ、民主主義のために」を合言葉に、学園、職場、統一行動の集会、デモ、新聞、雑誌などで訴えた。学者、文化人の訴えは、既に安保闘争に参加していた人々のみならず、それまでは反対運動の外にいた多くの市民の心にとどき、安保反対運動を励まし、運動の輪を拡げ高揚させた。

強行採決の暴挙はそれまでの安保反対運動の“火”に油をそそぐこととなり、安保闘争は爆発的に高揚し、史上例のない国民的大闘争になった。

20 日以降の国民会議のデモ、集会は、それまでの総評による組織動員ではなく、各労働組合と組合員及び市民の自発的な参加となって燃え広がり、空前のデモが国会を連日包囲した。26 日の第 16 次統一行動は、17 万 5000 人が国会を包囲し、アイク訪日反対を掲げ、国会・アメリカ大使館に向けてのデモとなった。以後、これがその後のデモコースの「定番」となった。

マスコミも、暴挙をいっせいにきびしく批判し、「岸退陣、解散、総選挙」を要求した。こうした論調の対決記事は 1 週間で 140 本に及んでいた。岸内閣の支持率は 12%（朝日新聞 6 月 3 日）に転落した。

国民会議は、岸内閣を打倒し条約の成立を阻止するために、政治的ストライキを柱とする第 17 次統一行動を行った。政治ストは違法であり、参加者は処罰するという政府と国鉄当局の威迫に抗して、6 月 4 日この日、政治的ゼネストと統一行動に全国で参加した者は 560 万人といわれている。その中核には国労、動労が始発から午前 7 時まで運休 1107 本、延べ 769 本におよぶストライキを決行し、これを支持、同調する多くの単産、単組の職場集会・ストが実行された。市民の反発はなく、むしろ共感すら生まれていた。マスコミ論調も好意的だった。

東京では 13 万人が参加して国会デモが行われた。当日のデモには、初めて「声なき声の会」の幟を掲げた市民のグループが参加し、東京で 800 店、全国で 2 万店の商店ストが行われた。

6 月 10 日、アイゼンハワー米国大統領の訪日調整のためにハガチー大統領新聞係秘書が羽田空港に到着し車に乗ったが、大統領訪日阻止を掲げるデモ隊がこれを取り囲んだ。ハガチーはヘリコプターで脱出した。

流血の 6 月 15 日

6 月 15 日ふたたび全国で 580 万人が政治的ゼネストに参加し、19 万人の中央集会、国会デモが行われた。この日、流血の事態がおきた。

この日の午後、安保批判の会（新劇人、作家、評論家、美術家、音楽家、映画人、宗教者、学者などで組織された会）の行進の列が参議院議員面会所脇にさしかかったとき、「維新行動隊」の幟を掲げた右翼暴力団が襲い、多数の人々に重軽傷を負わせた。夕方には、国会南通用門前に集結していた全学連主流派の学生らが国会に突入して警官隊と衝突し、東大生の樺美

安保闘争、国会前を埋め尽くす
33 万人の人々
1960 年 6 月 18 日
写真提供＝共同通信社

智子が殺された。さらに深夜になって、警官隊は、いったんは排除されたがなお国会正門前に集まっていた学生に対して、襲撃ともいうべき「実力行使」を行い、多数の学生に重軽傷を負わせた。それだけではない。両者の再度の衝突を危惧して、国会南通用門前付近にとどまっていた数百名の教授団を排除すべく警官隊は襲撃し、142 名に重軽傷を負わせた。この夜、警官隊は暴徒と化していた。

政府声明とマスコミ 7 社の共同宣言

午前 0 時、岸内閣は臨時閣議を開き、学生らの行動は「暴力革命」によって議会政治を破壊しようとする計画的行動であり、警察の行動は正当である、暴力に屈することなく、完全にこれを排除して民衆の安定を期するとする政府声明を発表した。マスコミ主要 7 社は、17 日朝刊に「暴力を排し議会主義を守れ」とする共同宣言を発し、「6 月 15 日夜の国会内外における流血事件は、その事のよってきたるゆえんは別として、議会主義を危機に陥れる痛恨事」であるとして、社会党・民社党に「国会に帰りその正常化による収拾に協力する」ことを呼びかけ、他のマスコミもこれに続いた。しかし、政府声明やマスコミのこうしたキャンペーンは、かえって多くの人々の怒りをかき立てた。6月18日の抗議集会、国会デモは、全国各地からの代表団をふくめて、33万人が徹夜で国会を包囲したのである。

岸首相は、「これ以上、警備に責任を負えない」という警察当局の申出に激怒し、自衛隊の治安出動を意図したが、赤城宗徳防衛庁長官に拒否された。

自然承認と内閣総辞職

6月19日午前0時、30日前に衆議院を通過している新安保条約は自然承認になった。その後も、6月22日には全国で620万人が参加した3度目の政治的ゼネストが行われた。しかし翌23日朝、芝の外務省公邸で、藤山外相とマッカーサー駐日大使が批准書を交換して、新安保条約は成立した。批准書交換と同時にその直後の閣議で岸首相は辞意を表明し内閣総辞職となり、7月19日池田内閣が成立した。こうして1年半余りにわたった安保闘争は終幕を迎えた。

安保闘争は、国民会議という統一戦線組織を軸として、持続的に大運動を繰り広げ、岸内閣を倒すことによって、安保改定を突破口として早期改憲を実現しようとした米日支配勢力の策動を挫折させた。

安保改定は阻止できなかったが、国民は、国のあり方を左右する政治課題に対して、自ら主人公となって、共同して力を合わせて行動すれば、政治的局面を大きく変えることができるという歴史的な経験と確信を得ることができた。

安保闘争の〝るつぼ〟の中で奮闘した団員

安保反対弁護団

安保闘争での団の活動は、「重かった安保」の“壁”を超えるための学習宣伝活動に始まり、“前哨戦”の警職法反対闘争では全団あげて警察の権力行使の実態を語り歩き、その勝利に貢献した。砂川事件最高裁弁護団にも多数の団員が参加して活動していた。とりわけ団の特筆すべき活動は安保反対行動に対する弾圧との闘いであった。

安保闘争を発展させるために安保反対弁護団がつくられた。参加したのは、総評弁護団、自由法曹団、自由人権協会、青法協、護憲弁護団である。弁護団結成のイニシアチブをとったのは総評弁護団であり、国民会議、とりわけ総評は、弁護団はイコール総評弁護団と位置づけていた。しかし、弁護団内で、それぞれの所属団体、政党、政派による差別はまったくなく、安保改定に反対し、反対運動に対する弾圧に反対して弁護するということで一致協力していた。安保反対弁護団は、安保反対の各民主的法律家団体とその弁護士の統一戦線組織になっていた。

逮捕阻止、早期接見実現、人権擁護の弁護活動

国会周辺での集会、デモ行進、さらには6.4政治ストの現場での警察の不当な規制、介入、挑発や、公務執行妨害などを口実とする逮捕を許さないために、団員は総評弁護団のブルーの腕章をつけて、終始、現場に立った。

様々な口実で警官がデモ参加者を逮捕しようとするときは、団員はその場できびしく抗議し、身柄拘束を事実上阻止していた。ときには、団員は、公務執行妨害とされる危険をおかして身体を張ってのギリギリの抗議活動をしていた。

現行犯逮捕であれ、令状逮捕であれ、団員は、一刻も早く接見をすることを弁護活動の大事な基本としていた。ほとんどの場合、警察と検察は「取り調べ中」などとの口実をつけて接見を妨害した。団員は、駆けつけてきた国民救援会の人々や労働者とともに接見を粘り強く要求し、署内から実力で追い出されたときは、接見実現まで入口前の路上に立って闘った。どうしても応じないときは、裁判所に準抗告を申し立て、接見決定を得て接見を実現した。

接見での弁護士としての重要な課題は黙秘権の擁護であった。警察と検察は、しばしば利益誘導、脅し、組合や運動に対してのデマ、中傷など様々な「手」をつかって自白を強要した。不当な弾圧には黙秘権で闘うというのは、黙秘権など認められていなかった戦前の弾圧、戦後の松川事件、メーデー事件をはじめとする多くの政治的弾圧事件で闘う基本とされていた。しかし、労働運動ではまだそうはなっておらず、早期接見を実現したときでも既に黙秘が崩されていることがあった。

黙秘権の法律的説明だけでは足りない。短い接見時間の中で、黙秘で闘うことが、自分を護るためにも、弾圧の拡大を阻止するためにも大事なことを、団員は心を込めて訴えた。接見のときだけでなく多くの職場、地域で弾圧防衛学習会が組織され、団員は国民救援会の人々とともに、黙秘で闘う大切さを語り歩いた。

東京地裁・令状部との〝せめぎ合い〟

高揚する安保闘争に対して、最高裁を先頭に司法反動が強まった。伊達判決を覆した最高裁の田中耕太郎長官は、全国裁判所所長会同で「国の民主主義を革命によって転覆させようとする勢力が、裁判所の権威を否定し、機能を麻痺させるために法廷闘争を行っている。裁判所はこの際、一大正義感をもって、公安・労働事件の審査・裁判には法を厳しく適用しなければならない」と訓示した。これは司法が、警察、検察とともに、安保反対運動を抑圧する役割を果たすという決意表明であり、全裁判所に対しての「号令」にほかならなかった。

こうした方針に基づいて東京地裁令状部を弾圧合法化の〝砦〟とする策動が行われた。戦時中、「満州国」の裁判長として治安維持法により死刑判決を行うなど、多くの中国人民を弾圧し、敗戦後「自己批判」して釈放され、帰国後、日本の裁判官になった飯守重任（田中長官の実弟）を部長に任命した。

東京地裁令状部は、逮捕状、捜索令状を乱発し、ほとんどの勾留請求をフリーパスで認めた。勾留理由開示公判では、弁護人の求釈明には応ぜず、異議申立の発言を規制し、勾留についての弁護人の意見陳述についてまで「傍聴人をアジるのは許さない」などといって禁止、後日、文書で提出せよと問答無用とばかり閉廷するなどの暴挙を重ねた。違法な訴訟指揮に異議を述べ、抗議した団員である2人の弁護士が、法廷等秩序維持法違反で過料3万円、もう1人は2週間の監置に処せられた。

6.15事件の翌日、安保反対弁護団は協議し、安保批判の会に対する襲撃事件については護憲弁護団と自由人権協会、教授団襲撃事件については青法協、学生ら襲撃事件については総評弁護団が責任担当すると決定した。担当とならなかった自由法曹団は、デモ、集会の警備、弾圧阻止に、ひき続いて力を集中した。

安保闘争は終わっても、その中で起訴された事件の裁判闘争は続いた。何名もの団員が全農林警職法事件[3)]、6.4ゼネストに伴う事件の裁判を最高裁に至るまで闘い続けた。

団と団員が得たもの

「ひろく人民とともに闘う」〝民衆の弁護団〟の伝統は、現場での〝せめぎ合い〟の主力になった若手団員に継承され、豊かなものになった。

安保反対弁護団の一員として、総評弁護団、青法協ら他の民主的法律家団体の弁護士とともに活動することによって、団員は学び、絆を強めた。戦前、戦後のきびしい弾圧をともに闘ってきた国民救援会との絆もいっそう強まった。

レッドパージで絆を断たれていた労働組合とも、〝壁〟を超えて、いくつもの単産、単組との間で強い信頼を得た。

権力の策動に抗して、平和と民主主義を守り、改憲を阻止して憲法の生きる日本の道を切り拓くには、統一戦線が決定的に重要であることを団と団員は学んだ。59年の入団者は19名に達し、60年にはさらに8名、61年には28名が入団した。

団は、59年から、全国に広がる団の活動や団員の取り組む事件などをまとめて発信する「団報」、団の取り組んでいる人権問題を深め訴える「人権のために」の定期的な発刊を開始した。

3）最大判1973（昭48）年4月25日判時699号、前掲『憲法判例をつくる』掲載

支配勢力の路線転換と平和・民主主義を求める運動

ケネディ・ライシャワー路線

空前の規模に拡がった安保闘争に、米日支配勢力は大きな衝撃を受けた。アメリカは、性急に憲法9条改憲、軍事力強化を求めることをやめ、「知日派」とされていたライシャワー（ハーバード大学教授）を駐日大使に任命した。彼とアメリカ大使館は、政界、財界、労働界、学者、文化人の中に「親米派」を育成し、安保改定に反対して闘った民主勢力、とりわけ反基地闘争、平和運動、安保闘争などの政治的課題に戦闘的にかかわってきた労働運動の路線を脱政治化し、親米路線に変えることに力を注いだ。

高度経済成長と労働運動の右傾化

池田内閣は、改憲断念を表明するとともに、10年間でGNPを2倍にするという所得倍増政策を打ち出した。この政策の下で50年代半ばから始まっていた高度経済成長は加速し、石炭から石油へのエネルギー政策の転換、重化学工業化促進、産業基盤強化のための公共事業投資、さらには「ベトナム特需」などで加速し続け、GNPは68年度には60年当時の2.25倍に達した。国民生活は全体として豊かになり、安保体制は経済を発展させ生活を豊かにすることが強調され、「経済成長」への期待を高めていった。

池田内閣は、ベトナム侵略戦争に全面的に協力しながら、安保闘争の再現、平和と民主主義を求める運動の発展を阻止するため、政暴法制定策動、公安条例による集会・デモの規制強化、もともと治安立法の趣旨として制定されていない道交法、軽犯罪法、屋外広告物条例などを治安目的のために活用して政治的言論表現活動の弾圧を重ねた。その後の自民党政権も財界と一体となっての日本共産党「70年暴力革命論」の流布等々、様々な「治安体制」の強化の策動、さらには、暴力主義集団の妄動を利用しての警備公安警察の増員・強化を行った。

財界は、労働運動を一律に敵視するそれまでの労働対策をあらためた。労働運動を拡大した生産の成果配分を求める賃金闘争に一元化させ、労資協調・合理化に協力する組合にするために力を注いだ。こうした路線と闘う自主的な組合や組合員に対しては、不当労働行為、労働者の人権を踏みにじり職場における自由と民主主義を侵害した。ケネディ・ライシャワー路線と結びついたものであり、労働運動が急速に右傾化した。

路線転換した米日支配勢力の支配強化の策動は効果をあげ、平和と民主主義を求めた民主勢力、国民の運動は分断され、多くの困難に直面した。

2つの大国主義がさらに困難を加重した。部分的核実験停止条約の全面支持を押しつけるソ連の大国主義的干渉と、毛沢東が発動した文化大革命、武力革命路線を押しつける中国の大国主義的干渉が、平和運動、日中友好運動を「分裂」させ、安保闘争をともに闘った共産党と社会党・総評との厳しい対立を生み、力をあわせて闘うべき諸運動に多くの困難をもたらした。

平和と民主主義を求める運動の発展

逆流が強まる中で、安保闘争で形成した力、共同して闘った経験は平和と民主主義のための多様な闘いの中に生かされ、多くの成果をあげていった。

60年10月、浅沼社会党委員長が右翼に刺殺される事件が発生した。右翼テロ防止を理由に、61年に政治的暴力行為禁止法案（政暴法案）が国会に提出された。これに対し、安保闘争後休止状態になっていた国民会議は活動を再開し、国民会議が中心になって反対運動を展開し、62年5月、廃案に追い込んだ。

64年8月にトンキン湾事件をデッチ上げて本格化したアメリカのベトナム侵略戦争に対する国民会議の活動は、原水禁運動の「分裂」を理由に全面停止となっていた。しかし、65年夏、安保破棄中央実行委員会（共産党、統一戦線志向の労組・民主団体など）と全国実行委員会（社会党、総評など）の「一日共闘」が実現し、ハノイ、ハイフォンの北爆が強行された66年夏には両実行委員会共催の中央集会、10月には労働者50万人が参加しての反戦ストライキに発展した。

分裂・分断を乗り越えての両実行委委員会の「共同」と統一行動とともに、「ベトナムに平和を！市民連合」（ベ平連）をはじめ多くの市民的反戦運動も拡がった。

高揚するベトナム反戦運動と広がる国民の批判と結んで、社会、共産両党に公明党も加わって、国会で侵略戦争に全面的に協力する政府を厳しく追及した。

追いつめられた政府は、集団的自衛権行使の禁止、自衛隊海外派兵の禁止、他国への攻撃能力を持つ武器の不保持、非核三原則、武器輸出三原則、防衛費GNP比1%上限枠などを表明せざるを得なくなった。こうした政権の対応は、憲法９条に反する安保条約と自衛隊を合憲とするための「解釈改憲」ではあったが、新安保条約の下で自衛隊がアメリカとともに戦争することに対する大きな制約となった。

政治革新の課題では、67年４月の東京都知事選挙で、社会・共産両党が政策協定、組織協定を結び、1800の労組、民主団体、個人が結集して、「明るい革新都政をつくる会」をつくって活動し、美濃部「革新都政」を実現した。統一戦線での勝利であり、「都知事選型共闘」はその後の首長選共闘の原型となった。

複雑な状況の中での団の活動の発展

安保闘争後、61年10月、安保反対闘争に参加した法律家の運動を引き継ぎ日本民主法律家協会が結成され、統一戦線的立場に立って、安保破棄中央実行委員会（64年９月）、憲法改悪阻止各会連絡会議（憲法会議、65年３月）が結成され、団もこれらの運動組織に参加して共同の取り組みを進めていった。

政暴法反対闘争では、団と団員は、権力は右翼と癒着して右翼テロを泳がしていること、治安維持法で猛威を振るった目的遂行罪規定は、労働組合、民主団体、政党の解散をも可能にするものであったこと、政暴法案は治安維持法と同じ危険性を有することを、自ら経験してきた事実をもって明らかにし、反対に立ち上がることを訴えて歩き、廃案を勝ち取ることに貢献した。

団は、安保闘争後の60年代に、多くの裁判闘争に取り組み貴重な成果をあげていった。闘いの多くは、憲法を「実質化」する憲法裁判として闘われた。

官公労働者の労働基本権をめぐって憲法裁判として闘われた全逓中郵公労法違反事件[4]、都教組地公法違反事件[5]等の闘いは、労働基本権を尊重しスト権の全面的剥奪法制を限定的ながらも違憲とする無罪判決を勝ちとり、一定限度で刑事罰からの解放を認めさせた。

基地闘争では、恵庭事件が67年3月29日札幌地裁で無罪判決[6]を勝ちとり、長沼ナイキ基地訴訟では団員は、総評弁護団員、多くの民主的弁護士とともに、ねばりづよい裁判闘争を展開し、73年9月7日、平和的生存権を基本的人権であると認め、自衛隊は憲法9条の禁ずる陸海空軍に該当し違憲であるとする歴史的判決（裁判長福島重雄）[7]を勝ち取っている。

新たな労働政策による自主的な労働組合と組合員に対する不当労働行為や、共産党員、その「同調者」とみなした活動家に対する思想弾圧というべき人権侵害に抗して、多くの団員は献身的に取り組み、当初の連戦連敗から相次ぐ勝利に流れを変えていった。東芝臨時工契約更新拒絶解雇事件での一審敗訴を二審勝訴へと覆し、74年7月22日の最高裁勝訴判決をはじめ貴重な成果をあげ、70年代の思想差別裁判の提訴への道を拓いている。

団は、支配勢力による分断と権利侵害、支配強化の策動の正体を見抜き、様々な分裂策動にぶれることなく、ひろく人民と共に闘う立場をつらぬき、大衆的裁判闘争を継承し、創造的に発展させて闘い抜き、民主勢力と国民の信頼を強め、団の力を質量ともに強めていった。

あらたな峰へ

団は創立45年の活動とその到達点、そして、これからの活動の方針と決意を報告するために、66年10月1日、「自由法曹団物語」を刊行するとともに、ダイヤモンドホテルで祝賀会を開いた。団とともに闘ってきた

4）最大判1966（昭41）年10月26日判時460号
5）最大判1969（昭44）年4月2日判時550号、前掲『憲法判例をつくる』掲載
6）札幌地判1967（昭42）年3月29日判時476号、前掲『憲法判例をつくる』掲載
7）札幌地判1973（昭48）年9月7日判時712号、前掲『憲法判例をつくる』掲載

政党、民主団体、労働組合、学者、文化人、市民600名が集まり熱い交流の場となった。翌2日には法政大学で権利討論集会を開催し630名が参加した。

全国各地から集まった団員は、集会・レセプションの成功に励まされ、〝民衆の弁護団〟の一員として生きることにあらためて確信を深め、60年代後半の活動に取り組んだ。

安保闘争が本格的に始まった59年には19名の新入団員を得て「長い〝冬の時代〟」を脱け出した団は、45周年の66年には48名の団員を得て、団員総数が330名を超え、全国各地に団の旗をかかげて闘う全国的な民衆の弁護士集団になっていた。団は新たな〝峰〟に登っていたのである。

自由法曹団の目的と団結

戦後再建された団は46年7月に制定した規約2条（目的）を「民主的平和国家建設の基礎である人権の擁護伸張並びに法制の徹底的革新を期することを目的とする」と定めた（第1章）。

第2章で取り上げた49年から始まった歴史の暗転と民主勢力に対する全面的な弾圧の嵐。これは団にも及んだ。GHQは団に出頭を求めて、その内情の説明を求めた。

団内の一部から団解散論が出た。団はやがて総司令部による解散命令を受けるであろう、そうなれば幹部は公職追放を受ける、いまのうちに先手を打って解散すべきであるというものであった。多数の団員はこれに反対した。信条や政治活動ゆえに権力の弾圧を受けている者の味方になるのは、団の創立以来の使命である、弾圧がはげしくなったいまこそ団を強化しなければならないとして、解散論に反論した。50年12月、松川事件一審判決直後の9日、重苦しい空気の中で、団の総会が開かれた。はげしい論議のすえに、解散動議は否決された。このとき14名がこの否決を不満として脱退した。

この総会では、治安維持法と闘ってきた団の長老、吉田三市郎、山崎今朝弥、布施辰治、田坂貞雄、江橋活郎の尽力が大きかった。特に吉田、田坂、江橋の3人の自由主義者は毅然として団解散論をしりぞけ、吉田はみずから新設された団長の役職を引き受けて、困難な時代をのりきる決意をしめしたのであった。

このとき団の規約が改正され、その2条は「団は基本的人権の擁護に任じ、これに関する法制の改革に努め、平和な民主国家日本の建設に寄与することを目的とする。苟も人権が蹂躪された場合には、被害者の階級、信条、所属改派等の如何に拘わらず、徹底的に擁護することを期する。」と定められた。

「規約改正」

安保闘争を経て新たな峰に登った団は、66年8月の幹事会において、50年規約を、67年の総会で改正することを提案することを決定した。その目的は、急速に増え各地で活動している全国の団員の知恵と力をよりよく結集して団の組織運営を改善し、“民衆の弁護団”としての団の目的、任務をより明確にするためであった。

69年10月25日、高野山で開かれた総会で、規約改正が行われた。新しい規約2条は「自由法曹団は基本的人権をまもり、民主主義をつよめ、平和で独立した民主日本の実現に寄与することを目的とする（1項）。団は、あらゆる悪法とたたかい、人民の権利が侵害される場合には、その信条・政派の如何にかかわらず、ひろく人民と団結して権利擁護のためにたたかう（2項）。」と定める。

規約改正の提起から実現までに3年の時を要した。この間に、団の内外に思いもよらぬ議論がおきたことがその事情にあった。

刑事弁護をめぐって団に加えられた批判

規約改正討議に着手した団に対し、一部弁護士からの批判が始まった。「極左暴力主義集団」と言われる学生を支持する弁護士らが、自由法曹団は日本共産党の指示に基づいて、「いやしくも人権が蹂躪された場合には、被害者の階級、信条、所属政派の如何にかかわらず徹底的に擁護することを期する」と明記している自らの規約に反して、学生事件について「弁護拒否」をし、同事件を弁護している弁護士の入団を「拒否」した、規約改正の目的はそのことを合理化するためであるという非難であった。

事態をさらに重大なものにしたのは、68 年５月 25 日、田口康雅団員が、団本部事務局に「二つの拒否事件と団規約」と題する一通の文書を提出し、これを団報に掲載することを求めてきたことだった。その要旨は、①日本共産党は、60 年安保闘争で全学連の学生が大量に逮捕されたとき、彼らをトロツキストと称し、彼らを弁護すべきでないという方針を団幹部の党員弁護士に出した。団の幹部党員弁護士は、この方針に従って「弁護拒否」を団内外の弁護士に「勧奨」した。②２名の弁護士をトロツキストとみなし、そのことを理由に、入団を拒否した、③この２つの「拒否事件」は、いずれも団の目的、性格から逸脱した「重大な団規約違反」であり、こうした行動をした党員弁護士は責任を問われるべきである、④団規約２条の「改正」は、こうした行為を合理化するためのものであるというものであった。

規約２条と刑事弁護に関する団内議論の進め方

これらの動きの重大性を団は直視した。彼らの主張する安保闘争での共産党の指示、これに従っての団の「弁護拒否」、さらには思想を理由とする入団拒否という非難が事実無根であることは、既に多くの団員が知っていた。

問われている重大な問題は、〝民衆の弁護団〟としての団のあり方であった。戦前戦後、多くの苦難に耐え構築してきた「団の弁護」とは何か、団が一連の学生の刑事事件について、彼らの行為を正当として弁護すべきなのか。規約改正の当否、どう改正すべきかは、以上の論点と不可分であった。

団は、以上の論点の解明についての基本的視点と、規約改正の是非、その内容について、全団員が民主的に論議を尽くして全団的合意を実現する必要があると考えた。規約では年２回の総会となっていたが、実際には年２回の開催が困難となっており、春、夏に幹事以外の各地の団員も自由に参加し討議を行う準総会的な位置づけになっていた全国幹事会で討議を開始することにした。

68年全国幹事会での討議に基づく方針

7月、熱海で開かれた全国幹事会には、例年の全国幹事会を大きく上まわり、120名を超える幹事と幹事以外の団員が全国各地から集まった。

討議の冒頭、規約改正提案の趣旨について、上田誠吉幹事長が、50年改正団規約が、レッドパージ、日本共産党の中央委員全員の「公職追放」、占領目的阻害行為処罰令による弾圧など戦後反動の嵐が吹き、自由法曹団も連合国軍総司令部による解散命令、団幹部の「公職追放」など危険が迫っていた情勢の下で制定された経緯をのべた上で、今回、規約の改正に取り組む積極的な意義について次のように報告した。

「このように団規約第2条が定められた経過あるいはその後の団の活動をふりかえってみるならば、自由法曹団の目的は、民主勢力の広範な統一の力で基本的人権と民主主義を守り抜いて、真に民主的な世界をつくるために闘うということにあるのは明らかであると思います。従って、この規約を理由にして民主勢力に敵対し、直接且つ公然と、これを攻撃する人々の行動を擁護しなければならないということは規約第2条の理解を全く歪めるものであって、むしろ団の目的に反するものと言うべきでしょう。私たちは、日本の軍国主義の復活強化が急速に押し進められ、1970年を前にして日本の民主勢力とその統一を破壊するために様々な形の攻撃がくりかえされている今日、再び団の目的、任務についての討議を深め、真に広範な日本人民の期待に応えるために団の団結を強化し、団活動を発展させようと考えております。

事実に即して多くの団員の具体的な体験と知識を総合して、民主主義的に方針を基本的な点で一致させたうえで、団規約第2条の精神と団の47年の活動の総括の中から団の当面する任務と発展の方向を一層正確にして、これをより適切に規定することがもし出来るならば、そしてそのために規約第2条を改正することがもし可能になるならば、それは団を一層発展させるうえで、有意義なことだと考え提案をするものです。」

上田幹事長報告に続いて、討論の冒頭に岡崎一夫団長が立った。団長は、はじめに、戦前、戦後をつうじて、反共、アカ攻撃を軸に多くの共産党員や、反戦、平和を求める広範な人々に加えられた苛烈な弾圧と闘い抜いた団の歴史を語った。ついで、戦後反動が頂点に達した50年、占領軍による団解散、団幹部らの公職追放命令が出されるという情報に脅えて、一部団員が団総会に提出した団解散動議を激論のすえ圧倒的多数で否決したこと、否決されて彼らが退席した後、残った団員は討議を続け、あり得る占領軍の弾圧、介入の危険を直視して、その口実を与えないために、共産党員の団役員が辞任し、戦前からの自由主義者として知られている長老団員らがみずから新設の団長や幹事の役職を引き受け、それまでの規約を改正したこと、こうした危険についての配慮から団の目的を定めた規約第２条は、「抽象的」な文言にしたが、団員の人民の権利を守って闘う決意はいささかも揺らぐことはなく、自分たちはそうした思いを「苟も人権が蹂躙された場合には、被害者の階級、信条、所属政派の如何に拘わらず、徹底的に擁護することを期す」という言葉に込めたのであり、その後ゆらぐことなく闘い抜いてきたことを語った。団長は、こうした事実を無視した、規約２条の文言を理由にしての非難はまったく誤っていると訴えて、発言を終えた。

戦前、共産党員ら治安維持法により弾圧された人々の弁護をした故に、自らも治安維持法違反で投獄され、戦後、朝鮮戦争時の占領目的違反などの理由で大量に逮捕、起訴された人々のアメリカの軍事法廷での裁判やレッドパージと闘ってきた、いうならば、団の歴史の〝生き証人〟である団長の気迫を込めて語りかける言葉は、全国幹事会に結集した団員の胸を打った。

「二つの拒否事件」という彼らの非難がまったく事実に反することについては、羽田事件の弁護団長であった松本善明団員と入団申込の承認を留保したときの根本孔衛前事務局長がくわしく報告し、不当な非難であることを明らかにした。既に多くの団員が知っていることであり、もう議論にはならなかった。

討議の中心課題である「団の弁護」とは何か、団は「トロツキスト」と呼ばれる人々について「団の弁護」をすべきなのか、彼らの刑事事件について「団の弁護」をしないのは規約違反になるのか、そもそも彼らの行動と役割をどう評価するか、について活発な討議が続いた。討議の方向は幹事長報告のそれと一致していた。

しかし、この全国幹事会で語られた事実や議論がまだ多くの団員に共有されていないことも明らかだった。当時は、まだ一部の知識人や少なからぬマスコミ、組合、雑誌などの論調には、彼らの行動を積極的にあるいは心情的に支持、同調するものが多かった。社会党は58年1月の党大会で彼らを「同盟軍」であるとし、支持を表明していた。

こうした状況も影響して、団員の中には「学生らの行動には行きすぎはあるが、政府や大学当局に対して抵抗し、警察と衝突する彼らの心情は理解できる」という考えを持つ人や、「行き過ぎはあっても、警察や検察の権力を乱用しての弾圧は許しがたいものがあるから、弾圧に反対し、人権を守るという立場で、団や団員は弁護にあたるべきではないか、弁護を求められたら、拒否はできない」という意見を持っている人々が少なからずいた。

そこで、各地、各事務所でさらに意見を交わし論議を深める必要があるとする意見に一致した。団執行部は、11月の団総会に改正案原案を提出して討論することを提案し、承認された。この方針に基づいて、各地での討議と、規約改正小委員会を設置しての改正案の検討が始まった。

流れを決めた三河三谷総会討議

68年11月30日と12月1日の三河三谷総会には、例年の総会を大きく上まわる団員が出席した。全国幹事会後、それぞれに考え、団員間での討議を重ねての参加だった。

討議は、規約改正小委員会小沢茂委員長の中間報告、改正試案（第一次）の発表に始まった。試案の内容は、第2条1項に、日本の『独立』を加え、第2項を「人民の権利が蹂躙された場合には、民主勢力と団結して徹底的に擁護することを期する」とするものであった。「日本の独立」を加えることについては、団員は、安保闘争を闘って、我が国がアメリカの従属国になっていること、独立を勝ち取ることが最も重要な課題であることに、異論はなかった。

第2項の改正について、多くの団員の愛読書であった上田との共著『誤った裁判』（岩波新書）の著者であり、多くの人権裁判の弁護の実績があった後藤昌次郎団員が直ちに反対意見を述べた。同団員は、現行規約第2条を読みあげた上で、「まことにこのとおりであります。このとおりでなければならないと考えます。改正の必要はなく、改正すべきではないと考えます」、「トロツキストの評価の問題ではなく、国家権力による人権蹂躙をトロツキストなるが故に、見逃していいかという根源的な問題」であり、「被害者の階級、信条、所属政派で（弁護について）差別するならば、言葉の正しい意味では、もはや人権擁護とはいえない」と強調した。

後藤の意見に対し、上田幹事長は、つぎのように反対の意見を述べた。団の歴史に照らして、団の弁護は、権力と闘う労働者、農民らの人権の擁護のためだったのであり、人権一般ではなかった。だれにも人権はあるが、だからといって、例えば右翼テロを行う者のために団は弁護に立たないのは当然のことである。トロツキストとされる人々が統一戦線に背をそむけて「社、共、総評のブロック解体」を主張し、学園紛争で、彼らと異なった立場に立っている学生らに残酷な暴力を振るい、それらの人々の人権を蹂躙しているときに、団として守るのはどちらの人権なのかは明らかではないか。抽象的に人権一般ではなく、団の弁護は何のために、だれに対して、だれの人権を守るのかが問われているのである、と強調した。

『誤った裁判』の共著があり、親しい友人であった2人の白熱の論戦は、規約改正問題で問われている問題がどこにあるかを鮮明にした。

後藤、上田の発言に続いて各地の団員の活発な論議が行われたが、大勢は次第に明らかになっていった。極左暴力主義と言われる学生たちの行動をきびしく評価し、これと闘う人々や、同調しない人々の権利を守るためにこそ「団の弁護の力」を行使すべきだとする意見が、大勢となっていった。流れを左右したのは、1つには岡崎団長はじめ戦前の闘いとこれを引き継いで、戦後占領下の「暗い谷間」で闘ってきた経験を有する団員の「団の弁護」についての発言であり、もう1つには団が長く続いた「冬の時代」

を乗り越えた安保闘争前後から入団した若い世代の団員の、自らの闘いでつかみとった「団の弁護」の確信と、極左暴力主義の学生の行動に対して学園紛争などで彼らの暴力と闘ってきた経験に基づく、きびしい批判であった。

さらに、流れを決めたもう1つの原因になったのは、総会の9日前の10月21日、「国際反戦デー」の夜の新宿事件であった。

当夜、極左暴力主義のグループが組織した約4000人の集団は、新宿駅で線路に侵入し、電車、駅舎を破壊し、南口改札口階段に放火するという暴挙を行った。当初は事態を放置していた警察はこの段階になって実力行使を開始し、深夜の0時には騒擾罪を発動して743名を逮捕した（同罪での逮捕は450名）。警察は、彼らを泳がせておいて、騒擾罪を発動したのである。事件を首謀した中核派の秋山委員長は、事件直後「騒擾罪を適用させることに成功した」と宣言した。

メーデー事件、吹田事件、大須事件など騒擾罪事件で、被告らとともに、デモ、集会の自由を守り、2度と騒擾罪の発動を許さないために、長期にわたり、困難な裁判闘争を闘ってきた団員はじめ総会に参加していた全団員は、極左暴力主義のグループの妄動と秋山委員長の「宣言」に心底から怒り、彼らが挑発者であり、権力が治安体制強化のために彼らを泳がせていることを、あらためて確信したのである。

事実は雄弁であり、つよい説得力をもっていた。彼らの妄動の危険性を軽視したり、人権擁護を抽象化して絶対的な命題とする意見は説得力をもち得なかった。

総会討議による規約改正についての合意形成が大きく前進したことは明らかだった。しかし、総会に参加していない全国の団員に総会討議の流れの到達点を伝え、ありうる疑問や異なる意見について論議を尽くして、深い全団的合意を形成して規約改正案を圧倒的多数で可決するために、なお努力を尽くすべきことになった。

団員が様々ないきさつから学生の接見や釈放のための弁護活動をしたり、裁判で弁護人になることは個人として自由である、規約改正が弁護活動をした団員を除名その他の処分をするためのものでないことをあらためて確認した上で、団はさらに討議を尽くし、翌年の団総会で規約改正を行うことを提起し、総会出席の団員は以上の団本部の方針に賛成した。

団に対する内外から論争の激化

三河三谷総会討議が成功し、その後の各地での団員の討議、意見の集約は順調に進んでいると団本部も多くの団員もそう思っていた。ところが、団の立場への攻撃が思いがけないところから始まった。

三河三谷総会後、間もない同年12月11日、「朝日新聞」（夕刊）が、「弁護をめぐって対立――自由法曹団『民主勢力の解釈』で」という見出しで、「公安事件の弁護に中心的な役割を果たしてきた弁護士のグループ『自由法曹団』（岡崎一夫団長、団員430人）の内部で、反代々木系学生の弁護をめぐって対立が高まり、団規約改正是非という形で、論争が表面化している」、「対立は深刻なものになりそうだ」と大々的に報じた。さらに同月29日号の『朝日ジャーナル』が「時の動き」欄で、「自由法曹団は……（中略）共産党主流の路線に常に忠実だった。しかし、こんどの対立では、執行部を批判する団員が数のうえでも、活動の面でも無視できない存在であり、対立の行方によっては団の指導的地位を揺さぶりかねないことが分かった」と報じた。『朝日』も『朝日ジャーナル』も、この問題について団に取材に来たことは一度もなかった。何の客観性もなく「批判する団員」にエールを送る一方的な報道、フェイク記事にほかならなかった。

69年に入って、規約改正問題について「団内」からの、さらに衝撃的な議論が始まった。1つは、『世界』4月号での石川博光団員の「『暴力』学生に人権はないのか――弁護人からのレポート」であり、もう1つは、『朝日ジャーナル』同年4月6日号での田口康雅団員の長い論文、「刑事裁判にみる黒い死の思想――『暴力学生』弁護拒否論を批判する」である。前者の石川論文の内容は、ほとんど極左暴力主義集団の全面的美化とこれに対する警察、検察の「弾圧」批判であり、「団の弁護拒否」は最後の「付け足し」にすぎず、「世界」の主な読者である知識層に対する影響は軽視できなかったが、団員に対する影響はほとんどなかった。しかし、後者の田口論文は、団員の誰もが驚き、衝撃を受けた。

田口論文の骨子は、以下のとおりである。

①日本共産党は、学生らを敵であるトロツキストであるとし、敵は殺すべきであるという「黒い死の思想」のもとに、自由法曹団員に、弁護拒否（弁護する場合は「背信的弁護をせよ」）を指示した。団の指導部はこの指令に基づいて弁護拒否を決め、団員と団外の弁護士に「勧奨」している。②こうした行動は団の規約違反であり、弁護士法１条にも違反する。よって、弁護拒否をする自由法曹団員はすべて弁護士会から除名し、弁護士資格を剥奪すべきである。③計画されている規約改正は、こうした弁護拒否を合理化するためのものであり、なすべきではない。

田口論文は、異なる意見をもつ団員として、団の方針を批判しその是正を求めるという域を大きく越え、異質な敵意に満ちたものだった。

団は、マスコミや田口団員の攻撃によって生じうる団内外での影響を軽視せず、『世界』と『朝日ジャーナル』に反論を掲載することを求めた。『世界』は石川論文と同じ字数での反論文の掲載を認め、石島泰団員による「『暴力』学生と『人権』――理れなき自由法曹団誹謗に応える」（284号）を掲載した。

『朝日ジャーナル』は団との面談を拒否し、「『読者の声欄』に投稿（500字前後）すれば載せてもいい」と電話回答をしてきた。団がとうてい納得できなかったことは言うまでもない。やむを得ず、坂本修事務局長は一団員としての自己責任で、パンフレットを出版し、団員に配布することにした。ちなみにこの時期、かつてメーデー事件の立会検察官であった桂正昭検事は「現行法における騒擾罪の問題点――迅速なる裁判の実現」（ジュリスト No.424）と題する論文において、「弁護活動そのものは、本来政治的イデオロギーを超越した中立的なものではなかろうか」として、自由法曹団に新宿事件などの学生事件の被告人らの権利を擁護するため「奮起」を促している。権力側から田口論文と奇妙に一致する声をあげたのである。

69年５月24日、25日、それぞれの討議の結果をもち寄って、全国幹事会が開かれた。集まった各地の団員の報告と討議で、田口論文に賛成する意見はまったくなく、前年総会での後藤団員の意見に賛成する意見もなかった。

全国の支部の討議の結果は、規約改正に賛成し、秋の総会で全団員が結集して規約改正を実現しようというものだった。団内の討議は全国的に大きく前進し、深まっていた。1つには、田口論文や一連のマスコミの団内の対立重大化という記事が、かえって規約改正についての団内の討議を発展、深化させるインパクトになっていたからである。もう1つには、前年の総会後、さらに激化していた学園紛争で、「三派系学生集団」、彼らが指導権をにぎった「全共闘」らの暴力と闘う学生らの権利を擁護するために多くの団員が現場で闘ってきた経験に基づいて、団として「東大闘争支援声明」(69年1月16日緊急全国幹事会)を発するなどして暴力主義者に対する闘いを強める中で、彼らに対する団と団員の評価がそれまで以上に一致してきていたことがあった。

高野山総会　規約2条改正討議と圧倒的多数での可決

69年10月25、26日、高野山で団総会が開かれ、規約改正案が圧倒的多数で可決された。

この総会で、規約改正委員会がそれまでの討議を踏まえて提案した最終改正案のほかに、総会に出席した田口団員から修正決議案が提出された。田口修正決議案の内容は、前年5月の意見書と田口論文の要旨と同様のものであった。

改正規約案(最終案)の討議は、「規約改正」委員会の小沢茂委員長の趣旨説明で始まった。

討議では、極左暴力主義集団による暴力行為の被害者の人権を護って闘ってきた団員のリアルな体験に基づいて、規約改正に賛成発言が相次いだ。

ある若手団員は、地方大学での学生暴力集団の暴行と闘った経験を述べた上で、「規約改正案第2条の『ひろく人民と団結して権利擁護のためにたたかう』という字句は、私たちの心を打ちます。たんに目的規定というよりは、自由法曹団員としてのあり方自体を規定しているような、そういう内容をつよく感じまして、この規約改正案に全面的に賛成します」と述べた。自由法曹団員として、何のために、誰の人権を、誰とともに闘うかについて自らつかみとり、闘う決意を込めての発言に、当日参加した世代をこえた多くの団員は、これからの団の闘いを強める確信を深めていった。
討議の時間は終わりに近づいていたが、まだ発言のなかった田口団員に小島成一議長が発言をうながしたが、同団員は、自らの修正案についてはふれず、学生事件の弁護をしても除名にはならないことの確認を求めただけで、発言を終えた。

討議は終了し、竹沢哲夫投票管理委員長が、出席者数を報告、団員総数479名中、本人出席240名、委任状出席170名、合計410名。投票総数409名であり、規約改正に必要な出席定数、投票総数が充足されていることを明らかにした。ついで田口修正案について無記名投票が行われた。その結果は、賛成1名、保留なし、他はすべて反対であると報告された。そして、規約改正案について、無記名投票が行われ、投票結果の発表になった。

竹沢委員長は、①改正に賛成する者402名、②反対する者3名、③保留3名、④白紙1名であり、規約改正案は圧倒的多数で可決、成立したことを明らかにした。

この報告直後、わきあがるような拍手が起き、長く続いた。新しい規約は心を合わせてつくったのだという確信と誇りが団員の心からの喜びとなり、この長く続く拍手になっていた。

「規約改正」に取り組んで得たもの

「嵐は木を鍛える」という。「規約改正」問題に全団的規模の討議で取り組み、圧倒的多数の可決で「規約改正」を成功させた団は貴重な成果を得た。

団が得た最も大きな成果は、世代や党派の違いを超えて、全団員が、戦前、戦後の団の闘いの歴史をつかみ直し、「何のために、誰の人権を、誰とともに守るのか」という、「団の弁護」の基本的なあり方を自分のものにし、そうした“志”を共有する弁護士の集団としての団の団結を維持、強化していく決意を固めることができたことである。

団は、その後の様々な反共攻撃、分裂策動と結びついた諸事件について、「団の弁護」の力を集中して活動することができた。70年4月頃からの解同朝田派の変質と暴力行為に対して、機敏にそして長期にわたって闘った団の活動は、そのことを行動によって証明した。

改正規約第2条の「文言の力」だけではなく、1年半にわたる討議でつかんだ確信は、70年代以降の諸闘争について団が統一戦線の立場をつらぬき、〝民衆の弁護団〟として、ぶれることなく活動する大きな力となったといえよう。

第4章

60年代以降の諸闘争の前進と反動が激突した時代

——大衆的裁判闘争に学び、これを広げ、日本国憲法の人権条項に息を吹き込んだ団の闘い

60年安保闘争を経験した進歩と反動の激突

この時代は、60年日米安保改定を機に、この国の進路とあり方をめぐって進歩と反動の激突した時代であった。

安保改定をめぐる大規模な政治闘争を支えた条件として、権利面でも思想面でも、日本国憲法における人権と平和条項があったことは言うまでもない。団は、60年安保改定が日本国憲法の人権と平和と相容れないもの矛盾するものとして、確信をもって反対闘争に参加した。

この反対闘争の結果、改定後の新安保条約の下においても市民各層の人権と平和、独立を目指す広範な運動は、憲法によって獲得した諸条件を活かしながら、戦前には考えられない広がりを見せることになる。

65年のアメリカ軍による「北爆」と地上軍の投入によってベトナム戦争が新たな局面に入ってから75年ベトナム人民の勝利に至るまで、ベトナム反戦運動は10年間にわたって国内外の情勢に多大な影響をもたらした。72年、沖縄の施政権が日本に返還された。しかし、沖縄の人々は、広大な米軍基地と日米地位協定という安保条約体制との闘いを継続することを余儀なくされた。

労働組合運動の前進は、60年代後半には最高裁に影響を及ぼした。全逓中郵事件、都教組事件[1)]および全農林警職法事件[2)]などにつき、スト権剥奪を限定的ながらも違憲とする判決が続いた。高度成長とともに顕わになった公害反対闘争のみならず、地方自治を推進し、各地

で革新自治体出現の原動力にもなった。71年4月実施の一斉地方選挙の結果において、京都に続いて東京・大阪等に革新首長が誕生するなど、日本の人口の43％を超える住民が革新自治体の下で暮らすという状況も生まれた。社会保障の分野でも「人間の権利」を標榜した「朝日訴訟」などの闘いが取り組まれた。

司法反動と弾圧の嵐

69年から72年にかけて司法反動の嵐が荒れ狂った。自民党が最高裁に圧力をかけて、宮本康昭判事補の再任拒否、阪口徳雄修習生罷免事件など青年法律家協会攻撃を引き起こした。最高裁に保守派の裁判官を送り込み、公務員のスト権禁止を違憲とする判例をくつがえし、合憲判決が続出した。

政府と財界は、警察権力をも活用して労働組合や自主的運動などへの監視と干渉を強め、全国各地で市民団体や労働組合などのビラはり、ビラまきなど、街頭における宣伝活動を犯罪視し、徹底的に弾圧してきた。また、べからず選挙法と言われる公職選挙法の規定を使った選挙弾圧も全国各地で大量に行われた。

全国展開

これらの諸要求闘争の前進と反動攻撃の激突は全国各地に起こった。60年代から70年代にかけて団は、意識的・系統的に全国各地に団の旗をかかげる事務所を建設していった。若い団員は勇躍して地方におもむいて、様々な運動に参加するとともに地域住民の生活と暮らしの権利を守るための事件に取り組み、地域の民主勢力と結び、地に根をはった力を地道に築いていったのである。

1）前掲『憲法判例をつくる』掲載
2）前掲『憲法判例をつくる』掲載

本章では、この時代を、権力による弾圧との闘い、職場における労働者の闘いの前進を阻む差別・排除攻撃との闘い、公害・薬害の被害救済の闘い、部落解放同盟による行政の私物化と人権侵害を糾す闘いの分野でふり返る。

1　刑事弾圧との闘い

大きな狙いで小さな弾圧

60年代以降に全国で繰り広げられた弾圧は50年代までと比べ様変わりし、「大きい狙いで小さな弾圧」（上田誠吉元団長）と評された。

多くの団員は、この新しい大量の弾圧事件に各地で弁護人として取り組んだ。個々の弁護活動には、松川事件やメーデー事件、吹田事件などの弾圧と闘う大衆的裁判闘争に参加した団員とその後に加わった団員との連携・経験の継承は必ずしも十分と言い切れないものもあった。この時期、そのことに気づいた団は、弁護士特有とも言いうる担当事件に埋没する傾向を克服し、松川闘争などの成果を踏まえて大衆的裁判闘争を学ぼうという意欲によって集団討議を重ね、経験や失敗などを交流する作風を生み出した。

そしてその作風を活かして、団員は全国で、労働刑事弾圧、ビラ配りやビラはり弾圧、税務当局の不当調査等との闘い、公選法違反事件などのおびただしい弾圧との闘いに取り組んだ。

「大きい狙いで小さな弾圧」に対し、団員は大衆的裁判闘争に学び、それぞれの事件の条件と場面に、弁護団内部および運動体との間の民主的な集団討議により、弾圧を許さない気概と法理論においても権力側のそれを乗り越える叡智を集め、事実と道理に基づいた権利擁護の理念を適用させる努力を重ね、進歩と反動が激突する時代に市民の自由と権利を擁護するため闘った。

「治安と税務は万般の基」の発想に基づく税務当局の権力的蛮行

重税と野蛮な徴税

戦後の復興期、多くの国民は焼け野原から生活再建に逞しく立ち上がった。こうした国民の上に、税務署の一方的に押し付ける重税が重くのしかかった。全商連発行の「民商とは」というパンフレットには「当時は、寝ている病人の布団や腕にはめている時計まで差し押さえ、トラックで引き揚げてすぐ競売、そういう暴挙がアメリカ占領軍の立会いのもとで行われ、『カラスの鳴かない日はあっても、税金苦自殺者の出ない日はない』」という報道が紹介されている。こうした状況は必然的に多くの生活防衛、生存権擁護の要求運動を生み出した。

全商連・民商の誕生

この時期、中小零細業者は、自らの営業と命を守るために「民主納税会」、「生活擁護同盟」、「納税民主化同盟」、「民主商工会」等々を組織している。51年8月、これらの各種団体（37団体）が結集して全国商工団体連合会が結成された。現在の全商連（民商）である。

全商連は中小業者の経営と生活を守る多彩な運動を展開するとともに、自主申告制度を柱とする国民本位の民主的税制の確立を目指し、税務行政の横暴と闘った。団員は、各地の民商の運動と連携・支援し、税務行政の横暴と闘ってきた。

税務当局の敵視政策

税務当局は、こうした民商を敵視して63年5月、各税務署長に対し秘密通達を発した。この通達は、62年5月防衛庁施設局長から抜擢された木村秀弘国税庁長官の強い意思に基づくものであった。木村長官は「治安と税務は万般の基本」と公言し、「3年で民商をつぶす」と豪語した。

この通達は民商会員を納税非協力者と決めつけ、徹底的な税務調査を指示したものだった。税務調査を通じて民商からの脱退を督励する実態が、多数の会員の告発により明らかになった。この通達は、東京の中野民商と会員が国と税務署長を相手に起こした中野民商国賠事件判決において、民商弾圧の本質を明らかにするものとして、厳しく批判された。

中野民商国賠事件

中野民商国賠事件は団員を中心とする弁護団によって裁判闘争が闘われ、勝訴判決を得た（東京地裁1968〔昭43〕年1月31日）。この裁判闘争によって、税務当局の民商会員への脱会工作のすさまじさ、不公平、不公正、不正義、その醜さが明らかにされた。

判決は、民商弾圧の事実を以下のごとく指摘した。

「昭和38年9月、中野税務署長は部下に命じて一斉に民商会員に対する税務調査を差し向けているが、その調査の方法は、本人に対する臨場調査はもとより、取引先の反面調査、銀行調査をも併用した徹底的な洗い直しであった。すなわち『事前通告することなく、2名ないし3名一組になって臨場調査におもむき、当該会員以外の中野民商会員及び同事務局員の立ち会いを拒否したうえで調査をなすべきこと、当該会員のみならず取引先および取引銀行の調査をなすべきこと、特に銀行調査に当たっては同会員のみならずその家族及び従業員の預金をも調査すべきこと』を指示した。それに加えて、署長名の文書を個別に民商会員宛に発送して民商を脱会するよう促していた。こうした嫌がらせに類する『調査』が執拗に進められる一方で、『商工会の介入を排除しない限りあなたの調査は解決がつかず、いつまでも現在のような状態が続くことになります』『あなた自身の本当の気持ちを電話でもなんでも結構ですから税務署宛お聞かせください』との文書が送付された。そして、約1200名の会員のうち半数の600名が難を逃れるため脱会を強いられる結果となった。」

中野民商国賠事件東京地裁判決以降の勝訴判決

東京地裁は、こうした異常な税務署長以下の言動を認定した上で、税務当局による「結社の自由の侵害」を認定し、賠償を命じた。各地の団員は乱暴な税務行政の権限乱用に対し、全商連とともに闘った。この時期には、税務当局の調査に対応した会員の行為が公務執行妨害事件や検査拒否事件として刑事訴追される事件が各地で多発した。

団員が弁護活動に参加した事件は刑事裁判、行政訴訟等多数の事件があり、論点も多様である。以下に特徴的な事件を列挙しておく。

- ・大阪地判1960（昭和35）年4月6日（判時223号）〔徴税虎の巻漏洩事件〕・国家公務員法違反、無罪判決
  推計課税文書の秘密性は形式秘（指定秘）ではなく実質秘であることを要する。
  大阪地判1967（昭42）年5月11日（判時485号）　差戻審で、推計課税用内部文書は憲法の租税法定主義に反するとして無罪判決。
  最二小決1977（昭52）年12月19日（判時873号）　最高裁判決で有罪となったが、判決は「実質的にもそれを秘密として保護するに値すると認められたものでなければならないと」した。
- ・東京地判1969（昭44）年6月25日（判時565号）〔荒川民商事件〕・質問不答弁、検査拒否無罪判決
  処罰の構成要件が広範で、職員が恣意的に判断できるとする見解は不合理で採用できない。憲法31条違反の疑い。
  最三小決1973（昭48）年7月10日（判時708号）　質問検査権の適法性要件を最高裁が示した。客観的必要性、私的利益との比較考量、合理性が必要要件。
- ・静岡地判1972（昭47）年2月9日（判時659号）・反面調査違法を理由に無罪判決
- ・東京地判1991（平3）年1月31日（判時1376号）〔春日青色申告事件〕
  調査非協力とみなして直ちに青色申告承認を取り消した事案。調査非協力を取消事由非該当として青色承認取り消しと推計による課税処分を取り消した。東京高判1993（平5）年2月9日も支持。
  同種判決が相次いでいる。

民商に対しては、会員の申告書作成協力業務を、税理士法との関係で違法視した事件も生じている。こうした事件は今日も闘われ、14年に発生した倉敷民商弾圧事件は古くて新しい事件である。中小零細業者の自主申告権の実質的保障と民商の正当な役割を法的に確立する課題は、今も続いている。

街頭での宣伝、言論の自由を守る闘い

日本国憲法の思想信条の自由、言論表現の自由などの人権条項と平和条項は、敗戦後の貧困にあえぐ国民にとって、未来への希望であった。

有楽町ビラまき弾圧事件発生

街頭におけるビラ配りやビラはりは、敗戦までは治安維持法などの適用により、そして戦後は占領時代に GHQ の指令によりほとんど無権利状態に置かれていたことと比較すると、質的な転換を遂げた。

62 年 5 月 4 日午前 7 時すぎ、東京有楽町駅前そごうデパート入口付近で、5 人の男女が 2 列に向き合って、道行く人々に「アメリカの核実験反対」「日韓会談粉砕」「物価値上げ反対」などを訴えるビラを配っていた。ここに丸の内警察署公安課の制服、私服の警官が襲いかかり「無許可ビラ配りの現行犯」として 3 名の逮捕に及んだ。有楽町ビラまき弾圧事件と呼ばれる。

道路交通法 77 条 1 項 4 号

60 年安保改定が行われた国会で成立していた道路交通法（道交法）が、48 年 1 月 1 日施行の道路交通取締法を廃止して施行されていた。

道交法は道路の通行と使用という概念を区分し、道路使用については、同法 77 条 1 項 4 号において、祭礼やロケーションなど、道路を一時的もしくは一定期間、道路の一定範囲の使用方法を例示して、その場合には警察署長の許可を得ることと定めている。有楽町ビラまき事件が発生するまで、警察においても道路でのビラ配りが道路交通法で問題になる行為であると認識していなかったと思われる。もっとも、東京都道路交通規則 14 条 8 号では「交通のひんぱんな道路において……物を交付する行為」は警察署長の事前の許可を要すると規定していた。道交法の授権の範囲を明らかに逸脱した規則である。

有楽町ビラまき弾圧事件は道交法を用いて言論表現の自由に警察が襲いかかった初めての事件であった。

街頭宣伝活動に襲いかかった警察

この年の7月の参議院選挙関連も含めて、東京だけで団員が弁護人として対応した逮捕事件が、公選法違反19名、軽犯罪法違反37名、道交法違反が有楽町ビラまき事件の3名であった、と有楽町ビラまき弾圧事件主任弁護人の坂本修団員が指摘している。連日、あちこちでおびただしい数の人たちが逮捕、起訴されていた。

60年代に入ってから警察の戦略は変化した。それは「松川事件に比べれば、打ち込まれたくさびは肉を割り、骨を削るほどのものには見えないけれども、その装いのもとには恐るべきたくらみが込められている。一点突破で影響を全局に及ぼそうというやり方ではなく、各所に無数の一見軽そうなくさびを打ち込み、いつの間にか全局をその意図する方向にもっていこうとするやり方」(『ビラは闘う』〔労働法律旬法社、1965年〕序文　上田誠吉団員）であった。

有楽町ビラまき弾圧事件判決[3)]

有楽町ビラまき弾圧事件は、被告人、支援者、弁護団の奮闘により、一審、控訴審ともに無罪判決を得て、控訴審で確定した。一審判決は東京都道路交通規則の規定の限定解釈論に基づいて無罪とした。東京高裁判決（1966〔昭41〕年2月28日　裁判長足立進　判時443号）は、検察官が道路交通に対する抽象的危険を問題にする控訴理由を主張したことに対し、道路における表現の自由や生活上の権利や慣習上有意義な行為と交通の安全との調和の限界を画する意味で「一般交通に著しい影響を及ぼすような行為」が許可を要するという条件が置かれたものであるのだから、本件のビラまきはまさに言論、表現の自由に基づく行為であり、それとの関係で一般交通に与える影響・支障の程度は相当高度のものを指すと解さねばならない、と断じ、本件は要許可行為ではなく無罪であるとした。

この判決は、その後の道路でのビラまき行動の権利性の根拠となり、ビラまきに許可はいらないとする言論、表現の自由を支える貴重な判決とな

3）前掲『憲法判例をつくる』掲載

った。それから数十年経った現在でも、道路でのビラまきに対する干渉は全国で絶えないが、この有楽町ビラまき弾圧事件判決が大きな効果を発揮している。

有楽町ビラまき弾圧事件を闘い抜いた結果、獲得した無罪判決が、全国で行われている道路でのビラまき活動の正当性・合法性を支えている。

裁判官の「飛躍」

有楽町ビラまき弾圧事件は、ほぼ外形的事実に争いがないことから、一審裁判長は第1回公判前の打ち合わせで、憲法問題は裁判所が判断するので、1、2回で審理を終え、30分くらいの弁論で終結したい、と言ってきたという。これに対し、坂本修団員ら弁護人は、道路におけるビラまきの、言論、表現の自由との関係での重要性、有効性など、具体的事実をもって裁判官に理解させることを重視し、裁判長の進行案を拒否し、事実調を徹底追求する方針を貫いた。その中では、都規則制定に関与した公安委員の証人採用まで実現した。東京都内の各所で現に配られている多種多様なビラを支援団体が集め、いつ、どこで、どのような状況でまかれていたかなどを付記して証拠請求した立証活動が、裁判官を「飛躍」させた。公安委員の証人採用にあたって検察官が頑として採用に反対したが、審理の冒頭、1、2回で終わる審理方針を述べていた裁判官が「本件は憲法の保障する言論表現の自由に深く関連する重大な事件と考えますので、十分な証拠調べを尽くしたい」と述べて採用した。坂本団員は「当初の裁判官と別人のような姿があった」と感慨深く述べている。

街宣車による宣伝活動

道交法77条1項4号の規制をめぐって、街宣車の走行宣伝、停車宣伝にも警察署長の許可を要するか、許可に際して警察が付してくる条件は合理的といえる内容か、街宣車の宣伝活動が安定して必要な宣伝に供することができるか、という問題が各地で検討されていった。

団大阪支部の調査で、街宣車の許可が警察においては道路工事による道路占有許可書を使用していることを突きとめ、街宣車による街頭宣伝を道路使用の問題として警察も捉えていることが確認された。そうすると、街宣車の宣伝は自動車走行に関する規制に服するのではなく、道路工事と同様に道路の一時使用という態様と捉えることとなり、法77条1項4号の「一般交通に著しい影響を及ぼす」形態かどうかがポイントになる。団大阪支部は、こうした検討を踏まえて、街宣車が1時間程度停車して街頭宣伝に供する行為は許可不要とする見解を発表した。その後、各地で運動体の賛同を得て、許可をとらない街宣車の活動が定着してきた。東京地方検察庁の道路交通法に関する解説書も、1時間程度の停車宣伝は屋台でラーメンを食べるくらいの時間に相当するものであり、道路に屋台を停めていても77条1項4号の許可を要する対象ではないとしている。

道路上でのビラまきに加えて、街宣車の運行のあり方も、全国に権利を拡大していく立場で深めるべき課題となった。

ポスター貼り弾圧との闘い

街頭における宣伝活動としてポスター貼りに対する規制は、ほぼ一律全面禁止という状況になっている。

この間、屋外広告物法、および同条例、軽犯罪法によって多くの活動家が逮捕、起訴された。団員は、各地で逮捕、起訴された当事者とともに、街頭におけるポスター貼り等、言論表現の自由のために奮闘してきた。特に、ポスターは、一定期間、人目につく場所に継続して存在し、訴え続けることができる、表現活動としてはかけがえのない優れた媒体である。他方、権力にとってはビラまき同様放置し難い言論表現活動である。

63年頃から、ポスター貼りについて軽犯罪法違反として逮捕される事例が全国的に発生した。同時に屋外広告物法に基づき自治体が制定した屋外広告物条例違反とされる事例も全国で多発した。

大阪では、60年代にポスター貼り弾圧で逮捕され起訴された人は33件48人にのぼった。被告たちを先頭に「ポスター貼りの自由」を求める闘いが広まり、大阪府・市条例とも、非営利掲示物でかつ電柱は禁止物件から除外という条例の改正を勝ち取った。これによって、多くの被告が免訴となった。

寝屋川ビラはり弾圧事件[4)]

条例改正に先立ち、66年2月20日朝、寝屋川市内で発生した寝屋川ビラはり事件では松本健男団員が奮闘し、枚方簡易裁判所で無罪判決を勝ち取った。2人の青年労働者が寝屋川市内で「春闘を闘い抜く枚方ネヤ川青年集会」への参加を呼びかけるガリ版刷りのビラを電柱にはっているところを、ビラはり現行犯として逮捕された。

枚方簡裁の裁判官は、大阪府屋外広告物条例は表現の自由に対する必要最小限度を超える不当な制限であり、憲法21条に違反し無効であるとして、68年10月9日無罪判決を言い渡した（判時538号）。

この判決は、内心の思想表現と対立する利益は街の美観風致の維持と解されるが、ビラをはることによって街の美観が害される蓋然性が客観的に明らかな場合に限られるとして、内心の思想の伝達手段は様々のものがあるが、特にビラはりは、「最小限の用紙、筆記具、貼付のための材料、労力を用意することによって長時間、広範囲の公衆の視覚に訴えることができ、他の手段に比して少額の費用でその目的を達しうることにより、経済的に恵まれていない階層の国民にとってたやすく利用しうる点において、一見素朴ではあるが最も尊重されなければならない重要な大衆伝達の手段であり、表現の自由の一態様である」と判示した。被告たちと弁護団、支援の人々が裁判官に対し、何が裁かれているか、審理の対象となっている内心の表現の価値について、事実と熱意をもって迫り、それを受け止めた裁判官の心意気を感得させた。

控訴審判決では一審無罪判決は破棄され有罪となった。高裁での審理は、実に2年半に及んだ。罰金2000円執行猶予1年であった。

枚方簡裁の無罪判決に続いて、70年5月13日、大阪簡裁が5件8人に対し同様に無罪判決を出した。

こうした無罪判決が大阪の条例改正に与えた影響は大きい。

4）前掲『憲法判例をつくる』掲載

大田立看板弾圧事件[5]

東京では、73年1月28日に大田立看板事件が発生した。一審判決は軽犯罪法違反有罪。これに対し村野守義ら団員の弁護人は、東京高裁で軽犯罪法の「はり札」の厳格な構成要件解釈も含めて、安易な処罰方向にくさびを打ち込む徹底した弁護活動を展開した。81年8月、東京高裁（裁判長新関雅夫）は「立看板を電柱に立てかけ、上部を紙紐で結び付けたに過ぎないような場合まで『はり札をした』に当たると解することはいささか無理な解釈である」として無罪を言い渡した（判時1010号）。

被告夫婦とその子息

この時期、微罪だからと軽視せず、市民にとってかけがえのない表現媒体の保障が民主主義にとって不可欠であることを論証するため、人々と共に徹底して闘った弁護活動が、貴重な成果を獲得したものである。

街角からポスターが消えた

条例改正を境に全国的にビラはり弾圧はなくなっていく。しかし、ビラはりの権利や自由が社会的に確立されたというより、危険防止や美観を理由とした屋外広告物条例の再改正などとともに、公職選挙法のポスター掲出場所が限定されるなど、街角からポスターが消えたといわざるを得ない状況になっている。美観風致の価値に比して、街角における表現の自由を確保する手段としてのポスターの効用が小さくなったわけでは決してない。この課題は市民感覚という得体の知れないものとの調整も含めて、今後も挑戦し続けなければならない課題である。

5）前掲『憲法判例をつくる』掲載

公選法弾圧との闘い

60年代以降、公職選挙法（公選法）による弾圧が、全国的に、かつ大々的に発生した。論点は、公職選挙法の解釈と運用に関して、憲法における主権者としての市民の政治活動の自由、労働組合や市民団体の知らせる権利としての選挙活動と事前運動禁止規定、戸別訪問禁止規定、文書制限規定の違憲性をめぐって激しく闘われた。

大量の選挙弾圧事件の発生

団は、こうした選挙運動への大々的な弾圧を受けて、各地での弾圧反対闘争の経験を持ち寄って、72年5月、国民救援会と共催で「公選法弾圧反対全国活動者会議」を開いた。全国の団員、救援会員が一堂に会して情勢の分析、そして裁判闘争の現状について論議した。

以後、毎年、選挙弾圧と闘う全国交流会が続けられた。89年に17回を数え、90年2月実施の総選挙での弾圧事件が全件不起訴を勝ち取ったところで、この全国の闘いの経験を交流する会は、90年から「裁判勝利をめざす全国交流集会」として引き継がれた。

公選法弾圧事件対応で全国会議

72年第1回会議前に全国の支部と事件担当弁護団団員へのアンケートがなされ、その集約が以下のように報告されている。

72年段階での全国アンケートで、回収が79通。アンケートの要請は、71年以降に発生した、もしくは継続している事件ということだったこともあり、回答されている事案は古くは50年代からのものも含まれていた。

全国で起訴された事件60件。略式が3件。不起訴が15件。その内容を見ると、戸別訪問で起訴されたものが51件。そのうち文書違反が絡んでいるものが16件。文書違反だけのものが18件。公務員法違反が数件、という状況だった。

不起訴の関係では、不起訴闘争を闘った事件が40件あり、そのうち不起訴になった事件が14件。不起訴闘争をしなかった（できなかった）事件が26件、うち不起訴が1件であった。

支援運動の関係では、守る会結成が31件、現地調査が行われたものが4件。要請署名運動に取り組んだものが20件。学習会や集会を開いたと報告があるものが28件。カンパ活動は22件。傍聴要請が37件。

黙秘の関係では、アンケートのみでは詳細が把握できなかったようであるが、完全黙秘と住所氏名のみ供述という事件が大半であった。一部自白、例えば訪問はした、という供述を行ったのが約10件。完全自白例としての報告は2件であったようである。

弾圧の手口の関係では、現行犯逮捕と通常逮捕がほぼ同数。典型的な弾圧の手口は、逮捕が投票日前日、選挙期間中に数十名の警察官がある地域に一斉に被訪問者の事情聴取に入り、票つぶし効果を狙ったものとする指摘もあった。

公選法による弾圧は、60年代に入って全国的に警察の顕著な動きとなっていた。救援会からこの集会で指摘された東京都内での選挙弾圧の実情は、文字どおり手当たり次第といえる状況であった。62年の参議院選挙に際して、東京だけで約100名逮捕。公選法関係が40名で、起訴が19名。ビラはりでの逮捕者が約60名でそのうち44名が起訴。この報告をした救援会は、この時期から公選法とビラはりの弾圧の集中攻勢が始まったと指摘している。

大量の選挙弾圧の狙い

選挙のたびごとに、全国各地で地域の活動家や労働組合の幹部、共産党の議員などの逮捕が相次いだことは、異常というほかない。

選挙弾圧事件裁判では、事前運動禁止、戸別訪問禁止、文書制限というべからず選挙法と言われる公選法の形式犯的規定そのものが、主権者として自由闊達な意見交換と政治討論を保障する選挙法ではなく、憲法秩序から逸脱した選挙法であるという大問題を、正面から様々な視点で追求している。買収や自由妨害などの実質犯には手心を加える警察の姿勢は、狙いが共産党や革新勢力の票減らしにほかならないことを示す証左であった。

全国の団員が総会以外に毎年集まって経験や失敗を忌憚なく討議し、勝利を目指して議論する姿は、参加した多くの団員、特に弾圧の現場に直接かかわっていない新入団員にも多大な影響を与えた。

「へま論」克服と弾圧反対闘争

公選法弾圧と闘った団が得た教訓に「へま論」の克服があげられる。選挙弾圧のみならず、社会発展を目指す活動家や政治に対する切実な要求実現を目指す労働組合など諸分野の活動家に対して警察権力が襲いかかってくる弾圧は、法律違反を被疑事実として構成する体裁をとって実行される。選挙弾圧の場合、現行公職選挙法に違反するという口実の下に逮捕、がさ入れ等が行われる。こうしたとき、警察の狙いが、選挙法違反を口実にした革新勢力の票減らしであることを見抜けないと「へま論」に陥ってしまう。

ある事件では、被疑者が現職議員であり、戸別訪問禁止違反とされていた。弁護団の中では、議員が法律を知らなかったとは言えない、として弾圧として闘うことに躊躇があったという。これでは弾圧した側に正当性があるのではという敗北の議論につながってしまう。しかし、戸別訪問禁止規定は、それ自体が買収の温床になるなどという立法趣旨があげられているが、実際の議員活動は、市民に対し各家庭を訪ねて議会の報告をしたり、市民から意見・要望を聞いたりする、まさに議員として当たり前の活動をしていたというべき事件なのである。これが個々面接なら許されるが、戸別訪問は違法などという議論こそ、本来、陳腐な議論である。この議員が行った活動こそ、主権者としての政治的意思形成に必要な情報の提供ともいうべき政治活動、選挙活動であり、こうした民主主義の基盤ともいうべき活動を違法視する現行公選法の規定と解釈こそ憲法違反であるとする提起が全国集会で参加者の腑に落ちていった。

「事件の顔」

全国交流会議での成果として「事件には顔がある」という確認がある。公選法の各種規定の違憲性の提起のみで終わるのではなく、個別事件の特性や特徴をしっかり捉えて、その具体的事実（「事件としての顔」）から憲法論や解釈論を考える、という作風である。この提起と経験はその後の弾圧反対闘争でも不可欠な貴重な教訓となった。

選挙弾圧の嵐の中で被告も運動体も団員も、裁判闘争を大いに闘った。全国で10件の公選法違憲無罪の判決を獲得した。

島根　矢田・植田戸別訪問事件[6)]

75年12月5日投票の衆議院選挙に際し、2人の女性が共産党の女性候補を熱心に応援している中で、赤旗新聞の定期購読者を含む親交のある知人宅を5軒訪問し、配布、集金、購読依頼をしたことを戸別訪問として起訴された。

79年1月24日松江地裁出雲支部（裁判官小川國男）は、2年間の審理を経て、判決は無罪。事実関係においては戸別訪問禁止を定める公選法138条1項に該当すると認定した上で、議会制民主主義の下における政治的な言論や選挙活動の重要性を踏まえ、戸別訪問禁止の保護法益と禁止によって生じる弊害を比較考量し、前者の法益論を根拠薄弱として排斥して、戸別訪問禁止規定を言論の自由を保障した憲法21条1項に違反する違憲、無効とする大変優れた判決であった。

控訴審を担当した広島高裁松江支部（裁判長藤原吉備彦）も、一審判決を支持し、80年4月28日、検察の控訴を棄却した（判時964号）。高裁段階として初めて、戸別訪問禁止規定を違憲とする判決だった。控訴審段階では経験ある団員が各地から弁護団に加わった。弁護活動は、他の勝利裁判の例にもれず、憲法学者の鑑定的証言に加えて、戸別訪問が日常生活における交流としての自然な日常生活行動であること、選挙においてそれを禁止することが選挙活動に警察が政治的意図をもって介入する根拠になっていること、裁かれるべきは戸別訪問禁止規定であることなど、具体的事実をもって憲法の21条、15条、31条などに明確に違反することを粘り強く立証した。

検察が上告したことで、選挙制度審議会でも問題が認識されている公職選挙法について、最高裁が違憲判決を出すことで大きく改正にむけた議論

6）前掲『憲法判例をつくる』掲載

への期待が高まった。

しかし、最高裁第二小法廷は、81年6月15日、無罪判決を破棄し広島高裁に差戻し、広島高裁は有罪、罰金1万円の判決とした。

再び最高裁に審理の場所が移った。最高裁が公職選挙のあり方や、戸別訪問という禁止規定に関し、じっくり審理検討する機会となったはずである。しかしながら最高裁第三小法廷は、84年2月21日、上告を棄却した。伊藤正己裁判官が立法裁量論の補足意見を述べるのみで、違憲もしくは違憲の疑いを表明した裁判官は1人もいなかった。

主任弁護人を務めた大賀良一団員は「最高裁を頂点とする司法の官僚制度というべき硬直した司法制度のもとで、裁判官が勇気と決断をもって違憲判決を書くことは実際上非常に困難であり、ましてそれを判決に結実させるには最終的に何が必要なのであろうか。その答えは未だ不明であるが（中略）被告、弁護団、支援者が一体となった熱い闘いと情熱がなければ、いくら高度な理論的主張を繰り返しても、それだけでは、裁判官に違憲判決を書かせることはできない」と述懐している。

岐阜　正木文書違反事件[7)]

76年12月5日投票の衆議院議員選挙に際し、経営する学習塾で法定外文書を塾生に配布し、塾生を通じてその父兄16名に配布した、という事案である。配布した文書は「あなたとともに明日を開く、みのわ幸代」との表題のパンフレットで、同候補の経歴、写真、立候補の目的などが掲載されていた。

岐阜地裁（裁判官丹羽日出夫）は77年5月6日の第1回から80年3月28日まで26回公判を重ね、同年5月30日、無罪判決を言い渡した。

公選法142条・243条3号（80年改正後の243条1項3号）の文書図画の頒布禁止規定は「憲法21条1項の表現の自由を侵しているのはもちろん、憲法の基本理念とする国民主権、代表民主制（前文）、議会中心主義（前文、

7）前掲『憲法判例をつくる』掲載

41条他)、国民固有の参政権（前文、15条）及び選挙制度（15条、43条、44条）などにも違背・抵触した違憲無効の規定である」。

検察は控訴し、名古屋高裁は公選法の適用を受けない中野区教育委員公選選挙のビデオを取り寄せ証拠採用するなど審理が重ねられたが、83年7月12日一審判決を破棄し、罰金1万円の有罪とした。最高裁も弁論を開かないまま上告を棄却した（判時1211号）。

岐阜地裁判決は、公選法違反事件が多発した中で文書制限規定の違憲判断に踏み込んだ初めての判決であり、ほかに同様の判断を示した判決はない。同判決は、憲法前文をも踏まえて、憲法の基本理念から公選法と文書配布行為を吟味した大変優れた判決であり、貴重な判決である。

今日の公選法は、べからず選挙法に加えて、立会演説会の廃止、政党ポスターは別として候補者ポスターは掲示板以外に貼付禁止などなど、主権者である市民を選挙から遠ざけている。投票率の低さの1つの要因である。

警察法改正、生活安全局の新設

警察の組織、布陣も、この間大きく変化した。94年、警察法が改正された。警察の組織改編を伴う改正である。これまで警備公安警察が共産党や反政府勢力を特定して、動向を調査し監視する役割を担っていた。この警察組織の改正によって、生活安全局を新設し、重層的に国民監視の網の目を張る組織化が進んだ。

この時の改正は、全国に展開している交番を生活安全局に組み込み、各交番において「市民生活の安全、安心を市民とともに築く」というスローガンの下、生活安全条例の制定を促していく。警察権力が、特定の勢力と対峙する政治警察から、「市民警察」への変貌を目的としたものといえる。司法における最高裁の統制強化、警察権力の安全・安心を市民とともにという「市民警察」への変貌が、次の時代の国民と権力の関係を規定していくことになった。

新たな時代に、内容を発展させた「大衆的裁判闘争14か条」

70年代から80年代にかけて、全国各地で労働争議に警察が介入して刑事事件化していく。勝共連合の乱暴な反共宣伝との闘いや部落解放同盟の傍若無人の反差別闘争との闘いなど民主主義を求める戦線は市民の中で広がった。

この時期、大阪では、いくつもの刑事弾圧事件が以下のごとく各戦線で続発し、大阪支部の団員は弁護活動に奮闘した。ところが一審判決がことごとく有罪判決であったことから、自分たちの弁護活動をあらためて見直すことが問われ、大衆的裁判闘争を学び直し、各事件弁護団の中で激論が行われ、それぞれの事件の特性を踏まえて控訴審闘争に取り組んだ。

結果は、以下の弾圧裁判闘争の経過に見られるように、いずれも逆転無罪の判決に結実している。

◇大私教電通大高校分会弾圧事件

81年5月18日、分会は8か月にわたり団交を拒否していた理事会に「団交」を求める要求行動を継続していた。その現場に警察官を配置し、隠しカメラや録音器を用意して、挑発した理事会メンバーに抗議した組合員11名が逮捕罪・恐喝罪で逮捕。5名が起訴された事件。

88年4月18日、一審判決は5名に対し懲役6月～8月（執行猶予）の不当判決。

90年11月28日、有罪証拠にされていたテープの精査により逆転無罪判決（上告なく確定）。

◇勝共連合謀略事件

79年4月7日、勝共連合の謀略ビラ配布に抗議した3名に対し、被害者と称する勝共連合会員の女性が突然、何の身体的接触もないにもかかわらず、批判行動に参加していた男性から壁に顔を押し付けられたとして傷害の被害申告、逮捕に発展した事件。

86年2月6日、一審判決　罰金2万5千円。

勝共連合の女性の被害申告が傷害を説明できない、でっち上げであることを主張立証し、高裁は現場検証を実施した。

89年6月23日、高裁逆転無罪判決（上告なく確定）。

◇化学一般大和ガラス労組弾圧事件

77年9月14日、背景資本への抗議行動の中で、組合員が少し離れて協議しようと言って銀行関係者に促した行為を捉えて、傷害をでっち上げ、組合員3名を逮捕。9月16日、2名不起訴。1名傷害罪で起訴。

81年4月1日、一審判決罰金3万円。

背景資本の争議介入の不当性を明らかにしつつ、被害供述の信用性の再吟味が焦点であった。

86年3月26日、高裁逆転無罪判決（上告なく確定）。

◇意岐部東小学校教育正常化弾圧事件

80年、東大阪市立の小学校で天皇誕生日に解同、解同系教員が小学生に同盟登校を強行したことに対し、全解連ら市民が市教委に対して抗議と指導を求めて交渉を行った際に、市教委メンバーに対し暴行傷害をふるったとして2名逮捕に至った事件。1名起訴。

85年6月31日一審判決　有罪

弁護団は、市立小学校の生徒を「天皇はいらん」という政治的スローガンの下、同盟登校に駆り立てる行為の異常さとそれを容認していた市教委の違法に対し、抗議と中止要請には強い正当性が認められることを主張し、公訴権濫用の証人として起訴検事の田中森一検事を証人として尋問するなど主張立証を展開した。

87年11月10日高裁判決　原判決破棄無罪（上告なく確定）

このような成果を獲得した闘いの過程には、大阪支部がまとめた後記の「大衆的裁判闘争14か条」をふまえた団員の集団的討議と実践を積み重ね、これを豊かにしていく闘いがあったことを銘記しておきたい。

「大衆的裁判闘争における弁護団の任務と責任――大衆的裁判闘争14か条」

大阪支部は、様々な裁判闘争における弁護団活動について集団討議を重ね、78年に「大衆的裁判闘争8か条」を定式化している。そして、その後も裁判闘争の具体的な実践と教訓をもとに80年に「大衆的裁判闘争14か条」へと深め、大衆的裁判闘争を豊かで実践的なものにすべく努力を続けている。

① 裁判闘争を始めるにあたって、対決点、争点、見通し、どこで勝負するか、を弁護団全員で討議しているか。
② 事実を正確につかみ、これを分析、総合して主張を組み立てることに不十分な点はないか。
③ 法廷で、迫力ある、相手を圧倒する弁護活動になっているか。特に弁護団全員が心を一つにして当たっているか。
④ 裁判所の動向（心証）を十分に見極めながら、それに的を射た主張、立証をしているか。この点について弁護団全員の白熱した討議がなされているか。
⑤ 前記②と関連するが、事実から出発することを軽視し、法理論に偏りすぎることはないか。
⑥ 十分な議論を弁護団全体でしないで、項目と担当者を決めて書面（訴状、準備書面、弁論要旨、控訴趣意書など）を作成するといったことをしていないか。
⑦ 同じことは証人尋問の担当者を決めると担当者任せにしてしまい、全体でよく論議したうえでその方針に基づいて尋問することになっているか。
⑧ 以上のことをよくやるために、主任、事務局がよく習熟し、または自覚的に努力しているか。
⑨ 弁護団会議において問題提起者が重要であることはもちろんだが、その問題提起をしっかり受け止める者も必要である。どちらか一方だけでは力を発揮できない。
⑩ 弁護団会議における打撃的批判と説得的批判の区別の重要性。人によっては説得的でも他人には打撃的な場合もありうる。いずれにしても、そこまで行くほどのシビアな会議も勝利に向けて必要な場合もありうる。
⑪ 裁判闘争には常に二つの偏向がおこりうる。一つは政治主義であり、一つは技術主義である。弁護団会議における真剣な討議と相互批判、実践の中で克服しなければならない。
⑫ 当事者、運動体との関係で、弁護団は主体性を確立しているか。事件が「政治的」になればなるほど、この問題を忘れてはならない。ある場合には弁護団が前二者に対して指導性を発揮しなければならないこともありうる。
⑬ 前記①とも関連するが、対決点の設定の仕方に関して、漠然とした釈明をしていないか。
⑭ 法理論の軽視はいましめなければならないが、独り相撲の理論展開をしていないか。使用者側、会社側、判例を知り尽くした裁判官にどういう理論を展開するのかは、前記⑤の「事実から出発する」ことの重要性とは別に大切な問題である。

2　働く者の自由と尊厳、そして団結と連帯を求めて

この国の支配層は、経済「成長」に対応して企業の利潤確保、資本蓄積を確実にするため、また、60年・70年安保闘争、ベトナム反戦運動の高揚が政治的危機に発展していくことを抑制するため、大企業における労働者支配を強め、労使協調組合の育成といわゆる左派組合、官公労組合、企業内での少数派労働者の抑圧と排除を進めた。

とりわけ大企業の職場では、資本と労使協調路線の組合が一体となった反共労務政策の下、日本共産党とその支持者等に対する様々な人権侵害が執拗に行われた。

こうした支配層の攻勢に抗して「職場に憲法を」、「職場における自由と民主主義」を目指して、70年前後から大企業の数多くの職場で働く労働者による「人権裁判」の闘いが始まった。電力産業をはじめ、日本鋼管、新日鉄、石川島播磨重工業[8]、小田急、松下電器（現パナソニック）、NEC、東燃石油化学、日石化学、日産厚木、トヨタ、スズキ、安川電機、さらには東芝、日立[9]などの職場で働く労働者が、思想差別や「潮流間差別」の是正を求める裁判所への提訴や労働委員会への救済申立を行い、多くの団員がこの闘いに取り組んだ。

「総評」所属の企業組合においても、使用者による分裂工作を受け「少数派」となった労働組合は、使用者と協調する併存組合との間における差別撤回と団結権擁護を求めて労働委員会闘争を展開していった。

他方、公共部門では、80年代以降、政府・財界が進めた行政改革路線の中で、組合弱体化をも目的として公営企業の分割・民営化が行われた。なかでも、闘う労働組合に対する最大の攻撃が、国鉄分割・民営化と「国労つぶし」であった。87年中曽根康弘内閣の下で、国

8）自由法曹団編『自由法曹団物語――世紀をこえて』（上）（日本評論社、2002年）掲載

9）前掲『自由法曹団物語』（上）掲載

鉄は分割・民営化されJRが誕生したが、国労組合員らはJR各社から不採用とされた。これに対して、全国各地でこの国家的不当労働行為を許さない闘いが巻き起こった。団も全国でこの闘いに参加した。

以下には、2つの産業分野における労働者の闘いを取り上げる。

1つは、東京電力、中部電力、関西電力などの電力産業における「人権裁判」であり、もう1つは、国鉄分割・民営化の際の不採用をはじめとする国労、全動労の団結権侵害に対する抵抗と反撃の闘いである。いずれも全国的規模の裁判闘争、労働委員会闘争として取り組まれたものであり、それぞれの弁護団において、全国各地の団員も力を傾注し、労働者、労働組合と団結して権利運動に参画していった。

団員が、これらの労働裁判に取り組むにあたって、松川事件以来の大衆的裁判闘争論が常に念頭にあった。裁判官への説得も含め、事件の顔（特性）と対決点を明確にする、裁判所の内と外の運動の結合などである。60年代後半から70年代初めにかけて、団内には労働裁判の提訴については、国家権力としての司法への権利救済を求める性格からこれに消極的な意見も存在したが、大衆的裁判闘争論を軸にした運動で権利侵害の是正や、職場復帰も獲得する事案の積み重ねもあり、大衆的裁判闘争論の新たな展開として、積極的に労働裁判の提訴にも取り組んでいった。

電力産業における人間の尊厳を擁護した闘い

先駆けとしての闘い

東京電力、中部電力、関西電力などの3電力事業体における労働者の思想の自由を守る闘いと裁判——人格権裁判と賃金差別裁判（以下、あわせて「人権裁判」）——には、その前史として、それぞれの企業で幾つかの重要な闘いが存在する（東電では山本配転解雇事件、思想調査渡辺塩山営業所事件[10]

10）前掲『憲法判例をつくる』掲載

など。関電では最高裁まで取り組まれたビラ配布高馬懲戒処分事件など。中電では四日市火力発電所7名の法務局人権擁護局への申告等々)。

企業から労働者に加えられた人権侵害事件に対する裁判の提起と裁判闘争での成果と経験が、3電力での人権裁判を準備し、提訴につながった。

賃金差別是正を目指す裁判上の課題

電力における思想を理由とする賃金差別是正の裁判では、原告の数が多いことや、会社が格差の存在を認めない中で、原告らは差別の是正につき、人事考課上標準とされるべき者を抽出し、その標準者の賃金額にまで是正すべきとする主張、立証上の困難を抱える中、文書提出命令申立も含め様々な工夫がなされた。また、裁判所が、原告らの仕事内容が低いレベルにあり、ミスもあったとする会社職制による「あらさがし」証人を採用する中で、会社の反共労務施策の具体的展開という、いわゆる総論立証を攻勢的に行いながら、会社の「あらさがし」証人を弾劾する展開となった。こうした「あらさがし」証人への反対尋問を重ねていくことにより、会社の原告らに対する低位・差別考課の根拠が存在しないことを職場の確信とすることにもつながり、法廷内外での攻防を有利に前進させた。

提訴

関電人格権裁判[11)]は、71年12月、4名の労働者による神戸地裁への提訴に始まった。

東電賃金差別事件は、76年10月に142名の労働者が東京、横浜、千葉、前橋、甲府、長野各地裁に分散して提訴した。この分散提訴は、運動の強化に役立った(二次提訴は91年12月に29名)。

中電では75年5月に管内5県の90名の労働者が名古屋地裁に一括提訴した。

関電での賃金差別裁判は、88年12月神戸地裁の提訴から始まり京都、

11) 前掲『憲法判例をつくる』掲載、前掲『自由法曹団物語』(上) 掲載

大阪、和歌山各地裁に合計61名が原告となった。

裁判所を舞台に活用しながら社会的な世論を拡げ、思想による賃金差別を完全に是正させたのは、東電が95年、中電が97年、関電が99年のことである。

こうした3電力に多くの労働者の差別を是正させて思想の自由と人間の尊厳を確立する裁判運動は、なぜ取り組まれたのか、3電力の使用者は何を目的としてどのような人権侵害を行ってきたのか、原告らが闘ったものは何であったのか、その活動はどのようなものであったのか、また裁判運動がどのような形で行われ、解決にむけてどんな役割を果たしたのであろうか。

電力労働運動の前史

戦後いち早く結成された産業別労働運動組織の中で電産（日本電気産業労働組合）は、戦前国策会社であった単一の日本発送電と全国9つの地域の配電会社の労働者を企業の枠を超えて組織した。電産は産別会議の主要組合であり、生活のできる賃金としての年功賃金制度を確立させた。

アメリカの対日政策の変更は、当時の公務員共闘組織の2.1ゼネストの禁止、民間企業体におけるレッド・パージの強行として現れた。電産はその対象が2137人と産業別の中では最多であった。電力は51年9つの地域毎の発送電と配電に分割され、55年頃には電産から企業内労働組合が多数を占めるようになっていた。電力会社は原発推進政策をすすめたが、入社した青年労働者はサークル活動や青年婦人部の運動に参加していった。

そして、60年安保闘争には企業別となった電力労働組合も参加した。

こうして職場は労働条件の改善と合理化反対運動を前進させた。電力企業における新たな労働者の運動の高まりに対して、アメリカは「ケネディ＝ライシャワー」路線の下で、アメリカに一部の政治家、文化人とともに労働組合の幹部らを招待し、彼らを中心に労働組合運動の中に労使協調路線を育成した。

日経連（現在は日本経団連に統合）は、安保闘争は内外の極左運動の影響や労働運動における「階級闘争」にあるとして、「社会教育による青少年の指導」と「職場秩序の確立」を全国の企業経営者に求めた。

関西電力における「特殊対策」

関電で進められた60年代に始まる「特殊対策」は、電産時代の組合運動を継承していた共産党員やその支援者等をターゲットにした職場での孤立化と企業外への排除を基本としていた。60年安保闘争を境にして関電においても労働組合運動の活性化が進み、いわゆる「左派」の人たちが組合役員に選出されるようになった。「特殊対策」は62年頃から具体化されているが、この対策には2つの柱があった。

1つは、予防措置として労働者の思想を企業主義に取り込むための教育活動などであり、対抗措置として企業外排除を最終目標として極秘に特殊対策者を対象に職場内での「警戒的環境」をつくることであった。

2つは、労組役員選挙への介入であり、投票筆跡の分析も含めて誰が誰を支持したのかを調査し対応するというものであった。

この対策の中では、共産党員である労働者は「マル特者」といわれ、1人ひとりの労働者は戦前の軍隊による人体実験さながらの「個体」とされ、企業がその「個体」を管理するものとされた。

東京電力における反共労務政策

第1期（51年から60年）には、労働組合は労使協調組合に変化し、第2期（60年から66年）は、労使協調に反対する反主流派の強い支部や分会そして活動家に集中的な攻撃を加え、ほとんどの支部分会から反主流派が排除された。第3期（66年以降）は、活動家の中心であった共産党員に会社ぐるみで人権侵害と差別を行った時期である。

不当配転、「転向」強要、社宅入居拒否、仕事の取り上げと仕事上の差別、研修からの排除、職場八分、文化体育活動からの排除、私生活への監視干渉、役員選挙への介入、賃金差別が組織的かつ継続して行われた。

東電の賃金差別訴訟提訴は第3期のこうした人権侵害が10年にわたって続いた時期であった。

中部電力における反共労務政策

中電では、反共労働講座の開催や職場活動、共産党員の社員を職場で名指して公表し、また差別を見せしめとした。69年には四日市火力人権侵害事件（7名の労働者の実家への所属課長からの手紙——「息子さんが共産党の活動をしていること」、「会社が重大な決意で対処する」とする内容の手紙の送付）があり、69年3月法務局人権擁護委員会へ訴えたところ、同委員会からは憲法13条、19条違反との説示がなされた。

人格権と人間の尊厳を擁護する裁判

電力企業は法律による公共性を有し、地域では独占体でありながら、人権侵害が本社の人事、労務のみならず、各支店、営業所の末端まで管理職を総動員して行われた。人権侵害は、電力産業の公共的役割の発揮、原発依存の反対、労働条件の向上を求めて闘ってきた労働者にとって、人間としての誇り、人間の尊厳を侵害するものとして、許すことのできないものであった。

企業の門前で「憲法が立ちどまる」といわれた当時の企業社会の下で、裁判は、差別された労働者にとって、憲法規範を手にして、人間の尊厳と人格権侵害を社会の中で告発する場であった。

職場における自由な人間関係を形成する自由の侵害——関電裁判

71年に神戸地裁に起こされた関電の4人の原告らの裁判（人格権裁判）は、神戸支店の「労務管理懇談会実施報告書」に記載された4人に対する職場での孤立化、監視活動、職場からの排除（退職に追い込む）を不法行為として告発したものであるが、84年5月18日神戸地裁で全面勝訴した。

神戸地裁（牧山市治裁判長）は会社の「特殊対策」といわれた労務方針に基づいて行われた「監視」、「尾行」、「交際相手の調査確認」、「個人所有の手帳の写真撮影」、「交際の遮断」、「文化体育活動からの排除」、「自主的なサークル・親睦会の解散」等々による「職場八分」と「孤立化」は、「原告らの思想、信条の自由を侵害し、職場における自由な人間関係の形成を阻害するとともに、原告らの名誉を毀損し、その人格的評価を低下せしめたもの」と判示した。

会社は控訴したが大阪高裁（大久保敏雄裁判長）は、91年9月24日にこの控訴を棄却した。高裁判決は地裁判決よりも事実を企業側に厳しく認定し、会社の行為について、「思想信条を侵害し、職場における自由な人間関係の形成を阻害するとともに名誉を毀損し、人格的評価を低下せしめるものであって、被控訴人らとしては会社を退職するか自己の思想信条を変えない限りこのような取扱いを受け続けることになることから間接的に転向を強要するものであり、その思想信条の自由を侵害する」と断じた。

そして会社の上告に対して95年9月5日最高裁第三小法廷（裁判長千種秀夫）も、会社の行為に対して、「被上告人らの職場における自由な人間関係を形成する自由を不当に侵害するとともに、その名誉を毀損するものであり、被上告人Mらに対する行為（ロッカーの無断開扉、私物である手帳の写真撮影等――引用者注）は、そのプライバシーを侵害するものでもあって、同人らの人格的利益を侵害するものというべく、これら一連の行為が上告人の会社としての方針に基づいて行われたというのであるから、上告人の被上告人らに対する不法行為と言わざるを得ない」として、会社を断罪した。

最高裁も電力資本の赤裸々な人格権侵害の実態に眼を閉ざすことはできなかったのである。

これらの関電の人格権侵害に対する神戸地裁、大阪高裁判決は、東電、中電の賃金差別事件において、各社の反共労務政策、差別政策が電力会社として共通に行われていた時代のものであり、これが司法判断として断罪される中で、東電、中電におけるそれぞれの差別意思に基づく差別賃金の因果関係を証明する「総論立証」に生かされ、裁判所の心証にも影響力を与えたものである。

勝訴判決と自主解決（賃金差別裁判）

東電では93年8月24日前橋地裁判決（裁判長川波利明）、93年12月22日甲府地裁判決（裁判長豊永格）[12]、94年3月31日長野地裁判決（裁判長前島勝三）、94年5月23日千葉地裁判決（裁判長加藤英継）、同年11月15

日横浜地裁判決（裁判長小林亘）（なお東京地裁は95年3月に証拠調終了）と連続して原告の勝訴判決となった。

会社はいずれも東京高裁に控訴したが、原告団は攻勢的な裁判手続を進めた。弁護団は法廷傍聴を重視し、満席の傍聴人とともに会社側証人の嘘を許さない監視と裁判内容の伝達により、運動は大きく前進した。こうして横浜地裁判決の後の自主解決交渉の中で、95年12月25日東京高裁での和解解決となった。

この和解は、原告団165名について会社が職級、職能等級、職位、資格、賃金の是正措置をとること、5地裁での仮執行金のほかに解決金を支払うこと、原告の将来の処遇を公正に扱うという3点であり、翌年1月19日に解決協定の内容を履行した。

中電では、名古屋地裁（裁判長福田晧一）が、96年3月13日原告側全面勝訴の判決を下した。これに対して会社は控訴したが、早期解決にむけて原告団、弁護団は、条理、情熱、誠意を尽くした裁判官説得を行い、97年11月11日名古屋高裁で労働側の全面的な勝利和解が成立した。自主交渉の中で成立した協定は、この公開法廷で読み上げられた。

中電争議団は「差別を許さない」「友は売らない」という初心を大切にし、連帯行動の積み重ねの中で「人間の尊厳を守れ」、「全ての職場に憲法を」を確信にしていった。そして裁判闘争では争議団、弁護団、支援闘争は三本の矢であるとして堅い団結を生み出した。また団結を基礎に職場、法廷、社会的包囲の結合を大切にした。

東電、中電に遅れた提訴となった関電における賃金等、差別事案については自主交渉で確認された内容をふまえ99年12月8日大阪地裁での全面勝利和解（他地裁の原告も含めて）となった。その内容は、会社の基本的人権の尊重、原告らの公平な処遇による資格、賃金などの処遇の見直し、解決金支払いというものであった。

いうまでもなく3電力における争議の全面解決には、95年9月5日の

12）前掲『憲法判例をつくる』掲載

関電人格権裁判の最高裁判決が、世論においても運動においてもこれを後押ししたことはまちがいない。

勝利のための運動と課題

原告団、弁護団、支援運動の３者の団結が強固につくられたこと、この中で原告１人ひとりの人格と仕事への姿勢が弁護団の心を動かし、「あらさがし」考課に対する反証としての「各論立証」にも成功した。また支援共闘組織が機能し、国連人権委員会への４次にわたる要請による国際活動による国際世論の提起も全面解決の要因となった。94年12月には自由権規約委員会のエバット専門委員を招請した国際シンポも開催された。

原告らは、役員選挙にも立候補、会社内での演説活動も行った。そこで訴えた内容は、企業ぐるみ選挙、電気料金、TQC批判、原発推進反対などであった。また原告団は、東京地評、千代田区労協から受け継いだ大衆的裁判闘争をより発展させた４つの基本（①争議団の団結の強化、②職場からの闘いの強化、③産別共闘の強化で全国課題と連携、④地域共闘の強化）と３つの必要条件（①情勢分析の明確化、相手の深い情報の把握、②闘う相手の明確化、関連企業やメインバンクの動向の把握、③要求の具体化、事件の顔は何か）の実践を通して全面勝利の展望を切り拓いていった。

団は、こうした闘いを支援し結び合いながら、大企業における差別是正と労働者の権利擁護のために取り組みを進めてきた。企業による思想差別に抗して人間の尊厳の確立を目指した闘いを前進させるため、76年９月に「思想差別反対闘争全国弁護団会議」が開催され、団も積極的に参加した。思想差別と闘う労働者は、「職場の自由と民主主義を守る中央連絡会議」（職自連）を結成し、全国各地でも運動組織がつくられた。自由と人権、民主主義を擁護する法律家団体としての団は、職場における思想の自由に対する迫害を黙過できない問題として、職自連とも連携しながら各地の裁判闘争に取り組み、77年４月名古屋で団独自に「第１回思想差別事件弁護団会議」を開き、各地の経験交流と法的問題点の解明などの論議を行った。まず、活動家に対する思想差別による人権侵害は、職場のすべての労働者の生活と権利を抑圧する攻撃であることを重視することを確認した。

東電人権裁判
東電の思想差別撤廃を
求めるデモ行進

そして、思想差別と闘い働く人間としての尊厳を確立する人権擁護闘争と職場に生起している労働者の具体的な要求実現を目指す労働運動の民主的強化・発展にかかわる闘いとを統一して、運動を発展させていくことを確認した。その後も、団は、思想差別反対闘争全国弁護団会議、思想差別・賃金差別全国弁護団会議を必要に応じて開催し、全団的にこの闘いに取り組み、各事件の勝利解決を実現することに奮闘した。

国鉄分割・民営化と JR 不採用など団結権侵害との闘い

国家的不当労働行為

国鉄の分割・民営化は、第 2 次中曽根内閣による臨調行革路線の中で国鉄改革法等により 87 年 4 月に実行された。分割・民営化後 2 年経過した 89 年 4 月時点で、組合が全国で労働委員会に申し立てた事件は、採用問題が 19 件、配属 76 件、配転等 34 件であり 95 年 8 月時点では合計 200 件となり、131 の救済命令が出ていた。

JR による不採用事件については、国労は、改革法 23 条の採用手続手法（国鉄と JR 各社の設立委員との役割分離）から労働契約の承継による私法上の地位確認の困難さを判断し、司法救済の手段は選ばず、労働委員会への申し立てを選択した。全国の地労委と中労委での労働組合側の勝利命令が続いた。にもかかわらず東京地裁（98 年）と同高裁（2000 年）は、これらの救済命令を取消し、03 年 12 月 22 日最高裁第一小法廷も 3 対 2 のきわどい差であるが下級審の判断を肯定した。

その後、採用差別については、長く困難な闘いのすえ、10年6月28日に最高裁第三小法廷で鉄道建設運輸施設整備支援機構との間で和解が成立した。87年2月の不採用から23年有余が経過していた。

全国の団員は、国労弁護団、総評弁護団（89年から労働弁護団）とともに労働委員会等を舞台とする運動に参加し、行政（国）と立法府による国家的不当労働行為に対して全力をあげて取り組んだ。地労委段階での勝利や横浜人活センターにおける刑事弾圧に対する無罪判決は、弁護士の主体的な力量の発揮によるところが大きかった。団は、86年から93年まで、7回にわたって、国鉄問題全国活動者会議を開催し、全団的な討議の下に、この国家的不当労働行為に対して労働者とともに闘った。

国鉄分割・民営化

臨調行革の基本答申（第二臨調）を受けて中曽根内閣の下、国鉄分割・民営化は国鉄再建法による81年の経営改革計画から、公共財である他の公社と同様に国民の財産である国鉄を市場原理の中に放り込み、この国の資本主義の新たな「活性化」を目指すとともに、当時の「総評」運動の中軸的な存在であった「国労」を弱体化し、分割・民営化後のJR各社において国労という自立的な労働組合の団結を破壊し、これにより日本の労働組合運動全体を国と財界の支配下に置くことを狙ったものであった。83年4月22日には「国鉄再建監理委員会設置法」が、衆院運輸委員会で強行採決され、衆院本会議、参院本会議（5月23日）でも自民党、公明党、民社党、新自由クラブの賛成、社会党、共産党の反対少数で可決成立した。そして6月10日には国鉄再建監理委員会（亀井正夫会長）を発足させた。同年国会開催中にロッキード事件丸紅ルート判決で東京地裁が田中角栄元首相に懲役4年、追徴金5億円の有罪判決を言い渡す中、11月18日に国会が解散された。12月18日の衆議院選で自民党は126議席を失い、単独過半数を割った。しかし12月27日新自由クラブと連立した第2次中曽根内閣は行政改革を最重点政策にする旨明言した。

電電公社、専売公社も民営化された。こうした中、85年7月国鉄再建監理委員会は、分割・民営化による新会社の適正要員を18万3千人、余剰人員を9万3千人とし、うち3万2千人を新会社に上乗せして、2万人の希望退職を募集し、残る4万1千人を旧国鉄（清算事業団）に所属させ、再就職を図ると最終答申した。

政府は85年10月11日にこの最終答申に沿って国鉄を6分割して民営化することを決定し、86年11月には国鉄改革法など関連法が国会で成立した（承継法人のJRは貨物も含めて7社となった)。新会社は87年4月1日に国鉄出資の持株会社として発足するが、経営基盤が整い次第、株式を放出し早急に純粋民間会社とする。貨物部門は単一会社、新幹線は資産をリース会社が一括保有し本州3社が借用の上運営する。特定地方交通線は切り捨てて他の地方交通線も「地方の実情に即した運営」と「徹底した合理化」に努める。「旧国鉄の余剰人員9万3千人は新事業体と国鉄に振り分け、旧国鉄に所属する余剰人員の転職は特別立法などで政府が支援する」というのが、その基本方針であった。

国労「解体」と不当労働行為

旧国鉄から鉄道事業を引き継ぐJR各社（貨物会社も含め）への採用と余剰人員方策は、強力な団結を保持していた企業内組合である国労の団結に大きな打撃を与えた。

労使協調方針をとる鉄道労連、鉄産労といった併存、複数組合の存在する条件の下で、国鉄当局は国鉄と対峙して闘う国労「壊滅」のため、ありとあらゆる不当労働行為を行った。

個別管理の徹底と「分割・民営化」の容認、国労バッチや国労ワッペンの着用の禁止、起立して呼名点呼を受けること、当局主催のスポーツ大会や学習サークルへの参加、出向、派遣、直売店への異動など国労の活動方針を否定する人事が濫用された。

国労は、86年5月に総評（現労働）弁護団、自由法曹団、社会文化法律センターに所属する165名に対して職場実態調査を委嘱した。団員はこれに応じて積極的に参加した。国鉄は、86年4月から6月にかけて一般職員25万人対象の職員管理調書（勤務実態への意識、意欲の総点検）の作成を行った。

「総点検」は、過去3年間の一般処分、労働処分、賞罰を特記事項とした上で「自発性」「業務改善」「職場の秩序維持」「服装の乱れ（いずれもリボン、ワッペン、氏名札等の着用を問題とする）」等の21項目であり、総合評価は5段階とされた。

労働処分の対象期間は、動労の（82年2月までの）ストライキの処分が83年3月になされた後とされ、この対象期間内において分割・民営化反対闘争を行ったのは、国労と全動労そしてその組合員であった。

この職員管理調書は国鉄当局による採用候補者名簿作成に使用された。これに関して北海道労委は89年1月20日の採用命令の中で、「職員管理調書の使用による選別が当時活発な活動をしていた国労の組合及びその役員を殊更不利に取り扱う一方、動労組合員を有利に扱うなど明白な組合間差別を生じさせるもの」と判断した。

「人材活用センター」への隔離・収容

86年7月、国鉄当局は全国1010カ所に「人材活用センター」を設置した。87年3月に廃止されるまで全国1440カ所に拡大され、約2万1000人の職員が隔離、収容された。人材活用とは名ばかりで、車内の特別清掃、線路周辺での草刈り、銘木磨きや文鎮作り等を強要された。配置者の組合所属は国労が75%、動労11%、鉄労11%、その他3%（86年7月）であり国労組合員の多くは分会の役員クラスであった。

国労に所属していれば「人活センター」に送られ、余剰人員扱いとなるというみせしめと職場活動を困難にする国労弱体化の明白な不当労働行為であった。

この人活センターをめぐっては、横浜人活センターでの暴行でっち上げ刑事弾圧（86年12月3日）[13)]も発生したが、弁護団の取り組みの中で93年5月14日無罪判決となり、東京高裁でこれが確定した。そして当事者の一部は鉄道運輸機構に復帰した。

13）前掲『自由法曹団物語』（下）掲載

改革法23条による不採用と労働委員会闘争

JRの「採用」手法は、改革法23条によるものであった。その手続は、運輸大臣がJR各社の設立委員を任命、運輸大臣が職員定数を含む基本計画を決定、設立委員が採用基準と労働条件を決定、国鉄が職員に対し各承継法人の職員になることの意思確認、そして87年2月7日に国鉄が採用候補者名簿を設立委員に提出、同月12日の第三回設立委員会で名簿どおり採用決定し、同16日に国鉄を通じて採用通知書を交付する、というものであった。

採用手続の実務は、職員課、労働課、給与課等の国鉄職員によって行われた。この「新規」採用手続によって、JRは人減らしと従来の国鉄と労働者との間の労働条件の切り下げを可能にした。職員管理調書の使用により分割・民営化に反対し職場活動を行った国労組合員を中心とした活動家を排除した。実態をみると希望退職応募者は3万1476人を超え、採用者総数は、基本計画の21万5000人に対し、20万5586人と7414人の定員割れであった。にもかかわらず、北海道、九州で約7400人が不採用となり、本州旅客三社と貨物会社は9124人の定員割れの中、労働処分等の理由で約80人の組合活動家が不採用となった。

国労の実態調査によれば北海道不採用者4393人のうち国労3044人（69%）、九州では不採用2700人のうち国労1683人（62.3%）であった。清算事業団は、当初見込みは4万100人であったが、実際に移行したのは約2万3700人であった。

JRで採用された国労組合員に対しては、本務につけない配属差別、いわば「第2の人活センター」への配属差別がなされた。配転と出向も狙いうち的になされた。例えば東京地本でも南局の国労所属運転手は全員が職場から排除され、社内では162名の国労運転士は13名となった。本務職場から排除された者の配属先は、うどん屋、コーヒーショップ、DPEを扱う「事業部」、オレンジカード売りやセールスなどの「要員機動センター」に回された。これらのJRにおける不当な配属や配転・出向に対して、国労は、労働委員会闘争や司法手続による反撃を行った。

不採用に対する労働委員会申立と採用命令

不採用に対して国労は、北海道、福岡、大阪等19府県の労働委員会でJRに採用を求める救済申立を行った。JRは答弁書、書面だけの提出による欠席戦術をとり、労働委員会に圧力をかけた。

各地方労働委員会は88年11月28日に大阪地労委、同年12月16日神奈川地労委、89年1月20日北海道労委、同年3月1日福岡地労委などに続き17の地労委がJRの使用者責任を認め、JRへの採用を命じた。

その判断は、国鉄とJRには実質的同一性があり、国鉄の名簿作成がJRの代行行為である（立法者意思）ことから、JRの不採用を労組法7条1号、3号違反の不当労働行為と認めたものである。

ここで採用された代行論とは、国鉄はJR各社の設立委員がなすべき採用手続の一部を代行するものであって、採用候補者の選定や採用候補者名簿作成の過程において国鉄に組合差別の不当労働行為があった場合、その責任はJR各社の設立委員に帰属する、という法律構成である。

中労委ではJR側は審理の場に出席し、初審命令に対し全面的に争ってきた。

中労委は、92年5月28日、JRが採用としないことを前提の和解案を提示するが、これは国労側が拒否した。

中労委は、93年12月24日、北海道と大阪の不採用事件について、JRの責任を認め、JRに対して公正選考による採用者の決定等を命じた（大阪事件では、懲戒処分歴を理由にして大阪府労委命令を取り消した）。

さらに、中労委は、94年から96年にかけて、神奈川、福岡などの不採用事件について、組合員に対する採用差別は不当労働行為であり、JR各社はその責任を負い、不採用組合員らを採用したものとして取り扱わなければならないとする救済命令を発した。

行政訴訟における逆流判決

これらの中労委命令に対して、JRは行政訴訟を提起した。東京地裁民事11部（裁判長萩尾保繁、北海道・九州採用事件）、民事19部（裁判長高世三郎、本州採用事件）は98年5月28日に、いずれも中労委命令を取り消した。理由は、国鉄とJR各社の設立委員ないし承継法人たるJRとの実質的同一性や代行論を否定するものであった。

中労委と組合の控訴を受けた東京高裁第9民事部（裁判長塩崎勤）は00年11月8日（本州採用事件）、同第7民事部（裁判長奥山興悦）は同年12月14日（北海道・九州採用事件）、いずれも控訴を棄却した。

かつてない大規模な不当労働行為事案にもかかわらず、中労委と組合の上告申立に対し、最高裁第一小法廷（裁判長深澤武久）は、弁論も開かないまま03年12月22日、北海道採用事件など関連事件のすべてにおいて、中労委・組合側の上告を棄却した。多数意見3名、少数意見2名の僅差の判決であった。改革法23条は、採用手続の各段階において、国鉄とJR各社の設立委員の権限とを明確に分離しているから、専ら国鉄が採用選定及び名簿作成にあたり組合差別をした場合、労組法7条の適用上、その責任は国鉄を引き継いだ清算事業団が負い、JRは責任を負わないというのが多数意見であった。JRと国鉄の実質的同一性や事業承継の実態を見ず、専ら改革法23条の形式解釈を行ったにすぎないものであった。最高裁は、JRと国鉄が一体となった、分割民営会社から自主的な団結体を排除するという不当労働行為の実態を見ず、国会の立法意思（審議経緯における「代行」論）を考慮することもなかった。これに対し少数意見は、採用手続の各段階は独立の意味を持たず承継法人の職員採用に向けられた一連の一体的なものであり、これを分断することは（立法者意思からみても）形式論であり、国鉄に不当労働行為があったときは、JR各社の設立委員ひいては承継法人たるJRが労組法7条の使用者としての責任を負うことは免れないとした。これこそ実態をふまえた常識と道理にかなった正しい法律解釈であった。

鉄建公団訴訟と全面解決

他方、自民、公明、保守、社民による00年5月の四党合意（JRに法的責任がないことを国労が認めることを条件として、JRに解決金の支払いを働きかけることを内容とする）に反発した国労組合員の一部は、02年1月、清算事業団を引き継いだ日本鉄建公団（その後鉄道運輸機構）を相手に、清算事業団が行った90年4月1日の解雇（3年の猶予期間の経過時点で清算事業団に所属していた1047名に対する解雇）の無効確認と採用差別の不法行為による損害賠償を求める訴訟を提起した。

全動労組合員（現建交労58名）は04年12月27日に損害賠償請求を提起した。国労も06年12月5日組合員542名とともに鉄道運輸機構を相手に損害賠償請求を東京地裁に提訴した。横浜地裁にも同年12月8日国労組合員3名が提訴した。

05年9月15日、東京地裁民事36部（裁判長難波孝一）は、鉄道運輸機構相手の訴訟で、国鉄の不法行為を認め、同機構に対し、採用期待権の侵害による慰謝料1人500万円の支払いを命じた。

08年1月23日、東京地裁民事11部（裁判長佐村浩之）が全動労訴訟で、国鉄の不法行為を認めて1人550万円の支払いを命じた。

東京高裁17民事部（裁判長南敏文）は09年3月25日、鉄道運輸機構の控訴に対し、不当労働行為意思と不法行為を明確に認定し、550万円の支払いを命じた。同判決は、運輸機構から出された消滅時効の抗弁について、その起算点は03年12月22日の最高裁判決を知った時からとして、これを退けた。この判断は、東京地裁民事19部と横浜地裁が、同種訴訟において、被告側の時効援用を認めて、労働側の請求を棄却したという判断の誤りを乗り越えるものであった。

不採用問題についての全面解決にむけて国労は、06年7月の大会で「4団体（国労・建交労・中央支援共闘・国鉄闘争支援中央共闘会議）が結集して政治的、全体的解決を目指す」方針を決定、10月5日には4団体と4者（国労闘争全国連絡会議、鉄建公団訴訟原告団、鉄道運輸機構訴訟原告団、全動労争議団）が厚生労働省、国土交通省に解決要請を提出した。この後11月6日にILO第297回理事会の政府への勧告（第7次）、08年3月20日同第301回理事会第8次勧告（情報提供を求める）、09年3月27日同第309回理事会勧告が出された。なおILOへ国労は、東京地裁の98年5月28日判決（中労委の救済命令に対する取消判決）を団結権侵害として同年10月2日に提訴していた。09年8月の総選挙による政権交代がある中で与党となった民主、社民、国民新党の3党と野党公明党が10年3月18日「国鉄改革1047名問題の政治解決に向けて（申入れ）」を政府に提出、同年4月9日には政府と四党が解決案で合意し、四団体、四党がこれを受け入れ、同年6月28日最高裁第三小法廷で「鉄道運輸機構」との訴訟を一括解決した。和解金額は1人当たり2200万円であった。この和解により23年間に及んだJR採用差別との闘いは終結した。

国鉄闘争の教訓と課題

国労、全動労に対する不採用、解雇、不当配属、出向、配転、賃金差別といった大規模な団結権侵害は、まさに「国家的不当労働行為」ともいうべきものであった。

全国的規模でなされた反撃としての労働委員会闘争は、事実と道理に基づいて、これらの団結権侵害から労働者の人間としての尊厳と団結権を擁護する重要な舞台となった。全国の弁護団は熱い討論を経て、国鉄とJR各社の「実質的同一性」、「承継」論などを研究者とともに理論化し運動にも確信を与えた。救済命令は正義と道理が国労、全動労にあることを明らかにし、社会的な世論形成に強い力を与えた。国鉄分割・民営化は、国鉄という全国に事業体をもつ巨大な会社、時の政治権力、そしてマスコミが一体となって、自主的な、独立した企業内団結を根こそぎ解体しようというものであった。これに対して、国労自体は組合員数を減少させたとはいえ、企業内団結体として、なお強力に維持されている。一連の国鉄闘争は、幅広い支援共闘に支えられたものであり、高く評価されるべきものである。

しかしながら、国と国鉄による憲法28条の労働基本権の明白な侵害に対して、労働委員会命令の到達点を否定した司法官僚制下の東京地裁、同高裁判決と最高裁判決、これらを生み出した司法をどう克服していくのかが私たちに問われている。

今後に向けて

国労や全動労に対する国家ぐるみの攻撃の結果は、国鉄、JRという企業体の枠を超えて、この国の労働組合、労働者に対して大きな影響を与えた。全労働者のうち非正規が3～4割となる状況、労働組合の組織率が

16.7%（19年。なお20年17.1%）という団結力の後退、そしてJR西日本の日勤教育の影響が指摘される悲惨なJR尼崎事故、ハラスメントの蔓延やブラック企業の誕生など、90年代から今日まで続いている労働者階層を取り巻く厳しい状況は、国鉄労働者への団結権侵害から「始まった」ともいえる。

国鉄闘争での法律家の役割は、決して小さなものではなかった。国家的不当労働行為に対して、これにひるまず事実に基づき道理をもって社会に訴え続けた活動は、全国の権利闘争に連結し、連帯する社会運動を大きく励ますものであった。

行政改革による郵政民営化、社会保険庁の解体攻撃、「3.11」の東京電力福島第一原発事故などが、引き続き発生した。

日本社会に連綿として引き起こされる国や企業による働く者の人間の尊厳と人権侵害に対し、団は、今後も鋭く熱く闘い続けていかなければならない。

3　公害・薬害事件と被害救済の闘い

前史——被害者の苦難の歴史

既に述べたように、占領下の弾圧に抗して多くの団員たちが大衆的裁判闘争を闘い抜き、松川事件では、一審の福島地裁で5人の死刑を含む全員有罪の判決が出されたものの、差戻審の仙台高裁で全員無罪の判決をかちとり、63（昭和38）年9月、再上告審の最高裁で全員無罪が確定した。

こうした60年代の大衆的裁判闘争の発展の中で、沈黙を強いられてきた公害被害者は、被害の救済を求めて相次いで裁判に立ち上がった。

67年6月に提訴された新潟水俣病訴訟に始まる一連の公害裁判は、後に「四大公害裁判」と呼ばれるが、この四大公害裁判で、71年6月、イタイイタイ病で富山地裁による原告勝訴の判決を皮切りに、深刻な公害によって生命と健康を破壊された被害者は次々と勝訴判決をかちとっていった。

しかし、公害裁判で、被害者が勝利し、被害の救済をかちとるまでには、被害者の苦難の前史があったことを忘れてはならない。それは、公害の原点といわれる足尾鉱毒事件である。19世紀末から20世紀初頭、栃木県足尾銅山から流出した鉱毒のために、渡良瀬川流域に稲の立ち枯れなど深刻な公害被害が発生した。農民たちは足尾銅山の操業停止などを求めて、地元選出の代議士田中正造を中心に「押し出し」とよばれる請願運動を繰り返した。

これに対して、官憲による激しい弾圧が行われ、1900年2月、被害住民51人が兇徒聚衆罪などで起訴された。また1906年7月、鉱毒反対運動の拠点であった谷中村は強制廃村とされ、翌07年7月には、土地収用法の適用により残っていた民家がことごとく破壊され、谷中村は鉱毒を沈殿させるために渡良瀬川の遊水池となって水没した。

しかし、残念ながら、この当時、権力の無法極まる蛮行と人権蹂躙に対して、被害住民の権利擁護のために不屈に闘い抜く弁護士集団の組織、自由法曹団はいまだ誕生していなかった。

「富国強兵」のスローガンの下、日本は急速な資本主義化をとげるが、当然のことながら足尾鉱毒事件だけではなく、様々な公害事件が発生した。しかし、第二次大戦前のわが国には、産業活動に規制を加える、公害防止のための法制度や発生した被害の救済のための制度はほとんど存在しなかった。

こうした中で、民法の不法行為に関する規定を根拠として、被害の救済を求める裁判が提起されることになった。その代表的な事例が大阪アルカリ事件である。この事件は、大阪アルカリの化学工場から出る亜硫酸ガスのため、付近の農産物に大きな被害が出たので、工場周辺の農民と農地の地主らが共同で損害賠償を求める訴訟を提起した、わが国の公害裁判の最も初期のものである。

この事件で、1914年6月一審の大阪地裁は原告勝訴の判決を下し、翌15年7月大阪控訴院も、農作物の被害と工場の排煙との因果関係を肯定し、大阪アルカリに注意義務違反（過失）があるとして、その責任を認めた。

これに対して、大阪アルカリが上告し、16年12月大審院は「相当な設備」をしていれば、損害は発生しても賠償責任はないとして、大阪控訴院に差し戻した。この大審院判決に対しては、法学者などからも批判がなされ、この事件が差し戻された大阪控訴院は、19年12月形式的には「相当の設備」論に依拠しながら、当時の防止技術水準等も考慮し、大阪アルカリが「相当な設備」をしていないという理由で、再び会社の責任を認めた。

しかし、この事件で大審院が示した考え方に従えば、加害者側が被害の発生を予見できたとしても、「相当な設備」をしていれば過失がないことになり、加害企業は責任を免れることになる。この大審院判決は、戦前の「富国強兵」策に基づく産業優位の思想が反映したものであって、被害救済と公害防止の観点からいえば極めて不十分なものであった。こうしたことから、これをいかに克服するかが、その後の公害裁判の重要な課題となった。

四大公害裁判の勝利と被害者救済の実現

60年代後半から始まった大型公害裁判の相次ぐ提訴

第二次大戦後、日本はアメリカ占領下における戦後復興政策の下で、朝鮮戦争による「特需」の利益を受けるなどして、敗戦の痛手からいち早く立ち直り、重化学工業を中心に増産に次ぐ増産を繰り返していった。こうした中で、56年5月に、熊本県水俣地区で、水俣病患者の発生が確認され、原因の究明も始まった。しかし、この段階では、被害者の立場で水俣病に関与する弁護士はおらず、59年には極めて低額な見舞金契約によって、水俣病問題はいったん社会的に幕引きされてしまった。

しかし、戦後のわが国の高度経済成長政策は、全国各地で爆発的に公害問題を拡大させた。公害による深刻な被害の実態が国民の前に明らかになる中で、被害者の人権救済を図り、公害の防止・根絶を実現することが社会問題としてクローズアップされることになった。

熊本水俣病に続いて、新潟県阿賀野川流域に第2の水俣病が発生した。65年6月新潟大学医学部が新潟水俣病を発表し、67年4月厚生省特別研究班が新潟水俣病の原因は、昭和電工鹿瀬工場のアセトアルデヒド合成工程の有機水銀化合物を含む廃水であると発表した。これを受けて、67年6月被害者住民が昭和電工を被告として損害賠償請求訴訟を提起した。これが新潟水俣病訴訟である。

同年9月三重県四日市市磯津地区の住民が、コンビナート企業6社を被告とし「東洋最大のコンビナート」と呼ばれた四日市コンビナートによる大気汚染によって健康被害をこうむったとして、津地裁四日市支部に損害賠償請求訴訟を提起した。これが四日市公害訴訟であり、その後の大気汚染公害裁判のさきがけとなった。

翌68年3月富山県神通川流域の住民が三井金属鉱業神岡鉱業所からのカドミウムを含む廃水によってイタイイタイ病を発症したとして、三井金属鉱業を被告として、損害賠償請求を提起した。これがイタイイタイ病訴訟である。

さらに、69年6月チッソ水俣工場からの廃水によって水俣病に罹患した熊本県水俣地区とその周辺住民が、チッソを被告として、熊本地裁に損害賠償請求訴訟を提起した。これが熊本水俣病訴訟であり、胎児性水俣病などにみられる被害の深刻さは衝撃的であった。

70年代前半の四大公害裁判での勝利判決

四大公害裁判ではいずれも被害者原告が勝利判決をかちとった。これによって、公害裁判で、被害者は敗北から抜け出し、勝利をかちとることができる時代を迎えた。

具体的には、71年6月30日イタイイタイ病訴訟で富山地裁が原告勝訴の判決を言い渡したのをはじめ、同年9月29日新潟水俣病訴訟で新潟地裁が、72年7月24日四日市公害訴訟で津地裁四日市支部が、それぞれ原告勝訴の判決を言い渡し、また同年8月9日イタイイタイ病訴訟の控訴審で、名古屋高裁金沢支部が再び原告勝訴判決を言い渡し、さらに73年3

月20日熊本水俣病訴訟で熊本地裁が原告勝訴判決を言い渡した。

次に、これらの判決の内容を簡単に紹介しておこう。

イタイイタイ病訴訟

鉱業法の適用により、企業の無過失責任が認められていることから、もっぱら神岡鉱業所から排出された廃水に含まれていたカドミウムによってイタイイタイ病が発生したかどうかの因果関係が主要な争点となった。一審判決は、疫学的立証方法を採用して、神岡鉱業所からの廃水とイタイイタイ病との間に相当因果関係を認めた。また名古屋高裁金沢支部も、原告住民の主張を認め、三井金属鉱業の控訴を棄却した。

この事件で特筆すべきことは、控訴審判決の翌日、原告弁護団は被害者とともに、全面解決に関する要求書に基づく、三井金属本社での直接交渉にのぞみ、①裁判提訴者以外の全患者にも同水準の補償、②カドミ汚染田復元（農耕地の土壌の排・客土事業の実施）、③公害防止協定による立入調査権（専門家の同行を認め、発生源対策として万全な措置を講じさせ、立入調査に要した被害者の費用も全額企業が負担）を獲得したことである。

このように、裁判所が被害者の請求を認め、原告勝訴判決を言い渡したことは、直接交渉の場で被害者の要求を実現する上で大きな後ろだてになり、加害企業を追いつめる重要な武器となった。

また、直接交渉を通して、加害企業が受け入れた被害者の要求事項を文書化し、これに被害者・弁護団と加害企業の双方が調印することによって、被害の即時全面救済と公害の再発防止・環境復元を実現するための担保とすることは、その後の公害裁判での闘いの貴重な先例となった。

新潟水俣病訴訟

昭和電工鹿瀬工場からの廃液と新潟水俣病との因果関係、昭和電工の責任が主な争点となった。判決は、まず因果関係について、汚染源の追求が被告企業の門前に達したときには、被告企業において汚染源でないことの証明をしないかぎり、原因物質を排出したことが事実上推認され、その結果、工場廃水の放出と水俣病の発生とは法的因果関係が存在するものと判断すべきであるとした（立証責任の転換）。

また、被告企業の責任について、化学企業は有害物質を企業外に排出させることのないよう常に安全に管理する義務があるのに、十分な調査分析を怠り、工程中にメチル水銀化合物が副生し流出していたのに気づかず、これを無処理のまま工場廃水として放出し続け、沿岸住民を水俣病に罹患させたことに過失があったと認められる、とした。

その上で、判決は、企業の生産活動も一般住民の生活環境保全との調和においてのみ許されるべきであり、最高の技術設備をもってしてもなお人の生命身体に危害が及ぶおそれがあるような場合には、企業の操業短縮はもちろん操業停止まで要請されるとして、人の生命身体の安全確保に対して企業には高度の注意義務があると指摘した。

四日市公害訴訟

①大気汚染と喘息性疾患との因果関係の有無、②大気汚染におけるコンビナート企業による共同不法行為の成立、が主要な争点となった。判決は、各種の疫学調査を基にして、大気汚染と喘息性疾患との因果関係を認定するとともに、四日市コンビナートを構成する被告6社の工場には、客観的な関連共同性があるとして共同不法行為責任を認めた。

この判決によって、わが国で初めて大気汚染の発生について排出企業の責任が明らかにされ、排出企業には大気汚染の発生を防止すべき義務があることが明確になった。

また、この判決で、コンビナート企業の共同不法行為責任が認められたことは、その地域全体の汚染物質の排出を減少させるという排出総量規制

四日市公害訴訟を支持する会の集会

の必要性を明らかにするものであった。

さらに、この判決で、大気汚染による健康被害に対する排出者責任が明確にされたことにより、公害患者に、医療費に加えて一定の補償給付がなされるという補償制度が生み出されるようになり、これが契機となって、73年10月には、公害健康被害補償法が制定されるに至った。

熊本水俣病訴訟

チッソは、水俣工場の廃水と水俣病との因果関係について68年の政府見解に従うとして認めたが、注意義務違反（過失）について争ったことから、チッソの責任の有無が最大の争点となった。判決は、化学工場は、その廃液中に予想外の危険な副反応生成物が混入する可能性が大きいことから、地域住民の生命・健康に対する危害を未然に防止する高度の注意義務があるにもかかわらず、被告側の対策、措置には何1つ納得のいくようなものはなく、被告の過失は免れ得ないとし、チッソの責任を認めた。また、この判決は、過去の見舞金契約は無効であるとした上で、損害賠償請求権の消滅時効などの被告の反論をすべて退けた。

この事件では、判決前後から、原告被害者と弁護団との分断を図り、判決後のチッソ本社との直接交渉を流産させようとする動きが支援グループの一部によって強められ、弁護団粉砕を叫んで公然と暴力をふるい、このため負傷者まで出るという事態が発生した。これは、当時の学生運動の中にあった暴力主義的潮流が水俣病裁判の支援運動にも持ち込まれたために起こったことであるが、こうした動きは、被害者の要求に基づいて熊本水俣病事件の早期全面解決を図る上で否定的な影響をもたらすことになった。

これらの判決は、いずれも加害企業の責任を厳しく指弾し、公害防止のためには、企業は「相当な設備」をしただけでは足りず、いかなる手段をとっても公害による被害者を出すことは許されないという厳しい姿勢が求められることを明らかにするものとなった。

こうして、あの悪名高い、大阪アルカリ事件における大審院判決の「相当な設備」論をのりこえて、被害者たちは公害被害の救済を勝ち取っていった。

四大公害裁判のもたらした社会的影響

60年代後半の四大公害裁判の相次ぐ提訴は、立法をはじめ社会的に重要な影響を与えた。67年8月に制定された公害対策基本法には、生活環境の保全について「経済の健全な発展との調和が図られるようにする」とする規定が盛り込まれた。しかし、この「経済の健全な発展との調和」を図るとする調和条項は、世論の厳しい批判にあい、70年の第64臨時国会（「公害国会」とよばれた）で削除されるとともに、公害関係法令の大幅な整備がなされるに至った。

また、東京都をはじめ各地の地方自治体で、激化する公害に対処するため公害防止条例が制定された。69年に制定された東京都公害防止条例では、前文で「すべて都民は、健康で安全かつ快適な生活を営む権利を有するのであって、この権利は、公害によってみだりに侵されてはならない」と宣言された。この条例は健康で快適な生活環境を保全することが憲法25条の生存権や憲法13条の幸福追求権に基づく住民の具体的基本権であることを明らかにするとともに、初めて行政への住民参加の制度（公害監視会議の制度化）をつくることで、その後の各地の公害防止条例とそこでの住民参加制度の原型ともなった。さらに、公害防止と環境の保全を求める住民運動が各地で急速に広がり、社会的な発言力を強める上でも、これを後押しすることになった。

71年3月大阪府知事選挙で、憲法学者の黒田了一候補（1911～2003）が、“大阪にきれいな空を取り戻そう”と訴えて当選したことは、これを象徴する出来事であった。このように公害反対運動の発展は全国各地に革新自治体を誕生させる原動力ともなった。

四大公害裁判と団員の果たした役割

公害のために生命と健康を奪われ、深刻な被害に苦しむ被害者が加害企業を相手にした裁判の原告となって、闘いに立ち上がることは並大抵のことではない。加害企業はもとよりのこと、ときには行政も企業と一体となって、裁判の提起に対して様々な圧力をかけて被害者の分断や切り崩しが図られてきた。公害被害者が裁判に踏み切るには一大決心が必要とされたのである。

こうした中で、各地で埋もれている被害者を掘り起こし、被害者を励まして裁判の原告として闘いに立ち上がる勇気と確信を与える上で、弁護士の果たす役割は決定的に重要であった。

また、被害者の苦しみをわがことのように受けとめ、被害者の人間の尊厳の回復と被害の全面的な救済を図るために、断固として闘うことこそ自由法曹団に所属する弁護士にふさわしく、やりがいのある仕事でもあった。それ故、四大公害裁判の原告弁護団には多くの団員弁護士が参加することになった。

しかし、こうした公害裁判で勝利をかちとるためには深刻な被害と被害の原因・構造究明、そして救済を目指した法廷内の裁判闘争を勝ち抜き、同時にこの裁判闘争を支え被害の即時全面救済と公害の再発防止・環境復元の実現を目指した法廷外の運動を大きく広げることが必要であった。これには、多数の弁護士の英知を結集することが求められた。

このため、原告弁護団には、団員だけではなく、被害者の人権救済のために闘う団外の良心的な弁護士を広く結集することが求められた。

例えば、イタイイタイ病訴訟で原告弁護団の団長となったのは、富山県法曹界の長老である正力喜之助弁護士であった。正力弁護士は読売新聞社主正力松太郎の甥として知られた保守系の人物であったが、こうした弁護士が弁護団長を引き受けたことは、世論の支持を広げる上でも、また裁判所に対する影響力の面でも重要な意味をもつものであった。

しかも、この訴訟の原告弁護団の副団長になったのは、戦前からの団員であり、日本共産党の国会議員にもなった梨木作次郎弁護士であった。このことは、思想・信条や立場の違いをこえて、多くの弁護士たちが被害者の人権の回復と被害救済という共通の課題で一致して闘うという姿勢を内外に示した点で大きな社会的影響を与えた。

また、イタイイタイ病訴訟の原告弁護団事務局長となった団員の近藤忠考弁護士は、この訴訟で勝利するためには、公害の現地に弁護士事務所をもうけることが必要だと考え、一家で当時居住していた東京から富山に移住した。

こうした取り組みは、弁護士とその家族に相当の犠牲を強いるものであったが、深刻な被害に苦しむ被害者を一日も早く救済するため、あえて困難に挑戦し、これを乗り越えていった。公害の発生する現地に弁護士事務所を開設するという取り組みは、その後、熊本水俣病訴訟でも受け継がれ、第1次訴訟では団員馬奈木昭雄が、また第3次訴訟では団員板井優が、水俣市内に法律事務所を開設して弁護団活動を展開した。このように公害被害者の救済を実現するために困難に挑戦して闘い抜くことは団員弁護士の真骨頂を示すものであった。

多発する薬害事件と被害者救済
――薬害スモン訴訟を中心に

戦後のわが国の高度経済成長は、深刻な公害問題を引き起こしただけではなく、製薬企業の安全軽視の姿勢を生み、杜撰な薬事行政とあいまって、医薬品による健康被害＝薬害を多発させた。

薬害事件で、社会的に大きな注目を集めたのは薬害スモン[14)]であった。64年ごろから全国的に多発したスモン病は下痢や腹痛をともない、しばらくすると足先からしびれて、腰から胸へと上がり、時に失明するという疾患で「亜急性脊髄視神経症」の病名をもとに〈SMON〉と名づけられ、患者数は11000人以上に及んだ。

原因が不明であるとされていたが、70年8月キノホルム原因説が発表され、同年9月厚生省がキノホルム剤の販売停止、回収に踏み切った結果、スモンの発生は劇的に終息した。これを受けて、キノホルム被害者（スモン患者とその家族）は、71年5月、東京地裁に国と製薬会社を相手どって損害賠償請求訴訟を提起し、その後、全国で32地裁に提起され、最終的には、提訴患者数が6000人を超える空前の大規模薬害裁判に発展した。

14）前掲『自由法曹団物語』（上）掲載

各地でスモン訴訟に取り組んだのは、四大公害裁判で勝訴判決をかちとった経験を積んだ弁護士たちと、公害裁判に刺激を受けて薬害被害者の救済のために活動しようという若い弁護士たちだった。また、スモン訴訟の原告弁護団の中心となったのは団員弁護士だった。

薬害スモン訴訟は、製薬会社だけではなく、国家賠償法に基づいて国の責任を正面から追及して、被害者の早期全面救済と薬害根絶を目指す全国的な取り組みに発展した。

78年3月1日、金沢地裁は北陸スモン訴訟について全国初の判決を言い渡した。判決は、製薬会社の責任はもちろん、国の法的責任も明確にし、原告全員勝訴判決となった。しかし、因果関係についてウィルスの可能性を認め、また認容額でも東京地裁で提示された和解案を大きく下回るなど不十分なものでもあった。

そこで、この金沢地裁判決の不十分さを乗りこえて、より前進した原告全面勝訴の判決をいかにかちとるかが課題となった。78年8月3日、最大の原告を有する東京地裁判決が言い渡された。判決は、スモンとキノホルムの因果関係を認め、ウィルス説を明確に否定した。また、製薬会社の責任を断罪し、認容額も和解案と同額とした。しかし、国の法的責任について、67年11月1日以前の責任を否定し、責任の範囲を限定するという不十分さを残した。

同年11月14日言い渡された福岡地裁判決は、ウィルス説を否定するとともに、製薬会社と国の法的責任を厳しく断罪し、認容額も東京地裁の和解額を上回るなど、画期的な全面勝訴判決となった。その後、翌79年2月22日広島地裁、同年5月10日札幌地裁、7月2日京都地裁、同月19日静岡地裁、同月31日大阪地裁、同年8月21日前橋地裁と、相次いで原告全面勝訴判決が言い渡された。

これらの勝訴判決の連弾を背景に、原告被害者と弁護団は、総評などの支援団体とともに、「スモン被害者の恒久救済と薬害根絶をめざす全国実行委員会」を結成して、スモン訴訟の全面解決を目指して厚生省前の坐り込みなどの運動を大きく展開した。

全国的な支援運動の拡がりを背景とした大行動が取り組まれる中で、79

年3月、「医薬品副作用被害救済基金法案」と「薬事法の一部を改定する法律案」、いわゆる薬害2法が提出され、同年9月7日、臨時国会で成立するに至った。これを受けて、同年9月15日未明、スモンの会全国連絡協議会傘下の各地スモンの会・弁護団と国及び全被告会社との間で、スモン全面解決のための「確約書」が調印された。これは、その後の薬害訴訟で全面解決を図る上でも重要な先例となった。

スモン訴訟で特筆すべきことは、被害者が深刻な被害に苦しみながら、この苦しみは自分たちだけでいい、2度と薬害を繰り返してはならないと、自ら街頭に立って薬害根絶を訴えたことである。被害者のうたった次のような歌は、被害者のこうした心情を端的に示したものである。

“こわれたる　この身が役に立つという　薬害うったえ　今日もまちゆく”

裁判官もまた、被害者の心情に心を動かされて、原告勝訴の判決を書いたということができる。

原告弁護団は、こうした被害者の想いにこたえるために、被害者の早期全面救済と薬害根絶を目指して、訴訟の最終段階で、判決行動と呼ばれる一連の行動に取り組んだ。各地の弁護団はそれぞれ約2ヶ月間にわたって、東京や大阪に常駐するという体制をとった。

早朝のビラまきに始まり、支援団体や国会議員への要請行動、国や製薬会社等に対する申し入れ、集会の準備等の取り組みは、弁護士の職分をはるかにこえたものであったが、スモン弁護団は団員を中心に多くの団外の弁護士の協力も得ながら、被害者救済の実現のために奮闘し、この空前の大規模訴訟を全面解決に導いていった。こうしたスモン弁護団の全国的な取り組みの牽引者となったのは、団員の豊田誠弁護士であった。

水俣病被害者の国の責任を問う闘い

薬害事件で、被害者が加害企業だけではなく、国の法的責任を問う訴訟を提起して勝訴し、この勝訴判決をテコに被害の全面的救済と薬害根絶のための全面解決をかちとったことは、公害被害者の闘いにも大きな影響を与えた。

熊本水俣病では、73年3月熊本地裁で原告が勝訴し、被害者救済に向けて扉が大きく開かれるように見えたが、77年7月環境庁は水俣病の新たな判断基準を出して以降、水俣病の認定は大幅に減少し、水俣病患者の大量切り捨て政策がまかり通ることになった。

そこで、水俣病被害者は、チッソだけではなく、水俣病の発生拡大を許してきた行政の責任を正面から問う以外に、水俣病患者の大量切り捨て政策の転換を図ることはできないと考え、80年5月熊本地裁にチッソのほかに、国・熊本県を被告に加えた第3次水俣病訴訟（国賠訴訟）[15]を提起した。

その後、国・県を被告とする国賠訴訟は、水俣から首都圏や関西、北九州などに移住した被害者によって84年5月東京地裁、85年11月京都地裁、さらに88年2月福岡地裁に提訴され、全国的な大量集団訴訟に発展していった。また、新潟水俣病でも、82年6月新潟地裁に第2次訴訟（国賠訴訟）が提起された。

87年3月30日熊本地裁で言い渡された水俣病第3次訴訟判決は、国・熊本県の責任を認めるという原告全面勝訴の画期的なものとなった。こうした国・県の責任を認める判決は、93年11月26日、京都地裁でも出され、公害の発生拡大に関して国賠責任を認めるという判決の流れが定着した。

国賠訴訟で、国・県の責任を問うという水俣病被害者の闘いの前進は、医師団の協力の下で行われた潜在患者の掘り起こしによる大量提訴につながり、不知火沿岸全域にわたる闘いに大きく拡がっていった。こうした被害者の闘いの発展が未認定患者に新しい医療救済事業の実施や、地域の再生振興に40億円の基金を拠出することなどを内容とする政府解決策を引き出すことにより、96年6月、それまで各地の裁判所で闘われた水俣病訴訟は和解により終結した。

水俣病第3次訴訟で、弁護団の中心となった団員は、千場茂勝弁護士や豊田誠弁護士、板井優弁護士などであった。

不知火沿岸で魚介類を摂取して有機水銀の影響を受けたすべての被害者

15）前掲『自由法曹団物語』（上）掲載

の救済を実現する闘いは、いまもなお続けられており、熊本、東京、大阪などでノーモア・ミナマタの旗を高くかかげて裁判闘争が継続している。

1980年代の大気汚染公害裁判の全国的展開

大気汚染公害裁判の全国的展開

四大公害裁判の相次ぐ勝利は、71年7月1日に発足した環境庁（現環境省）による環境行政の推進に強力な追い風となった。とりわけ、72年7月の四日市公害判決は、大気汚染公害の解決に向けて大きな影響を及ぼし、先に述べたように73年10月公害健康被害補償法（公健法）が制定され、SO_2の総量規制の導入に道を開いたのである。

しかし、73年秋の「オイルショック」を契機に加害企業・経団連は「経済不況」を前面に押し立て、公害対策の緩和を狙い「まきかえし」攻撃に転じた。77年10月には、石原環境庁長官（当時）が、公害対策基本法の「経済との調和」条項削除に関し、これを「魔女狩り」と批判した。NO_2環境基準の改訂と補償法の改悪を強く求める加害企業・経団連のこうした圧力に屈し、環境庁は78年7月11日NO_2環境基準の改悪を強行した。

NO_2新環境基準の実施により、産業界は公害防止対策費用を大幅に削減し、自動車業界は排ガス規制へ向けた投資と技術開発の努力を後退させた。これにより、大気汚染公害が再び拡大することになった。

この逆風に向き合い、被害者は生命と健康を守り、公害根絶と被害救済を求めて、裁判に立ち上がった。

大気汚染公害裁判は、75年5月千葉地裁に提訴された川崎製鉄を被告とする千葉川鉄訴訟をはじめ、78年4月大阪地裁に関西電力ほか加害企業9社と、国、阪神高速道路公団を被告として、西淀川公害訴訟[16)]が提訴され、82年3月横浜地裁川崎支部（川崎公害）、83年11月岡山地裁（倉敷公害）、88年12月神戸地裁尼崎支部（尼崎公害）、89年3月名古屋地裁、

16）前掲『自由法曹団物語』（上）掲載

96年5月東京地裁と、次々と提訴がなされ、全国的な展開が図られるとともに、原告数は全体で2900名をこえる巨大訴訟となった。

これら一連の裁判の中心は、工場公害にあったが、西淀川、川崎、尼崎、名古屋の各訴訟では、これに加えて、国・道路公団を被告とし、その法的責任もあわせて追求した。

88年11月17日の千葉川鉄判決以降、91年3月29日西淀川第1次判決、94年1月25日川崎第1次判決、同年3月23日倉敷判決と、加害企業に対する原告側勝訴の流れは定着した。また92年8月千葉川鉄裁判の企業和解後、95年3月の西淀川公害裁判の企業和解を皮切りに、川崎、倉敷、尼崎、名古屋と企業との関係では次々に勝利和解が勝ち取られた。この企業との勝利和解を基礎にして、原告団が解決金の一部を地域再生とまちづくりのための基金に拠出し、環境再生とまちづくりに向けた取り組みが各地で進められていくことになった。こうして、大気汚染公害裁判の焦点は、90年代前半以降、道路公害（国・公団の責任）へと移っていった。

95年7月5日、西淀川2次～4次判決は、自動車排ガス（NO_2、SPM）と気管支ぜん息などの健康被害との因果関係を初めて認め、道路管理者である国・公団の公害責任を認めた。以後、川崎、尼崎、名古屋、東京がこれに続き、国・阪神公団等の道路管理者の公害責任は裁判上不動のものとなった。とりわけ、00年1月31日の尼崎判決では、大阪空港判決から実に25年ぶりに差し止め請求が認められたことは画期的なことであり、同様に、同年11月27日の名古屋判決においても差止請求が認められ、自動車排ガス、道路公害断絶への展望は大きく切り開かれていった。

東京大気汚染公害裁判

東京大気汚染公害裁判は、これまでの大気汚染公害裁判の到達点に立って、現在進行形で汚染と被害が拡大している自動車排ガス公害の根絶と、87年の公健法改悪による新たな認定打ち切りに対して、未救済患者の新しい救済制度の確立を求めて、96年5月31日東京地裁に提訴された。この訴訟は、原告のうち未救済患者が4割に達し、自動車メーカー7社を被告として、首都東京において、新たな救済制度の確立を目指し、認定患者と未救済患者が互いに団結して闘いを進めている点で、重要な意義をもつものであった。

02年10月29日の東京地裁判決は、国・東京都・公団の公害責任は認めたものの、差止請求を排斥し、自動車メーカーの責任も否定するなど不十分なものとなった。

これに対して、原告被害者と弁護団は、地裁判決の不十分さをのりこえて、東京高裁での闘いを大きく繰り広げ、07年8月8日、新たな医療費助成制度の創設や公害対策の充実、メーカー7社による解決金12億円の支払いなどを内容とする和解を実現させて、全面解決をかちとった。

こうした大気汚染公害裁判の全国的な展開を支えたのは、87年7月に結成された「大気汚染公害裁判原告団・弁護団全国連絡会議」（略称、大気汚染・全国連）であり、その中心となったのは団員の篠原義仁弁護士であった。

公害差止へのあくなき挑戦

大阪国際空港公害訴訟と最高裁大法廷判決

四大公害裁判に続いて、69年12月大阪地裁に提訴された大阪国際空港公害訴訟[17]は、深刻な航空機騒音に苦しむ被害住民が国を被告として、夜9時以降の夜間の飛行差止と損害賠償を求めたものであり、公害根絶と被害者救済に向けて、公害の差止という新しい課題に挑戦するものだった。

74年2月27日の大阪地裁判決は、夜間の飛行差止と過去の損害賠償を認めたものの、差止を夜10時以降に限定するなど不十分なものであったが、住民たちは大阪高裁に控訴して闘いを続け、75年11月27日画期的な勝訴判決を獲得した。その内容は、夜9時以降の差止を認めた上、損害賠償について将来の請求を認めるなど、住民の全面勝訴判決であった。

この判決に対して、国は最高裁に上告した。最高裁では、第一小法廷で78

17）前掲『憲法判例をつくる』掲載

年5月に弁論が行われて結審したものの、その直後に大法廷回付がなされ、その後2回にわたり大法廷で弁論が開かれるという異例の展開となった。81年12月16日の最高裁判決は、9対4の多数意見で、夜間飛行の差止と将来の損害賠償の請求について訴えを却下し、過去の損害賠償だけを認めた。

この差止却下の最高裁判決に対しては、世論の厳しい批判があったことなどから、運輸大臣は特別の事情が生じない限り夜9時以降のダイヤを組むことはないと表明し、84年3月に成立した和解により、夜9時以降の飛行禁止について運輸省と大阪府豊中市、兵庫県川西市、伊丹市などが組織した大阪国際空港騒音対策協議会（略称11市協）が交わした文書によって確認され、現在もこの飛行禁止は継続している。

しかし最高裁判決が、飛行差止を求める請求を却下したことは、航空機騒音による深刻な被害に苦しむ住民の公害差止に求める切実な願いに背を向け、救済の道をとざすものであった。そのため、この最高裁判決以降公害差止は「冬の時代」を迎えたといわれる。

しかし、この「冬の時代」にも、公害差止に関する最高裁判決の厚い壁を打ち破ろうとして、団員をはじめ多くの弁護士たちが全国各地で基地騒音訴訟を提起して闘い続けてきた。

基地騒音訴訟と公害差止

日本政府が日米安保条約と地位協定に基づき提供している米軍基地のうち、76年以降、横田、厚木、嘉手納、普天間、岩国の各飛行場で、航空機騒音に苦しむ基地周辺の住民から、米軍機の飛行差止と損害賠償を求める基地騒音訴訟が繰り返し提起されてきた。

また、厚木と岩国の各飛行場は自衛隊機も使用していることから、基地周辺の住民は、自衛隊機の夜間飛行禁止と損害賠償についてもあわせて請求した（なお、石川県小松飛行場では、損害賠償と自衛隊機の飛行差止を求める訴訟が提起された）。

基地騒音被害は、基地周辺に居住する住民に「爆音」とよばれる深刻な生活環境の破壊をもたらし、健康にも大きな影響を与えており、こうした重大な公害被害と人権侵害に対して、被害救済のために損害賠償だけではなく、差止請求が認められるべきは当然のことといえよう。横田基地訴訟で、05年11月30日の東京高裁判決では、夜間飛行の差止は認めなかったものの、損害賠償について判決言渡日まで認めた上（将来請求の一部認容）、基地周辺の騒音が受忍限度を超える違法なものであるという最高裁の判断が示された以降も、訴訟によらなければ救済されない現状は「法治国家のありようから見て、異常の事態で、立法府は、適切な国防の維持の観点からも、怠慢の誹りを免れない。」と厳しく指弾し、また厚木基地訴訟で、横浜地裁は14年5月21日初めて自衛隊機の差止を認め、控訴審である東京高裁も15年7月30日地裁の差止判断を維持する判決を言い渡した。

これらの判決は、その後最高裁によって破棄され、差止請求は斥けられたものの、高裁レベルで差止を認める判決が出されたことは、公害差止を求める住民の前に立ちふさがる厚い壁がやがて打ちくだかれる展望を指し示すものである。それは同時に、日米軍事同盟の下で、軍事基地周辺の住民に耐え難い苦痛と忍従を強いる日本の政治のあり方を根本から問い直すものでもある。

横田基地騒音訴訟などで弁護団の中心となった団員は、榎本信行弁護士、盛岡暉道弁護士、関島保雄弁護士たちだった。

よみがえれ！有明訴訟
――公害差止の新たな地平を切り開いて

宝の海と呼ばれ、わが国有数の漁獲量を誇った有明海は、国営諫早湾干拓事業により自然環境の破壊と甚大な漁業被害を引き起こし、潮受堤防締め切りによって、未曾有の海苔不作が発生した。このため、海苔養殖業者は大打撃を受け、有明海沿岸で漁業者の自殺が頻発した。

02年11月、沿岸4県（長崎、佐賀、福岡、熊本）の漁民と市民約2500人が佐賀地裁に諫早湾干拓事業の差止を求めて提訴した。

08年6月27日、佐賀地裁は、国に対して3年以内に5年間水門を開放するように命じた。国は控訴したが、10年12月6日福岡高裁は漁業者の訴えを認め、国に対し判決確定の日から3年以内に諫早干拓排水門の5年間の開門を命じた。同月15日、当時の民主党政権は、上告せずに高裁判決の受け入れを表明し、この開門判決は確定した。

この開門判決の確定は、失われた環境の再生・復元を目指して闘ってきた全国の公害被害者にとって、大きな励ましと勇気を与えるものであり、公害差止の闘いに新しい地平を切り拓いた。

しかし、国は判決確定から3年が経過しても水門を開放せず、確定判決に従わないという前代未聞の事態が出現した。しかも国は、14年1月佐賀地裁に請求異議訴訟を提起して、福岡高裁の確定判決をくつがえそうと策動を強め、18年7月30日福岡高裁で「開門しない」(開門義務に基づく強制執行は許さない)との判決がいったんは出されたものの、19年9月13日最高裁はこの高裁判決を破棄して、審理を福岡高裁に差し戻した。こうして、確定判決を武器に開門の実現を目指す漁業者の闘いはいまも続けられている。

また、この事件の弁護団の中心となった団員は、河西龍太郎弁護士、堀良一弁護士、馬奈木昭雄弁護士たちだった。

足尾鉱毒事件に始まる公害被害者の闘いは、いまも絶え間なく続けられており、被害者のかたわらには、常に被害者とともに不屈に闘い抜く団員弁護士たちがいる。

4　部落解放同盟による「暴力糾弾」と利権あさり・行政の私物化との闘い

社会のタブーを変え、政治を変えた裁判闘争

1960年代後半から30年余りにわたったいわゆる同和問題をめぐって、部落解放同盟(解同)の暴力糾弾路線に基づく数々の人権侵害と行政を屈服させての私物化と利権あさりが横行した。これらを批判することもタブー視され、西日本地域をはじめ各地で無法状態というべき状況が生じた。しかし、これらに抵抗した勇気ある人々とそれを支援した自由法曹団員がいた。裁判闘争では、各地の団員がその一翼を担って、重要な判決を次々と得た。これらの成果は、そのタブーを破り、政府の政策も変えさせ、さらに、同和対策そのものを廃止させるに至った。裁判闘争が、直接、社会を変え、政治を変えた特筆すべき闘いであった。

解同による「暴力糾弾」、利権あさりとの闘い

始まりとなった同和問題の法制化と解同の変質

65年（昭和40年）、同和対策審議会（同対審）答申が出された。それは「同和問題の早急な解決は国の責務であり、国民的課題である。部落差別には、心理的差別と実態的差別にわけられるが、実態的差別が心理的差別を助長している。実態的差別と心理的差別の解消のための同和対策は、生活環境の改善、産業職業の安定等を内容とする総合対策でなければならない」とするものである。

この答申の前後、解同は変質した。その運動方針は「行政に対する糾弾路線を強める」「部落民以外のものはみな差別者である。部落差別の解消には解同の意見に従え」（部落排外主義）と、差別かどうかの判断は「足を踏まれたものしか痛みはわからない、われわれに不都合なものはすべて差別だ」（判断独占権論）とが相まって、暴力糾弾路線を強めていった。しかし、多くの国民や民主団体も、この解同の変質を知らず、気づかなかった。

69年、同対審答申に基づく同和対策特別措置法（同特法）が制定された。10年間の時限法であった。同和問題の解決には、10年の事業を行えば所期の目的を達することができるという判断であった。そして、実際にも、10年の事業実施により、実態的差別といわれるものはほぼ解消された。ところが、まだ差別は残っているとの解同の主張に押されて、同特法の延長や法律名を変えての同和特別施策がその後も続くこととなった。

この同和施策の実施主体が市町村単位で、国がそれに補助金を出すという枠組であったことから、解同の圧力は弱小の市町村に向けられ、また、差別糾弾の矛先が教育分野に集中した、という特徴があった。

解同による「暴力糾弾」、利権あさりの流れ

69年の同特法制定の前後から、解同による大阪矢田監禁事件、八尾市議暴行・除名事件、大阪中央公会堂使用取消事件、吹田市長宅占拠事件、徳島小松島市議暴行事件など、暴力糾弾路線による暴力事件や行政への糾弾闘争事件が相次いだ。70年から73年にかけて、吹田2中・吹田高校・ことぶき保育園の吹田3暴力事件、東大阪正常化連への解放会館使用取消や羽曳野市役所占拠事件などに続いて、兵庫県でも西宮市役所占拠事件が引き起こされた。さらに広島県戸出商業高校暴力事件も起こり、西日本全域に広がった。そして74年に兵庫県南但馬地方で暴力糾弾事件が多発し、八鹿高校事件がその頂点となった。

73年から85年にかけて、解同の圧力に屈した行政による解同への「窓口一本化」が、大阪、福岡、北九州など全国的に広がり、解同の利権と組織拡大に利用された。

不屈に闘った裁判と政策の転換

マスコミが沈黙する中で、70年頃より地裁、高裁、最高裁で、解同による暴力行為に対する刑事有罪判決、行政の屈服を厳しく批判する民事・行政事件判決が積み重ねられた。これらの司法判断を受けて、86年、同対審の後身・地域改善対策協議会（地対協）が65年答申を見直し、運動団体の行き過ぎた行動が部落差別の解消に対する新たな障害になっているとし、行政の主体性・中立性の確立を強調する答申をした。これを受けて、政府も「地域改善対策推進指針」を発し、また、法務省も「確認、糾弾について」との通知を出し、糾弾が私的リンチに等しいとして公務員の出席などを禁止した。

それでも、その後も、同和行政は形を変え縮小しつつも続いた。解同は糾弾路線を変えず、教育行政への介入を続けた。広島県では校長の自殺が頻発し、広島県三次市八次小事件、高知市一ツ橋小事件、三重県松阪商業高校事件、香川県寒川高校事件など教員に対する攻撃が続いた。

こうした解同による暴力糾弾が続いたのには、1つには警察が暴力の現場に臨んでも放任する姿勢を取り続けたこと、2つにはマスコミがタブー

として報道しない姿勢をとったこと、3つには当時の社会党がこの解同を支持していたことにあった。

これに対し、解同と行政の癒着による不正を追及する公金不正支出返還訴訟が福岡、京都などで取り組まれたことをはじめ、解同関係の刑事、民事、行政事件などを闘った府県は、大阪、京都、兵庫、岡山、広島、香川、徳島、福岡、三重などに及び、関連事件は埼玉、東京、愛知でも取り組まれた。

これらの裁判に立ち上がった勇気ある人々と団員の不屈の闘いは、ついに02年3月、政府がすべての同和特別施策を廃止するという決定に結実した。

こうした政府の政策転換を促した重要事件とその判例の軌跡を、以下にたどることとする。

最初の暴力糾弾事件・大阪矢田事件
――不十分な刑事事件判決と見識を示した民事事件判決

事件の概要

69年3月、大阪市教職員組合東南支部の役員選挙に立候補した木下浄氏の挨拶はがきが発端とされた。それは「労働時間は守られていますか、進学のことや同和のことなどきわめて大事なことですが、どうしても遅くなることを諦めなければならないのか、それに名をかりての締め付けで職場が苦しくなることは避けられないのか。自ら要求し、自ら勝ちとっていこう」と労働条件の改善を訴えるものだった。これが解同矢田支部に持ち込まれた。矢田支部は、木下氏と推薦者を差別者として糾弾の対象とし、大阪市教育委員会や大阪市教組もこれに同調した。

4月9日、矢田支部は推薦教員3人を勤務中の中学校から矢田公民館に連行し、同盟員70名らが集団的につるし上げ、差別文書と認めて反省文を書けと強要した。市教組組合員ら100名、市教委幹部10人らも立ち会っていた。午後8時半頃、団員弁護士3名が駆けつけ警察に連絡をとったが、警察はすぐには動かず、午前2時半まで十数時間にわたり暴力糾弾が続いた。

団員が3人の被害教員の代理人として大阪地検に暴力監禁事件として告訴した。しかし、大阪地検は動かなかった。その後に、裁判所が、大阪中央公会堂執行停止決定、八尾市議除名執行停止決定など解同問題に対する毅然たる姿勢をとったことを見て、検察は事件発生から1年3か月後、解同矢田支部幹部2名を逮捕監禁事件として大阪地裁に起訴した。

刑事裁判の審理と判決

裁判長は、被告を「さん」付けで呼ぶなど解同に迎合し、検察官の論告も、被告人側にも同情すべき余地があるなどとするものだった。裁判監視という点では、法廷で解同と衝突することを避け、被害者側支援者の傍聴体制を組まなかった。被害者証人が孤立無援の中で、75年6月の判決は、被告人を無罪とした。その理由は、構成要件該当性は認められるが、挨拶状は差別文書であり、被告人らの行為には可罰的違法性はないとする不当なものであった。解同は、糾弾権が認められたと宣伝した。

救援組織も、弁護士も、被害者の立場から展開すべき大衆的裁判闘争の原則の実行を怠ったことを大いに反省し、控訴審での勝利を目指して闘う決意を固めた。団員弁護士は、公益の代表者としての検察官にその本来の職責を果たすよう粘り強く折衝する。公判では、支援団体は傍聴席の半分を確保して裁判の進行を監視する、弁護士もバッジを光らせて最前列で見守る、裁判所への公正厳正な判決を求める要請運動を強めるなど、被害者の側からの大衆的裁判闘争の方針を確認した。

まずは、検察に対し大衆的要請行動、弁護士独自の交渉などを行い、検察官控訴を実現し、その後も、控訴趣意書に記載すべき内容も提供し、検察側の証拠提出にも協力した。挨拶状の評価に関しては、そのまえに出た民事事件大阪地裁判決の内容・水準を反映させる。可罰的違法性論は、もともと権力の行使に対する人民の抵抗権を認める趣旨であって、市民間の事件などに適用すべき筋合いはないことなどを強調した。

81年3月、大阪高裁判決は、一審判決を破棄し有罪とした。しかし、懲役3月執行猶予1年という法定刑の最下限であった。「挨拶状は直接差別文書とは断じ難いが、結果的に差別を助長することにつながりかねない内容を包含するもの」と判示した。ただ、この判決は、糾弾権論、可罰的違法性論は認めず「激越な行為であって、社会的に相当と認められる程度を明らかに超え、法秩序全体の見地から可罰的評価に値しないとは到底いえない」とした。

被告側の上告趣意書は、可罰的違法性論を持ち出さず、事実誤認だけの主張であった。最高裁で糾弾権を否定されることを畏れたものであった。上告は簡単に棄却された。

矢田民事裁判と見識ある判決

大阪市教委は、監禁事件の直後の69年5月、被害3教員に特別研修命令を発し、また、木下氏と推薦者教員らに同和推進校への転勤命令、そして71年からは、これら8教員を教壇から外して教育研究所での研修命令を強行した。市教委の処分理由は、解同の言い分とまったく同じく、挨拶状は差別文書である、それを認めて反省するまで研修しろというのであった。

これらに対する処分取消訴訟と損害賠償請求訴訟を提起した。労働条件の改善を呼びかけた挨拶状が差別文書であるか、これが裁判の最大の争点となった。裁判途中での執行停止申立による研修打ち切りもあって、損賠訴訟のみとなった。79年10月、大阪地裁（上田次郎裁判長）は原告全面勝利判決を言い渡した（判時963号）。判決理由は明快だった。木下挨拶状は勤務条件の改善を訴えるもので差別文書には当たらない。判決は、同和教育や部落問題の解決には、様々な意見や理論的対立の存在することが考えられること、にもかかわらず市教委の主張する「同和教育の推進あるいは同和問題の解決を阻害するおそれがある文言を記載してあるものが差別文書」という考え方を採用するときは、容易に反対する意見を封ずる手段として利用され、同和問題に対する自由な批判、討論が不活発となり、自由な雰囲気がなくなって、ついには、反対の理論ないし思想の存在、さらにはその思想に同調する人々の存在をも許さないことになってしまうこと、市教委の処分は原告らの思想、信条、内心の自由を侵すもので、裁量権を著しく逸脱した違法なものであると判断した。判決は、慰謝料の額も、長期間にわたって、教員本来の任務に従事し得なかった精神的損害は極めて大きいとして木下氏に165万円、その他の教員に各135万円の支払いを命じた。

この判決理由は、86年地対協意見書で最も重視された「同和問題についての自由な意見交換のできる環境づくり」を裏付けた重要な司法判断となった。この判決は、大阪高裁、最高裁でも支持された。

矢田事件に関連する大阪中央公会堂事件とその判決

69年7月、市教委の不当な処分に抗議する市民集会が中央公会堂で企画された。その前日に、公会堂の管理者である市教委は会場使用許可を取り消した。これに対し、主催者からの申し立てで、大阪地裁、高裁とも執行停止を認め（判時575号）、集会は開催された。

主催者はさらに損害賠償裁判を申し立てた。75年5月28日、大阪地裁（下出義則裁判長）は請求額全額を認め、その理由を次のように述べた（判タ329号）。

「本件集会は政治的集会である。政治的集会の自由を保障することこそ民主政治実現の基礎であり、憲法21条が保障している。同和問題の早急な解決は、国などの重大な責務である。しかし、同対審答申を基調とするといっても、理論ないし方法は唯一無二ではあり得ないし、他の批判を許さないものでもない。批判のないところ民主政治は成り立ちえない。部落解放運動は一切の批判を封じて推し進めるべきではなく、むしろあらゆる批判に耐えうるものであってはじめて真に市民に理解され世論に支持されうるものとなることに思いをいたすべきである。」

この判決理由も、86年地対協意見書の自由な言論こそという基調を支えるものとなった。

八鹿高校事件と南但馬地方における数々の暴力事件

八鹿高校事件[18)]　事案の概要

解同は、兵庫県北部の南但馬地方で、74年から、自治体や学校に対する「確認会」（糾弾会）を展開した。1年間に100回にも及んだ糾弾行為によって、自治体の多くが解同の要求に屈し、団体補助金を支出するようになった。

74年11月22日、八鹿高校事件が発生した。同校には部落研究会が存在するのに、解同は青年部の指導する「解放研」の設置を要求し、職員会議で否定されるや、校長に圧力をかけて設置を認めさせ、校長室隣の応接室を部室として使用させるに至った。解同は、高教組支部員である教員たちを差別者と呼び、11月20日には、「八鹿高校教育差別糾弾闘争本部」と名乗って応接室を占拠し、校庭に投光器を設置するなどして、22日から23日（祝日）にかけて、徹夜の糾弾会を行うべく準備を重ねた。校長室隣の闘争本部には、解同幹部らのほか、校長、教頭、県教委幹部も詰めかけていた。

これらの状況を目撃した教員たちは身の危険を察し、生徒たちには自習するよう伝えて、年次有給休暇を取って、午前9時40分、集団で下校して八鹿駅方向に向かった。約60人の教員らが町の商店街まできたところで、追いかけてきた解同支部員から殴る蹴るなどの暴行を受けてトラックの荷台に次々と放り上げられ、56人が校内の体育館に連れ戻された。2人は救急車で運ばれ、4人は難を逃れた。

体育館では、1人ずつ数人で取り囲み、顔、背中、脇腹、太ももなどを殴る蹴る、頭髪をひっぱって頭を壁にうちつける。バケツの水を頭から掛けるなど、肉体的にも、精神的にも限界に達するまでの暴行の限りを尽くした。さらに、教員は本館2階の会議室や闘争本部室に連れ込まれ、鉛筆を指の間に挟んで締め付けたりする暴行を加えられて、「自己批判書」を

18）前掲『自由法曹団物語』（下）掲載

1975年1月
八鹿高校事件　現地調査雪中行進

強要された。午後10時45分、13時間ぶりに解放された。これらの暴行により、56人が重軽傷を負い、29人が入院した。

この間、県教委幹部も校長らも同席し、状況を把握しながら、何ら救出をしようとしなかった。

生徒たちの勇気ある行動

生徒たちは、先生たちが体育館に連れ戻されたことを知って、すぐ八鹿警察署に救出を求める行動に出た。警察署長は校門まで来たが、解同の暴力行為を放任していた。しかし、生徒たちの勇気ある行動は大人たちを励まし、その心に火をつけた。このままではいかんと、12月1日の八木川原での大集会には、地域と全国から1万8500人も集まった。団の弁護士も、兵庫県の団員だけでなく、大阪、東京などから被害者支援に入り、被害者や目撃者からの聴き取りを行った。その中で、解同が体育館内での暴行を八ミリ映写機で撮影し、町の写真屋に現像依頼していたことをつかみ、警察に押収させた。団員による告訴に基づき、12月には幹部らの逮捕、12月24日には八鹿高校事件の起訴、その後75年4月までに74年9月以来の朝来事件等合計7件が起訴された。8件の被告はのべ26人、実人員14人である。

75年1月に、団の全国幹事会を豊岡市で開き、その後、110人を超える団員らは雪の降りしきる八鹿町内の現地調査を行い、町民を激励した。

情勢の転換

この大惨事にも、全国紙・地方紙はほとんど沈黙した。12月19日、衆議院予算委員会での共産党・村上弘議員の八鹿高校事件に関する質問等が

NHK で全国中継された。解同の暴力問題がマスコミに取り上げられるきっかけとなるはずであったが、大新聞は依然として沈黙したままであった。

75 年 2 月の八鹿、養父町長選挙で、ともに共産党候補者が当選したこと、78 年 4 月、朝来町長選挙で、監禁事件の被害者・兵教組支部長であった橋本哲郎候補が当選したことは、解同の暴力に対する地元町民らの痛烈な批判の結果であった。兵庫県知事も、76 年 4 月、同和行政について、解同とは一線を画し、窓口一本化を廃止する通達を発した。情勢は大きく変わった。

神戸地裁刑事裁判と判決

矢田事件の経験から、被害者側の大衆的裁判闘争は厳格に実行された。しかし、被害者側と被告側が傍聴席を折半するということも簡単には実現せず、また、公判での裁判長の訴訟指揮も、解同被告に迎合的であった。

83 年 12 月の神戸地裁（荒石利雄裁判長）判決は、暴虐を極めたこの事件の首謀者に懲役 3 年執行猶予 4 年、その他のものにも執行猶予付の軽い刑であった。判決理由にも問題があった。1 つは、解同と日本共産党の「対立という図式」を持ち出して、残虐なテロ行為が教師たちの人間の尊厳に対する全面的な否認である実質を見逃した。2 つには、被害者側に問題があったとする点である。教師たちの集団下校は解同の糾弾を避けるためとはいえ、いかにも早急な態度で問題があると判示した。このような消極面をもちつつも、判決は、解同の糾弾権論の主張や、可罰的違法性論の適用は認めず、被告人らの行為は、社会的に相当と認められる程度を超え、法秩序全体の見地から違法であるとした。

被告人らの控訴に続き、検察も、首謀者に対し量刑不当として控訴した。88 年 3 月、大阪高裁（石田登良夫裁判長）は、双方の控訴を棄却し、最高裁も上告棄却した。

なお、解同の不起訴幹部や八鹿警察署長に対する告訴にたいする神戸地検の不起訴については、神戸検察審査会は「不起訴不当」の議決を行い、市民の良識を発揮してくれたが、地検は再度不起訴にして終わった。

民事裁判と判決

八鹿高校事件の被害者の教員61名は、事件に加担した県教委、校長・教頭及び警察の責任を追及するため、兵庫県と解同幹部を被告として、総額1億4000万円の損害賠償請求訴訟を神戸地裁豊岡支部に提起した。82年3月、兵庫県は、その責任を認めて、総額5700万円を支払うとする裁判上の和解が成立した。

解同幹部に対する判決（白井博文裁判長）は、90年3月、約3000万円の支払いを命じた（判時1350号）。判決理由には、①「解放研は学校教育における正常な教育秩序と根本的に相容れない」もので「解放研を承認しないことは当然である」、②集団下校についても「教員自らの身体の安全と八鹿高校の教育の自主性・主体性を守るための非常手段として集団下校したことは無理からぬものがあり、むしろ緊急避難であった」と判断し、事件は「差別者の汚名を着せ、徹底した私的制裁を加えて、解放同盟に対する無条件の屈服を迫ったきわめて悪質なもの」と断じ、「本件の発生に教職員の側に非難さるべき落度は全く認められない」と明快に結論した。

この判決は、大阪高裁、最高裁でも維持された。

事件の地に移住し、根づいた団員

八鹿・朝来刑事事件の被害者からの聴き取り、兵庫県らに対する国家賠償請求事件を神戸地裁豊岡支部に提訴し訴訟を遂行すること、八鹿、養父、朝来3町の公金不当支出住民訴訟の提起などに対応するため、但馬地方の中心地、豊岡市に法律事務所を設け定住してこれらの多数の事件の対応する中心となる団員が求められた。

当時神戸市内の法律事務所に在籍した前田貞夫団員（司法修習21期）は、率先してこの要請に応え、家族とともに、豊岡に移住した。前田は、八鹿高校民事事件弁護団の中心として県との和解や優れた判決を引き出したこと、多くの住民訴訟の勝利により、解同に蹂躪された地域の民主主義の復活に貢献したこと、その後も現在まで兵庫県北部の民主的法律事務所として、権利擁護のセンターとしての役割を果たしていることなど大きな実績をあげている。

マスコミの報道態度について、日弁連の批判

マスコミは、解同にふれることは一切書かない、報道しない、解同の糾弾の対象となりそうなことにはふれない、という点で横並びになっていた。八鹿高校事件被害者らの人権救済申立に関する日弁連調査報告書（82年7月）の一節を紹介する。

「当時の但馬地方における解放運動や同和行政の在り方については、一般新聞紙、テレビをはじめとする報道は、あたかもタブーであるかのように控えられ、殆どその実態が報道されていなかったことも驚くべきことである。政治的立場の如何を問わず、事実を事実として報道し、市民の判断材料を提供することは、言論の自由、報道の自由を標榜するマスコミとしての立場の責務であったはずである。その報道がなされることによってのみ、同和問題についての国民の認識が深まり、行政への反省を促し、同和問題の民主的解決へのみちは開かれるであろう」

吹田2中不当配転事件

吹田市の状況と吹田2中事件

大阪府吹田市では、69年、解同光明町支部が暴力糾弾路線を推し進めた。まず、この支部との窓口一本化を要求し、市長が応じないと、市長自宅を200人の集団で包囲し、水道、電話を切って監禁し、庭に入って鉦や太鼓、大型マイクを使って、3日3晩にわたり責め立てて、ついに窓口一本化を認めさせた。71年、革新市長に代わるや、解同は、この窓口一本化を継承しろと要求して、市長室に乱入して、市長に傷害を負わせた。72年には、吹田高校、吹田2中、ことぶき保育園で教員、保母らに暴力を振るう3事件も起こした。

72年4月、新採用で吹田第2中学校に配属となった女性教員が「解同支部の指導と助言のもとに解放教育に取りくむ」との誓約書を同支部に入れて、採用されていたが、その後の教育実践の中で、解同の教育介入の不当さを体験して、支部のいうままにはならなかった。この女性教員とそれを支援する教員らに対する暴行事件、さらに学校全体への集団的乱入、教育妨害事件にひろがった。解同は、教員らの解雇を要求して、吹田二中を2週間にわたって大量動員で包囲、乱入し、授業不能の状態にした。これに屈した市教委は、夏休み明けには女性教員を含む5名の教員を他の中学校に配転した。

大阪高裁判決

この不当配転の取消を求める訴訟で、80年2月、大阪高裁（村瀬泰三裁判長）は「解同の法的秩序を破るほどの不法な行為に基づく大混乱に対し、市教委および校長としては、学校教育を守り、生徒および教師を守る立場から、毅然として解同に学校からの退去を求め、厳重に抗議すべきもので、それが聞き入れられないときは警察力の導入を要請しても対処すべきであった、市教委のとった態度には非難されるべきものがある」と判示して、転任処分を違法として取り消した（判時969号）。

最高裁判決

この判決に対する最高最判決（谷口正孝裁判長）は、長い熟慮期間を経て、86年10月、同和問題についての最高裁の見識を示した（判時1219号）。判決は、この転任処分は同一市内で不利益を伴わないから訴えの法的利益がないとして、原判決破棄、訴えを却下した。これは従前からの判例に基づくものでやむを得ない側面もあるが、この判決では、異例にも、それに続けて、高裁判決の「市教委の態度には非難さるべきである」との判断に至る事実認定部分を全部引用した上、「その判断は首肯できないものではない」（平たく言えば、肯定できるという意味）とした。弁護団は担当調査官から「裁判官は据わりのいい判決」を模索しているようだとの説明を受けていたが、その内容は、原告の訴えを却下しながら、市教委が解同の不法行為に屈していることを容認できないとの見識を示したところにあった。

これが直後の地対協意見書に「不法行為に対しては警察力を導入しても、毅然と対処すべきである」と引用されることとなった。

大阪窓口一本化事件訴訟

解同は、矢田事件の「あいさつ状」が差別であるとは認めない同盟員に対して、権利停止、さらには除名処分を行い、行政も、解同から除名された者に対する同和給付金の支払いを停止するに至った。いわゆる窓口一本化による排除であった。排除された人たちは、部落解放同盟正常化連合会（正常化連）を結成し、やがて、全国部落解放連合会（全解連）を結成した。大阪窓口一本化訴訟は、この過程で提起された。

大阪市の同和関係の個人給付は、妊産婦、乳幼児、入学、就労、就職、同和住宅入居、生業資金貸与など30種目にわたっていた。市では、これらを条例で定めず、市長の定める「支給要綱」によって執行されていた。その受給のために、解同を主体とする「地区協議会」と解同支部長の推薦（副申）が要件とされていた。部落住民であるかどうかを行政が判定するのは差別になるとする解同の主張に屈して、解同が判定するという仕組みになっていた。

72年、市は、浪速区の正常化連の役員らの家族について、「地区協の副申がない」として継続申請を受理せず、給付を打ち切るという暴挙に出た。

この申請拒否に対し、全解連の家族らは、73年3月「申請不受理違法確認」訴訟[19)]を提起し、行政は公平に対処すべきもので、解同の副申がなくとも受給資格の継続を確認すべきだと主張した。この裁判には、市の顧問弁護士のほか解同顧問弁護士が市の代理人となり市側の主導権を握っていた。訴訟も窓口一本化というわけである。

大阪地裁（石川恭裁判長）は、78年5月、原告らには申請権がないとして却下という不当判決をした（判時907号）。支給要綱は、行政内部の事務処理基準にすぎず「法令に基づく申請」とは認められないという理由であった。

大阪高裁では、原告弁護団は、同和給付の実態は法令に基づく申請にふさわしく運用されていることを立証し、条例でなくとも条理に基づく申請

19）前掲『憲法判例をつくる』掲載

も法令に基づく申請であると主張した。

79年7月、大阪高裁（山田義康裁判長）は「原判決を取り消す、大阪地裁に差し戻す」とする判決を言い渡した（判時948号）。一審が「却下判決」であれば、破棄自判はできず、差戻ししかできない（民訴法）。それだけに判決理由はしっかりしたものであった。本件給付事業は、同特法に基づく同和対策事業の1つであること、本件給付請求全体の趣旨・目的から大阪市が行政庁として応答することが義務づけられているとし、副申の有無が大阪市の判断を拘束すべきいわれは存せず、もし拘束するとすれば、実質的には本件給付行政を民間機関に委ねるに等しくひいては住民が行政主体そのものによる行政判断を受け得る権利を侵害するもので、違法無効と断じざるを得ないと、解同に屈服した行政を批判した。この判決も、地対協意見書における「行政の主体性の確立」の提言につながった。

このあと、市の上告中、解同顧問弁護士を外して、80年12月、裁判上の和解が成立した。それは、請求していた給付額全額に裁判費用と慰謝料を加算して支払いをする、さらに、受給制度を改善して申請制度の整備を図るとするものであった。これで、大阪市の窓口一本化行政は完全にやぶられたはずであった。

ところが、それから9年後の89年3月、大阪市は、同和保育所に通園していた全解連会員の児童を一般保育所（保育料負担などに大きな違いがある）に変更する処分を強行したが、裁判所の執行停止処分などを得て解決した。さらに93年にも、同和保育所で、全解連会員の児童に対し保育服などの不支給などの差別も繰り返され、訴訟により解決された。いずれも、解同の不当な要求に屈したものだった。

埼玉県加須市長選挙無効事件

75年6月実施の埼玉県加須市長選挙では、現職に対抗した候補者が、現職市長の解同寄りの同和行政を批判して「同和対策是か否か」とするスローガンを選挙ポスターに記載した。解同は、これを差別だと市選挙管理委員会に押しかけた。市選管は、解同の言いなりで、ポスターのスローガン部分に紙を貼って隠せと指示し、さらに解同と一緒に、その候補者の選挙事務所に押しかけて圧力をかけた。

落選したこの候補者が、市選管により選挙の公正を著しく害されたとして、本人訴訟で東京高裁に提訴した。76年2月、東京高裁は、同和問題が国民的課題だからといって、その対策如何に関する議論は何ら制約されることはない。どのような施策をとるかはまさしく言論の自由に属する。「同和対策是か否か」という文言が差別に当たるということはない、選挙管理員会の対応は選挙の公正を著しく損ねたもので不当な選挙干渉に当たり、選挙無効である、と判断した（判時806号）。76年9月、最高裁判決も、同和政策批判の主張そのものを封じようとした違法なものであるとして、高裁判決を支持した（判時826号）。

政府の政策の大転換

地対協意見具申

82年4月、同特法に代わって地域改善対策特別措置法（地対法）が施行され、同対審・同対協も総務庁（当時）所管の地対協と改組された。

86年1月、地対協に運動団体メンバーを含まない「基本問題検討部会」が設けられ、同年8月、その報告書が公表された。

報告書は、矢田民事訴訟判決の引用をはじめ、暴力糾弾や行政の私物化、「窓口一本化」による行政の主体性の欠如などを指摘し、65年同対審答申を見直し、運動団体の行き過ぎた行動が部落差別の解消にとって新たな障害となっていることを確認して、次のような提案をした。

部落問題解決の基本的課題として
①同和問題についての自由な意見交換のできる環境づくり
②行政の主体性の確立と行政運営の適正化
③えせ同和行為の排除
④同和関係者の自立・向上

①・②は、解同の暴力糾弾路線と「窓口一本化」を批判したものである。

③では、「何らかの利権を得るため同和問題を口実にして企業、行政への不当な圧力をかける行為」と規定して「既存の団体の構成員によって行われるもの」を含め「えせ同和団体の排除」を改めて、「えせ同和行為の排除」と明確にした。

この変化は、これまでの同和行政のあり方に対する全面的な批判に立って、180度の転換をしたといってもよい。解同は「部会報告を怒りを込めて抗議する」との声明を発表した。それは報告書の是正の対象が解同にあることを自認したものにほかならない。

啓発推進指針

地対協全体会議も、86年12月、同趣旨の地対協意見具申を政府に提出した。政府は、この意見を踏まえて、87年3月、「地域改善対策啓発推進指針」（総務庁）を作成して知事・政令都市市長宛てに発出した。「指針」には、前記項目①②③に対応して、運動団体との関係の見直しを含む具体的な改善策を示している。特に、「差別および確認・糾弾に関する考え方」との項を設けて、部会報告を引用し「確認・糾弾に関する判例の内容を紹介することも重要な啓発となる」と明示した。

教育現場における暴力糾弾が多かった事態に鑑み、指針は「教育の場における啓発の実施」という項をおいて、次のように言う。

> 「従来一部に見られたような同対審答申を絶対視し、他の見方をすべて否定することは避けなければならない」、「差別発言等を契機に学校教育の場に糾弾闘争その他の民間運動団体の圧力等を持ち込まないこと」「団体の自粛がない場合には、教育委員会および学校は、断固その圧力等を排除すべきである。団体の行為が違法行為に該当する時は、警察の協力を求めることが重要である」。

ここにも、吹田2中事件高裁・最高裁判決が引用されている。

しかし、この「指針」も、解同の圧力に屈した西日本全域の府県知事らによって「返上」され、各市町村に伝えられなかった。それだけではない。

この画期的な地対協意見や啓発推進指針も、マスコミはまったく報道しなかった。一部専門家を除けば、ほとんどの国民は、この政府の大転換を知ることもなかった。

法務省の「確認・糾弾について」（通知）

法務省も、88年8月、全国の人権擁護局長、地方法務局長宛てに「確認・糾弾について」とする通知を発した。そこでは、解同の糾弾権論を明確に否定し「確認・糾弾会は、その性質上、被糾弾者の人権の配慮に欠けたものになる可能性を本来もっている」、「何が差別かということを主観的立場から、恣意的に判断され」、「公務員は出席を求められても出席すべきではない」など、具体的に書かれていた。

しかし、これも一般国民に周知されることはなかった。解同の猛反発に、政府も毅然としてこの方針や指針を実行する熱意をまったく示さなかった。これらの政策の大転換は、その後も引き起こされた多くの解同関係事件で、裁判所説得の重要な材料とはなったものの、国民的理解の広がりにつながっていない。

同特法の廃止

その後、解同の露骨な暴力糾弾路線は、一応沈静化し、ようやく、政府も同和特別施策の終結、廃止を進めることとなり、2002年3月末をもって、すべての同和対策特別措置に関する法律は廃止された。

政府の廃止の理由は次の3点である

第1は、関係自治体の長年の取り組みによって、同和地域を取り巻く状況は大きく変わった。差別意識も確実に解消されてきている。

第2に、この改善された状況で、なお同和施策を継続することは有効ではなく有害である。行政施策は、本来、全国民に受益がおよぶように講じられるべきものであり、国民の一部を対象とする特別施策はあくまでも例外的なものである。

第3に、同和地区の人口の大規模な変動によって、同和地区に限定した施策を継続することは実務上困難になっている。

この廃止は遅きに失した。69年の同特法制定以来の33年間に支出された金額は、国と地方自自体合わせて16兆円を超えるという。

逆流としての「部落解放推進法」の制定と歯止め

同特法の廃止から14年後の16年5月、突如「部落差別解消推進法」案が国会に提出された。かねてから法案推進を続けてきた解同の要求に同調する自民党などの議員立法として提案された。

日本共産党の反対だけで、法案が通過しようとするとき、参議院法務委員会の審議では、団員を含む参考人の意見陳述がなされ、かつての解同の無法な運動の実態が明らかにされたことと、仁比聡平議員（団員）の奮闘によって、「過去の運動団体の行き過ぎた言動が部落差別の解消を阻害した要因となったことに鑑み、その対策を講じること、新たな差別を生むようなことのないよう留意すること」などの附帯決議が全員一致で決議され、この法律の施行後の一定の歯止めになっている。

マスコミのタブーは解消されたか

八鹿高校事件で、マスコミのタブーは解消の糸口をつかんだかに見えたが、その後もこのタブーは解消していない。

06年5月、ようやく、解同飛鳥支部長(大阪)小西が大阪市の外部団体の業務上横領、健康保険証の詐欺の容疑で逮捕されるに及んで、関西のマスコミは、解同の名前を挙げてその不当な利権を報道するに至った。小西が、解同とやくざを背景として大阪市の同和行政に深く入りこみ、土地転がしを含め数十億円にも及ぶ蓄財を重ねたこともようやく報道されるに至った。

だが、19年暮れから大きく報道された関西電力の社長、会長をふくむ幹部らが、合計3億2000万円余の金品を受領した事件についても、贈り主の森山高浜町元助役の強烈な個性をあげ、断り切れなかったと報道するのみだった。実は、元助役は、高浜町職員に採用される69年から解同高浜支部書記長・福井県連書記長として差別糾弾闘争を指導し、その勢威をもって行政を支配し、助役にまで上り詰め、関西電力の原発誘致運動を進め、反対運動を抑圧した。その見返りに、原発建設・維持の工事等につき厖大な利権を得ていたのである。このことは、83年、柴野哲夫著『原発のある風景』上・下（未來社刊）で既に紹介されていた。しかし、マスコミは、解同がらみの報道をまったくせず、依然として解同タブーが解消していないことを示している。

20年3月、元検事総長を委員長とする第三者委員会の調査報告書が公表された。そこでは、解同の名前を出さないものの、森山を講師とした関電幹部らに対する「人権研修」（同和問題研修会）が森山に対する畏怖の念を醸成させたと記述している。毎日新聞がこれを報じたが、他紙は報じていない。「人権研修」は、「確認・糾弾会」と相まって、解同の行使した、行政・企業・地域住民への圧力行為の手段であった。

部落問題の今日的状況をどう見るか——この問題のまとめ

先に述べたような問題があるにせよ、部落差別問題は、今日基本的に解消されているということができる。02年の同特法廃止の理由で、政府も認めていたが、その後、さらに部落差別を容認しない社会的常識が形成されている。

ただ、ほんの一部の心ない人による差別事象の発生は絶無とはいえないが、過去に発生した弊害からみて、部落問題に特化した対策はあり得ない。

いま、わが国の社会には、多くの人権侵害やいわれない各種の差別がかなりある。それらすべての人権侵害や差別に対して、対応する「政府から独立した人権機関」の設立と各人権条約に付随する選択議定書の批准（個人通報制度の確立）とが緊急の課題である。

「政府から独立した人権機関」とは、93年12月国連総会決議による「国家機関（人権機関）の地位に関する原則」（パリ原則）により、既に110カ国に設立されている。法務省人権擁護局ではこの役割を果たし得ないものであって、政府への政策提言や、政府から独立して人権救済を行う国家機関が求められているのである。国連の自由権規約委員会の定期審査や人権理事会からは、日本政府に対し、98年以来再三にわたり、この「人権機関の設立」等が勧告されているが、未だに実現していない。日弁連や国民救援会などその実現を目指す運動に、団もともに力を尽くしたい。

第5章

ジェンダー平等
——差別の是正と権利闘争

女性と法曹界

団の百年にも及ぶ長い歴史の中でもジェンダー差別、とりわけ女性差別の是正と女性の権利闘争分野での団及び団員の活動は60年代以降になる。というのも、そもそも戦前においては社会的にはもちろん、法律上も男女差別が当たり前だったからである。女性には選挙権もなかったし、民法上妻は無能力者であった。家庭でも社会でも一人前の人間とは扱われなかった。家族的責任は女性にのみ担わされていた。

戦前、女性は、法曹資格のうち裁判官、検察官については認められなかった。弁護士についても33年の「男子タルコト」を削除した弁護士法改正によりようやく女性にも資格が認められ、3人の女性弁護士が誕生したのは40年であった。

47年に日本国憲法が施行され、教育基本法、学校教育法の公布により、女性も大学の法学部に進学する道が開かれ、49年に司法試験法が施行され、女性は弁護士だけでなく、裁判官にも検察官にもなれることになった。しかし、法曹になる障壁が取り除かれたとはいえ、社会の意識はなかなか変わらず、女性法曹はごく少数にとどまった。ちなみに58年には、女性弁護士の数は全国で32名であった。

団員で女性の権利闘争にその生涯を捧げた坂本福子が弁護士となり、入団したのは60年であった。この前後に入団した女性弁護士は、樋口幸子、土生照子等であった。

66年に女性入団者が複数名になったのを機に、団婦人部（後に女性部と改称）がつくられたのが68年。当時の女性弁護士数は166名となったが、そのうち団員は28名であった。
　結婚退職制を初めて争った住友セメント事件の提訴は男性弁護士に担われていた。その後の女性弁護士の増加、とりわけ団の女性弁護士の増加により、女子若年定年制や出産退職制等を争う裁判闘争は、その多くを女性弁護士が担った。まだまだ極めて少数派であった女性団員たちが女性として働き続けたいという自分自身の要求と、依頼者の女性たちの願いとを重ね合わせるところから始まった。

1　女性の権利闘争の広がりと団の活動

女性も働き続けたい
——女性労働者の権利闘争の始まり

　わが国は、50年代半ばから高度経済成長が始まった。68年にはGNPで当時の西ドイツを抜いてアメリカに次ぐ世界第2位の経済大国になった。それを底辺で支えていたのが、差別的低賃金の女性労働者であった。
　女性労働者の数は、50年には就業者中38.2%であったが、60年には50.5%になった。50年の女性の賃金は男性比で46.5%であったが、60年には42.8%に下がった。そして、61年には、女性のパート労働を税制の面からも推し進める配偶者控除が創設された。政府・財界の労働力政策は、多くの女性に家族的責任を担わせたまま女性を低賃金で労働市場に駆り出すものだった。
　この政策の下で女性労働者は増え続けた。共働きでなければやっていけない家計の事情もあり、結婚しても子どもを産んでからも働き続けたいと願う女性たちは生理休暇の保障や産前産後休暇の確保などの職場での権利闘争とともに「ポストの数ほど保育所を！」をスローガンにして地域での保育所づくり運動を始めた。この運動は60年代、都市部を中心に大きく広がった。働き続けるための保育所づくりが進めば、既婚者であっても働き続けられる条件が一定程度確保されることとなった。
　また、女性労働者が結婚をすると退職あるいは出産を機に退職することが長い慣例になっている職場で、新憲法の下で育った女性たちの中に、なぜ女性だけが結婚を機に職場を辞めざるを得ないのかについて疑問がわき、それに異議申立をするようになった。

闘いの広がりと団女性部の結成

女性労働者の差別是正、権利闘争の広がり、そして、法廷闘争で女性団員の活躍が社会的に注目されてきたことや、女性団員の数も28名になってきたことなどを背景に、68年に団女性部が結成された。

その目的の1つは、女性団員が男性団員にはない特性を活かして結集して他の女性団体と連帯しながら、民主的な女性運動に取り組むところにあった。例えば、婦人団体連合会（婦団連）から、女性法律家の団体として加盟してほしい旨の求めがあった。婦団連は国際民主婦人連盟の世界大会に女性代表を送ることを機に53年に結成された国内の女性の統一行動のよりどころであり、かつ世界の女性運動の窓口でもあった。その加入要件は「女性団体」であったところから、自由法曹団としては加入できなかった。70年は日本でもフェミニズム運動が台頭してくる時期で、民主的な各種の団体、分野で男性中心になりやすい視点に女性の視点を取り入れ、未だに残る女性差別を是正して、民主主義を徹底させる目的があった。

団女性部は、婦団連には73年に加入し、今日まで常任幹事を送り出すなどして組織的にも緊密な連携を取り続けている。さらに、団女性部を窓

1970年頃の団女性部の写真

口にして日本母親大会連絡会、新日本婦人の会、全国労働組合総連合（全労連）女性部、国際婦人年日本大会の決議を実現するための連絡会（国際婦人年連絡会）等とも連携、連帯を続けている。

目的のもう1つとして、ジェンダーバイアスの改善があった。女性労働者の激増とともに専門職の女性弁護士の増加にもかかわらず、本来女性は家庭にいて家庭を守るものという性別役割分業の根強い考えとそれに基づく女性への偏見、差別は、司法の世界でも例外ではなく、当時の男性団員や団員の法律事務所の運営にもあったからである。

この点での取り組みとしては麹町警察署・三婦人弁護士暴行事件があげられる。団女性部が創立された翌年（69年）、麹町警察にビラはりの女性被疑者との接見を求めた女性弁護士3名に対し、同署が接見を拒否するだけでなく暴力によって署外に3人を「排除」し、負傷させるという事件が起きた。この3人の女性弁護士は団員だった。これに対し団をあげて社会にその不当性を訴え、民主団体等とともに、その責任者の罷免等を要求する署名運動を展開した。

また、団員の事務所内の女性差別に関しては家族的責任についての弁護士の無理解に加え、女性を採用すると直ちに産休の問題が生ずる等から、団員が多数を占める事務所であっても女性弁護士の採用について消極的な姿勢が続いていた。女性部は団本部を介して、各事務所にその改善を求める要請を何回かした。

女性労働者との交流

女性部の当初の対外活動の重点は女性労働者との交流であった。女性部創立の68年に第1回の交流会をもち、73年までに4回の交流会をもった。74年には女性労働問題についての学習討論集会を開催した。

当時、東急機関工業事件（69年提訴・若年定年制）や秋田相互銀行事件（71年提訴・賃金差別）など女性労働者の働く権利を守る裁判闘争に女性団員が中心となって関わっているが、個々の裁判闘争をどう闘うかだけでなく、広く財界の女性労働力政策の視点から差別の本質を捉え、法廷外の女性の地位向上を目指す幅広い運動と結びつきながら大衆的裁判闘争として争うことについての学習交流の場であった。

国際的な女性運動の発展とともに

女性差別撤廃条約

70年代半ば、労働運動の右翼的潮流が主導権を握り、革新統一の分断などが進行した。この一方で国際的な女性運動の発展の中で日本政府と財界もジェンダー平等にまったく背を向けるわけにもいかなくなり、諸立法の整備が始まった。

75年は国連が定めた国際女性年で、メキシコで第1回世界女性会議が開かれ世界行動計画が採択された。わが国は経済大国でありながら女性は発展途上国との比較でも低い地位のままであり、日本政府は女性の地位向上に無関心と国際的に認識されることになった。そして、世界大会に参加した多くの女性たちがその成果を国内に持ちかえり、女性運動は盛り上がりをみせた。

団は、女性部を中心に75年9月、国際女性年記念の「婦人の権利討論集会」を企画し210名の参加を得た。団主催で、テーマを女性の権利問題に特化して権利討論集会を開催したのは初めてのことであった。

国連はその後の10年を「国連女性の10年」と定め、「平等・開発・平和」をスローガンにして世界的に女性への差別撤廃に精力的に働きかけた。それに呼応して国内の女性運動も活発化した。79年に国連「女性差別撤廃条約」が採択された。国内でも女性団体を中心として日本政府に条約批准を迫る運動が広がり、80年のコペンハーゲン第2回世界女性会議で日本政府に条約を署名させた。85年には国内で均等法の制定と条約の批准を経て、ナイロビでの第3回世界女性会議には日本からも団員や女性団体役員など多数が参加した。

女性差別撤廃条約は、女性に対する差別は女性の人権及び基本的自由を侵害するものであることを明確に規定した上で、さらにそれまでの女性の役割と労働に関する考え方を根本的に変革し、性別役割分担を前提とする「平等論」を明確に否定している。

母性の社会的重要性並びに家庭や子どもの養育における両親の役割に留意し、出産における女性の役割が差別の根拠となるべきではなく、子の養育には男女及び社会全体が共に責任を負うことが必要であるとしている。そして女性労働者に対する保護法令は必要に応じて男性にも適用を拡大することを明確にしている。

女性差別撤廃条約を知り、その内容を理解して、わが国での男女平等法を求める気運は高まった。労働諸団体が雇用平等法の制定を求める運動方針を決め、積極的に運動を展開し、様々な女性グループが「私たちの法案づくり」を行い、それをもって国会に陳情するなど、活発な運動が展開された。

「女子保護規定」の規制緩和

日本政府と財界は、条約批准の条件として雇用分野での男女平等法を制定することが必須であったことを奇貨として、それ以前から準備してきていた労基法上の女性労働者の保護規定の改悪を進行させた。

団女性部は、雇用機会の均等に限定するのではなく、雇用の場における女性差別をなくし、真の平等を目指す「雇用平等法」の立法提案をするとともに、母性保護の廃止及び緩和を許さないための学習教材として、78年に「資料母性保護」を、翌79年には「資料母性保護改訂版」を発行した。その後も84年には「労基法改悪反対。実効性のある雇用均等法を求める」シンポの開催とパンフ「生きる、働く、平等」を発行して、女性団体や労働組合女性部の運動と連携して精力的に運動した。

男女雇用機会均等法成立

しかし、政府・財界は「平等を求めるならば保護をなくせ」との掛け声の下、労基法の女子保護規定の規制緩和を強く主張した。

85年、女性差別撤廃条約批准のための国内法整備の一環として、72年に施行された勤労婦人福祉法の改正という形式で「雇用の分野における男女の均等な機会及び待遇の確保等、女子労働者の福祉の増進に関する法律」（男女雇用機会均等法）が制定された。成立した均等法は、女性たちが求めていた男女平等法からみると、雇用における性差別を生み出す募集・採用、配置・昇進に対する差別規制が努力義務にとどまっていること、「女子保護規定」の廃止に向けた方向が打ち出されたこと、差別からの救済について実効性を欠くことなど、求められていた男女平等法には及ばず、不十分なものであった。

しかし、雇用の分野で女性差別を禁止する法律が制定されたこと自体は画期的なことであり、男女雇用機会均等法時代が始まった。

男女雇用機会均等法の改正とその後

男女雇用機会均等法を武器に裁判で差別是正を求めた女性労働者や労働者の闘いは、97年法改正に結実した（99年施行）。

85年法では努力義務にすぎなかった募集・採用、配置・昇進段階の差別が禁止規定に改正され、ようやく雇用の入口から出口まで女性差別を禁止する規制法となった。同時に、女性に対する労基法上の時間外・休日労働の制限や深夜業原則禁止の「女子保護規定」は廃止された。使用者が女性にも男性並みの長時間・過密労働を強いることが可能となった。

団は、全労連等の呼びかけで結成された労働法制中央連絡会に結集し、労働法制の規制緩和を許さない闘いに参加した。女性団体とともに、「女子保護規定」の撤廃の危険性について、働く女性の実態の証言集を作成して国会議員要請を行うなど、精力的に取り組んだ。均等法の改正についての意見書も発表した。

「女子保護規定」は廃止されたが、この取り組みは、男女ともに労働時間の上限規制を設ける法規制を求める運動に引き継がれた。

政府の男女共同参画施策

女性差別撤廃条約の批准を機に、政府は「国内行動計画」を策定し、地方自治体に男女共同参画の「推進本部」や「推進会議」の設置を要請し、審議会や公務員への女性登用、女性会館建設などを実行し、男女共同参画の実情に関する情報を出すようになった。この点で女性に関する施策や地方自治体の行政は前進した。また91年に制定された育児休業法は、当初育児休業の取得が女性のみに限られていたが、それが男性も取得できるようになり、かつ雇用保険から給付金が出るようになるなど改正されていった。

99年には男女共同参画社会基本法が制定された。団女性部としては名称としても「男女共同参画」ではなく「男女平等法」にすべきであるとして意見書を出す取り組みをした。

この法律は、男女共同参画社会とは「男女の個人としての尊厳が重んぜられること。男女が性別により差別的取り扱いを受けない社会」であることを明記し、かつ、男女共同参画社会の実現を「21世紀のわが国社会を決定する最重要課題」と位置づけた。さらに社会における制度、諸慣行についてもできるだけ性別による固定的役割分担から中立なものとなるよう配慮されなければならないことが明示されている。

そして01年に成立した「配偶者からの暴力の防止及び被害者の保護に関する法律」(DV防止法)は、何度かの改正を経て未だ不十分ではあるが、ジェンダーを原因とする暴力を許さない法的仕組みをつくった。

それらの点では女性運動の前進とその成果は見逃せない。全国で活動する女性団員は、女性団体と女性運動と緊密なつながりをもって、国や自治体に対し働きかける女性の運動を支えている。

長時間労働の規制を男女共通の課題に

しかし、労働者の健康の保護の点では深刻な事態が放置されている。今日では女性保護は女性特有の身体・生理機能を理由とする保護(生理休暇、危険有害業務)等に限定されている。そして、男女ともに長時間労働を規制する共通規制は、結局男性の基準に女性を合わせることになった結果、進んでいない。労働時間については、労基法の改正により97年には、1日8時間、1週40時間制に完全に移行した。しかし、三六協定を締結し労働基準監督署に届け出れば時間外労働は可能である。その上、度重なる労基法の改正で変形労働時間制や裁量労働時間制などの導入により、長時間・不規則労働、サービス残業の問題が発生している。日本は依然として長時間労働の国である。このような労働のあり方が、男女共通に健康を損ね、家庭や個人の生活と仕事の両立を阻む要因となっており、とりわけ未だ家族的責任の大半を担う女性にとって職場でのジェンダー差別の根本にあるといえる。

働き続ける権利のための闘争と法整備の前進

家族的責任との両立の法整備

男女の役割分担を否定した女性差別撤廃条約の下で、ILOは81年男女労働者が家族的責任を果たしながら働き続ける権利を保障するための156号条約を採択し、165号勧告を出した（日本政府批准95年）。これを受けて、日本でも家族的責任との両立にかかわる法整備が必要になった。また、「1.57ショック」と言われた出生率の低下で、育児と仕事の両立のための法整備が不可欠な状況となった。そこで01年、育児休業法が改正された。休業中の賃金などの不安から取得を躊躇する、実際に育休を取得しても復職時には非正規雇用への転換を求められる等々、そして男性の取得はほとんどなく、育児についての男女の役割分担の解消には程遠いこと等の問題があったが、法改正がなされたことは一歩前進であった。

その後、同法は06年に介護休業の取得についても補充され、育児介護休業法となった。しかし、依然として男性の育休・介休の取得率は低い。

セクシャル・ハラスメント

男女雇用機会均等法の下でも、職場における女性労働者に対する差別的な意識が払しょくされたわけではない。特に性的な言動については人権を侵害する行為として問題にされてきた。団員も関与して、セクハラにおける使用者の責任を問う訴訟が提起され、損害賠償責任を認めさせた。これが法改正を導く力となった。97年均等法改正においては、セクハラの防止についての事業主の措置義務が明記され、指針が定められた。

07年法改正で均等法は男女ともに対象とする法律の規定となった。セクハラは、労働者が性的な言動や不快な環境にさらされることなく人権を尊重されて働き続ける法的な権利として位置づけられた。

しかし、97年、07年法改正では立証責任については何ら定められていないために、被害にあった労働者が均等室の調停を利用することも容易ではないし、まして裁判まで提起して責任追及をすることは負担が大きい。

20年6月改正均等法が施行され、「性的な言動」に含まれる範囲が拡大し、事業者への相談を理由とする不利益取り扱いが禁止された。

マタニティ・ハラスメント（マタハラ）

産む性としての母性の保護が労働関係法令上位置づけられ、均等法改正や育児休業法が整備されても、妊娠・出産・育児を理由とした女性労働者に対する差別が続いている。

特にこれらに関わる権利行使をした女性労働者に対して、不利益な労働条件を課したり、非正規への転換を迫ることが続いている。

このような中で、最高裁は14年10月23日、広島中央保健生活協同組合事件について、均等法9条3項は強行法規であり、女性労働者につき妊娠出産や産前産後休業の請求又は軽易業務への転換等を理由として解雇その他不利益な取り扱いをすることは違法、無効であるとした。また最高裁は、労働者は自らに不利益取り扱いがなされ、それが妊娠・出産を「契機とする」ことさえ立証すればよいとし、実質的に立証責任の転換も示した。

本判決を受けて、国は、均等法9条3項の「理由として」については「契機」であればよく、基本的に育児休業の申出又は取得をしたことと時間的に近接して当該不利益取り扱いが行われたか否かをもって判断するとの通達（雇児0123第1号）を発出した。

マタハラを許さない裁判闘争では、若手の女性団員が中心的に活躍している。

パワー・ハラスメント防止法の制定

性的言動だけではなく、パワハラも雇用の現場での人格をないがしろにしたものである。20年6月にパワハラ防止法が施行された。この点、セクハラノーから始まった運動が、職場の男女さらにはLGBTの人たちを含めた、すべての労働者の課題になっている。

性暴力ノーの運動との連携

性暴力のない社会を求めるフラワーデモが全国各地で取り組まれている。実名で元 TBS ワシントン支局長を裁判で訴えたジャーナリストの伊藤詩織事件にも団員が中心的にかかわっている。17 年に 110 年ぶりに改正された性犯罪規定は、未だに「暴行脅迫」の厳しい要件等が問題になっている。21 年現在法務省の刑事法検討会において性犯罪規定のさらなる見直しが検討されている。この法務省に設置された検討会には、性被害の当事者も委員となっており、議論のたたき台として、暴行脅迫要件を撤廃すること等も盛り込まれた。家父長制の家制度の下での刑法とはちがう、ジェンダー平等の視点に基づく法改正が求められるし、各地の団員の活動も期待されるところである。

憲法を守り生かす運動

憲法パンフの作成普及、学習活動

団は、平和と民主主義のために闘う弁護士の集団である。

団女性部の 35 周年記念誌（05 年 7 月発行）に当時団長であった坂本修弁護士は以下のとおりあいさつ（以下一部）を寄せている。

「自由主義、規制緩和、弱肉強食路線の下で、女性に対する差別的権利侵害は、様々に新しい仕組み、新しいイデオロギーで強まっています。『女性の権利のための闘争』は新たな事態にふさわしい“新鮮”な闘争を必要としており、なんといっても女性団員は、その先頭に立って闘う位置にあるからです。それだけではありません。平和と民主主義のための闘いにおいて女性が果たす役割は、何倍、何十倍ものものになっています。」

そして例えばとして、「憲法改悪阻止の闘い」や「教育基本法改悪反対、教育の民主化の闘い」をあげている。

まさに、憲法改悪阻止、憲法を守り生かす闘いでの女性団員の活動は注目に値する。

女性部は、81 年、89 年、98 年と 3 回にわたって『憲法とわたしたちのくらし』（憲法パンフ）を発行した。いずれもいわさきちひろ作の母子のや

団女性部が発行した書籍

さしい絵を表紙にした100頁ほどの手頃な読み物である。内容は、私たちの日々の暮らしを通して憲法を語る、身近なニュースを各章の冒頭に書き、それを憲法の条文に結びつけて解説するスタイルで、3版とも変わっていない。また、各版とも各章毎に全国から執筆者を募って書き下ろしているので、延べ約60名の女性団員がその作成にかかわってきた。そして、憲法パンフを利用して、憲法学習会が様々な形でもたれ、1回だけの学習会でなく、くりかえし、いろいろな方法でなされている。

初版の出版にかかわった高橋高子団員は次のように述べる。

「驚くのは、今でも、このパンフを読みかえしている人達がいることです。このパンフによる憲法学習会をきっかけに、長く憲法学習を続けているグループが、千葉県にいくつかあります。『自民党憲法改正草案』や『安倍政権の9条改憲の動き』の中、憲法を学習したいという女性の意欲と自分の人生と日本国憲法をかさねて考える女性たちに圧倒されるおもいがする昨今です。私は、『憲法とわたしたちのくらし』を発行した意義とその後のとりくみは団女性部にとって、地道ですが、すばらしいものだと思います。」（「自由法曹団女性部50周年によせて」）

また、第2版の出版責任者であった渡部照子団員も「私は（17年頃）そんなある日、たまたま街頭行動で一緒になった女性から、昔買った小冊子

『憲法とわたしたちのくらし』を使って仲間内で学習していると言われ、驚くと同時にうれしくなりました。その女性は、今読んでも使える、基本的に政治が変わっていない、表紙もちひろさんの絵で、親しみが沸くということでした。」と書いている（同）。

第２版と第３版は、最後の頁に「憲法学習会の講師をお引受けします」との表題の下に全国の女性団員の氏名・所属する法律事務所の名と電話番号を印刷した。この本を使って、講師活動を旺盛にし、その際に本を販売した。いずれも各１万部以上普及した。

最近では、若手女性団員が始め、各地で盛んに行われている憲法カフェ運動。そして初版８万部、改訂版も３万部を普及した「憲法リーフ」の出版にもつながっている。

教育の反動化を許さず、教育の自由を守る闘い

子どもの権利や教育の問題では、79 年に「国際児童年記念子どもの権利を考えるシンポジウム」を団女性部から提起し、団本部主催で開催した。97 年、団は、教育基本法改悪に反対し、女性団員が中心となって、『変えてはいけない教育基本法』を作成し、出版した。それ以前から、男女共同参画社会基本法に基づく各地方自治体での条例や指針づくりに対して「男らしさ、女らしさを否定するもの」「家庭が破壊される」などとして、改憲派の人々が各地で運動し、押し進めようとしており、「ジェンダー」や「ジェンダー・フリー」という用語に反発して攻撃していた。教育基本法の改悪はこうした改憲派の運動の延長線上にあった。団は、教育基本法改悪に反対する運動を、改憲阻止とともに、ジェンダー平等を求め民主主義を広げる運動としても位置づけて取り組みを進めていった。教育基本法改悪に反対する運動は、ジェンダー平等を敵視し、憲法 24 条改悪を進める改憲策動に対する闘いでもあった。

2　ジェンダー平等の実現のために裁判に立ち上がった女性労働者

女性労働者は、女性差別をなくし、働く権利を実現するために、法律の整備ができる前から、裁判に立ち上がり権利を前進させてきた。団員は、女性労働者やこれを支える労働組合や女性団体に寄り添い、新たな法解釈に挑み、創造し、裁判闘争をけん引してきた。なお、今では女性の非正規労働者は6割を占めるに至っている。不安定な雇用と低労働条件を是正しなければ男女平等は実現しない。

結婚退職制・若年定年制を乗り越えて

労働基準法4条は男女同一賃金を定めるが、その他の男女の労働条件の差別については直接の法律の規定がない。そのため、結婚退職制や男女の定年年齢の差別が横行していた。裁判でこの是正を求めることに立ち上がった女性労働者の思いを受け止め、団員は、女性に対する差別的取り扱いは民法90条の公序良俗違反を理由として無効とする法理論を構築し、司法判断を求めた。

最初に道を切り拓いたのが住友セメント事件の鈴木節子であった。1966年12月20日、東京地裁は、結婚退職制は性別を理由にした差別であり民法90条の公序良俗に違反し無効である、と明確に判断した。この判決をリーディングケースとして、結婚退職制、若年退職制、若年定年制、差別定年制など、雇用の終了段階において女性が差別され、「働き続ける権利」を侵害されることの無効を認める判決が重ねられた。

東急機関工業事件では、組合が受け入れた男性は55歳、女性は30歳の定年差別に納得がいかない女性社員が他の女性社員の支援を受けて裁判に立ち上がった。坂本福子団員らが担当した。東京地判1969年7月1日は、女性に対する著しく不利益な差別であり、公序良俗に反するという判決を下した。この事件は、72年2月、東京高裁で、女性社員の定年を50歳に延長した上で、30歳以降のバックペイも払わせる和解で解決した。

「一歳の差別は一切の差別につながる」として男女で定年に5歳差を設

ける差別定年制の効力を争った日産自動車差別定年制事件では、「労働条件において合理的な理由なく女性であることを理由に差別的に取扱うことは民法第90条の公序に反し無効である」とする最高裁判決が1981年3月24日に出され、判例法理が確立した。

このような男女平等原則を貫く高い理念をもった司法判断が男女雇用機会均等法制定の運動につながっていったといえる。

あらゆる賃金差別の是正を

労基法4条で男女同一賃金が定められたが、実際には、様々な手法で男女の賃金差別をもたらす制度運用がされており、女性労働者たちは、働き続けながら差別を是正させるための裁判を闘った。

男女別賃金体系による差別是正を求めて

秋田相互銀行では、初任給は男女同一であるが、26歳からA表とB表の2つの賃金表を適用し、実際には男性にA表を、女性にB表を適用していた。多数派の労働組合はこれを認めていたが、少数組合は男女差別を許さず、労基署への申告などを支援した。しかし、労基署は違法との判断を示さないので、7人の女性が裁判を提起した。日本で初めて男女賃金差別を争った事件であった。地元秋田の団員と、東京からも団員が参加して弁護団を組んだ。秋田地判1975（昭50）年4月10日は、男女別本人給表を適用すること、それを改めた扶養家族の有無別本人給表を実施しつつ、扶養家族のいない男子には調整給を支給して、扶養家族のいる場合と同額の本人給を支給すること（女子には調整給なし）は、労基法4条に違反すると判断し、差額賃金の支払いを命じた。銀行は控訴せずに確定した。この判決は全国に波及し、金融機関で働く労働者からの労基署への申告が相次いだ。

世帯主条項による差別是正を求めて

家族手当等の諸手当についても、性中立的な基準等により、女性差別を覆い隠す運用がなされてきた。

岩手の団員が取り組んだ岩手銀行事件は、夫婦が共に就業している場合の家族手当の併給調整をする趣旨の規定をめぐるものであった。実際には支給対象を「世帯主」として、配偶者の年間の収入が扶養控除対象限度額を超える場合に「夫たる行員」と定めていた。盛岡地判1985（昭60）年3月28日は、「夫たる行員」として定めていることは合理性を欠いて違法と判断し、仙台高判1992（平4）年1月10日でも維持された。

日産自動車事件では、世帯主条項が間接差別に該当するとして女性に対しても家族手当を支給するよう求めた。東京地判1989（平元）年1月26日が、家族手当の分割申請を認めない特別の支給方式の下では、家族手当受給者を「世帯主」とする旨の規定及びこれを一家の生計の主たる担い手（夫婦で収入の多い方）とする解釈運用は、必ずしも不合理とはいえず女性差別に当たらないと判断し、原告側敗訴となった。しかし、高裁では妻より少ない収入を得ている男性が家族手当を受給していると次々に証言に立ち、90年8月、東京高裁で、世帯主条項を廃止して「男女の別なく実際に扶養している従業員に支給する」と就業規則を改めさせる和解を勝ち取った。

酒問屋の三陽物産では、「非世帯主」「勤務地限定」基準に該当する従業員の本人給（年齢給）を26歳相当額に留めおく賃金規定を設けていた。しかし、世帯主は圧倒的に男性の方が多いし、子育て・家事労働を負担する女性労働者が住居の移転を伴う転勤を前提とした労働を選択することは困難である。そのためこの基準によって、女性労働者は、何十年と働いて男性社員に仕事を教える立場となっても26歳の賃金のままという著しい差別を受けていた。同社に勤めていた女性は、少数組合である全労連全国一般の分会に所属して組合の支援を受けながら、裁判を闘った。東京地判1994（平6）年6月16日は、性中立的な基準であっても女性従業員に不利益になることを容認して制定したものであり労基法4条違反により無効と判断した。一審判決後に同社は判決に従って差別賃金の支払いをしたが、制度を改めようとしないので、原告は判決で認められなかった慰謝料部分について控訴をして、制度改定を求める運動を展開し、95年7月、東京高裁で制度を改めさせる和解を勝ち取った。

世帯主や勤務地限定など、直接に差別的な条件や待遇差は設けていないが、結果的に格差がつくような制度を設けることによって男女の差別を固定化する間接差別に風穴を開けた事件であった。

同一価値労働同一賃金の原則の適用を求めて

日本は同一価値労働同一賃金の原則に関わるILO100号条約を67年に批准している。しかし、労基法4条の判断に関わり、どのような場合に男女賃金差別に該当するか法律上明らかではない。

この点が争われたリーディングケースである日ソ図書事件で、東京地判1992（平4）年8月27日は、原告が入社後における社内事情の変化に応じて男性社員と質及び量において同等の労働に従事するようになったにもかかわらず、初任給格差を是正せずに放置してきたのは労基法4条に違反する賃金差別であると判断し、差額賃金相当損害金の支払を命じ、「質と量において同等」という判断基準を明示した。塩野義製薬事件で、大阪地判1999（平11）年7月28日も、同じ職務を同じ量及び質で担当させる以上賃金格差の是正義務があると判断した。

しかし、実際には、全く同じ業務を行っている比較対象の男性労働者を設定することが難しい場合が多い。そこで、比較対象の男性社員との職務評価という考え方を導入して是正を求めたのが京ガス事件である。賃金制度が確立していない企業で働く事務職の女性が、同期入社・同年齢の職種の異なる監督職の男性社員1人との賃金格差についての損害賠償を請求した。同一価値の労働であることを主張立証するため、研究者に依頼して、カナダのペイ・エクイティ法に基づく職務評価を実施し、その結果を意見書として提出した。その結果、京都地判2001（平13）年9月20日は、異なる職種についての専門家の鑑定書による職務評価に基づき、①両者の職務が就業規則で同じ事務職員に含まれている、②監督職が男性に限られ女性が監督職になれない状況がある、③2つの職務の価値には、知識、技能、責任、精神的負担と疲労度の点で格別の差はないとして、賃金格差は女性であることを理由とする差別であり、労基法4条に違反し、不法行為に基づく損害賠償を認めるという判断をした。そして大阪高裁で、04年10月、重要な成果を結実させた和解を勝ち取った。

コース別人事制度の是正を求めて

86年の男女雇用機会均等法施行前後に、男女別の雇用管理制度を改めて導入されたコース別人事制度について、均等法施行前に入社して低い労働条件の一般職とされた女性労働者がこれを違法であるとして90年代に相次いで提訴した。

先行した日本鉄鋼連盟事件で、東京地判1986（昭61）年12月4日は、原告らが採用された69年ないし74年当時においては、男女別コース制は、憲法14条の趣旨には反するが、民法90条の公序に反していたとはいえないとして、採用差別に基づく男女の賃金格差を違法ではないと判断していた。コース別人事制度の違法性を争う事件では、この判決を乗り越えることが必要であった。

大阪では、住友系の各社で女性たちが裁判に立ち上がった。企業や組合を越えた女性労働者たちの集まりであるワーキングウイメンズネットワーク（WWN）がコース別人事や昇格などの差別裁判で闘う全国の女性労働者とつながりながら、運動を広げ、裁判を支えた。WWNは、国連差別撤廃委員会やILO、EUなどの国際機関に対して、差別の実態や不当な判決の問題点を訴える行動を展開した。

住友電工事件では、大阪地判2000（平12）年7月31日は、高卒男子事務職は全社採用で幹部候補、高卒女子事務職は事務所採用で定型的補助的一般事務として採用され、男女間に著しい格差があると認定したが、昭和40年代頃はまだ性別役割分担意識が強く、女性は結婚・出産までに退職する傾向があったから、当時は公序良俗違反とは言えず是正義務もないと判断した。控訴審では敗訴判決を乗りこえるために、330人で裁判所を取り囲み、170通の女性たちの陳述書を提出し、憲法・労働法・女性学などの様々な立場から8通の学者の意見書を出すなど多様な運動を展開した。国連の差別撤廃委員会から日本政府に対して「コース別雇用管理制度に現れるような水平的な・垂直的な雇用分離から生じている男女間の賃金格差の存在、……政府のガイドラインに示されている間接差別の慣行と影響についての認識の不足について懸念を有する」とのコメントを引き出した。この闘いは大阪高裁の和解勧告を引き出し、03年12月、原告2名を昇格させ、和解金を支払う和解が成立した。

住友化学工業事件では、大阪地判2001（平13）年3月28日は、原告ら採用時の65年頃の社会意識等を前提にすると、採用差別による男女間の処遇の違いは公序良俗に反しないとして請求を棄却するものだった。しかし、控訴審でこれを乗りこえ、04年6月、差別的処遇に対する慰謝料に匹敵する解決金を支払うという和解が成立した。

住友金属事件では、原告が入手した人事資料で、労働者が「イ・ロ・ハ・ニ・ホ」の5段階に区分され、女性は最低の「ホ」に位置づけられる「闇の人事制度」が発覚し、また、会社が文書提出命令で提出を命じられた証拠を隠していたことが発覚した。原告弁護団は、会社の証拠隠蔽を追及し、提出させた資料を徹底的に分析し、和歌山工場の男性労働者の協力を得て、「闇の人事制度」の存在を客観的に立証する活動を行った。「住友金属男女差別裁判を勝たせる会」は、大阪・東京本社・和歌山工場での宣伝、株主総会でのアピール、国会質問などを含めた多彩な運動を展開した。大阪地判2005（平17）年3月28日は、「闇の人事制度」による昇給・昇進の差別的取扱いが公序良俗違反で違法と認めた。大阪高裁では、裁判所が「性中立的なシステムが構築されたかに見えながら……男女間の格差が是正されたとは言い難く、表面的な整合性の追求が、間接差別や非正社員化を生み出している」との所見を出し、2006年4月、差額賃金等一審判決の認容額に加算した解決金を支払う等の和解に至った。会社は男女コース別を主張したが、原告弁護団は、差別の実態を多角的に立証し、裁判所に正面から認めさせ、「コース別管理」の主張を打ち破った。

東京の野村証券事件では、少数第一組合野村証券労働組合に所属する均等法制定前から就労し一般職と位置づけられた女性労働者が訴訟を提起した。東京地判2002（平14）年2月20日は、配置差別を禁止する改正均等法が施行された99年以降は男女のコース別処遇は違法であり公序に反すると判断し損害賠償を命じた。そして、04年2月、東京高裁で一審判決を上回る差別救済・是正の和解が成立した。この事件では、上部団体の全

野村證券
女性差別裁判

労連全国一般のみならず、全損保をはじめとする金融共闘、原告が勤務する関西の証券労働者、北九州の地域の仲間、女性研究者等が各地で運動を広げた。さらに、野村証券労働組合によるILOへの申し立てに対して、女性差別を認めるILO勧告が出され、スウェーデンの投資格付会社GESが野村証券を投資不適格会社と認定したことがヨーロッパで報道された。会社は控訴審での和解に先立ち、男女差別をしない等の会社としての基本方針を定めることとなり、3人の在籍原告は和解で課長代理に昇格した。

名古屋の岡谷鋼機事件は、2人の女性労働者がコース別人事の違法性を争ったものである。名古屋地判2004（平16）年12月22日は、改正均等法が施行された99年以降は男女のコース別処遇は違法であり公序に反するとして慰謝料を認めた。控訴審では、裁判長から「企業においては雇用の入り口からその後の働く過程の各分野での男女の均等な機会、働きやすい職場環境の整備に努力することが是非とも期待されている」趣旨を会社が十分理解し、努力を惜しむことなく続けてほしいとの勧告がなされ、06年3月、現職の原告が総合職に変更し、原審で敗訴をした原告（退職）も含めて2名への解決金の支払いをする和解が成立した。和解手続には、原告を支援する女性や地域の労働組合「岡谷から差別をなくす会」のメンバー10名が立ち会った。

東京の兼松事件では、東京地判2003（平15）年11月5日は、改正均等法が施行された99年までに相当な職掌転換制度が実施されていたから違法な配置差別と認められないとして原告敗訴とした。団は、同月22日、この不当判決への抗議決議を上げた。東京高判2008（平20）年1月31日は、原告6名のうち4名について、職務に同質性のある入社8年目の男性（総合職）との間にすら相当な賃金格差があることに合理的な理由が認められず、男女により賃金を差別する状態を形成・維持した措置は、労基法4条や雇用関係についての私法秩序に反する不法行為であると認め、原告逆転勝訴判決となった。最高裁で確定した（2009年10月20日）。

裁判に訴えた女性たちの闘いは、均等法の募集・採用、配置・昇進について差別禁止規定に改正させるため大きな役割を果たした。そして06年6月「コース等で区分した雇用管理についての留意事項」、13年2月「コース等で区分した雇用管理を行うにあたって事業主が留意すべき事項に関する指針」（いずれも厚労省）などにより、コース別人事制度への企業の指導も行われることにつながった。

昇格・昇進差別の是正を求めて

昇格・昇進は賃金上昇と連動しており、男女間の賃金差別は昇格・昇進差別に関係することも多い。男女雇用機会均等法も制定当初は努力義務規定しかなかった。

鈴鹿市役所事件は、公務員ではじめて地方公務員法13条の平等取扱義務を根拠に昇格差別の是正を求めて闘った事件である。津地判1980（昭55）年2月21日は、一律昇格した男性との違法な昇格差別があったと認めたが、名古屋高判1983（昭58）年4月28日は、この判断を覆し裁量権の範囲として地裁判決を取り消した。職場の組合の支援が得られない中で、地域の労働組合による守る会や研究者らによる支援連絡会議などが裁判を支え、最高裁闘争では、東京争議団や千代田区労協にも支援体制がつくられた。退職目前についに和解により原告への昇格辞令が出された。市長は議会で「男女差別は行わない」と明言した。85年3月26日、最高裁での本人の意見陳述とそれに対する裁判官のねぎらいの発言があり、原告は上告を取り下げた。

社会保険診療報酬支払基金事件[1)]では、東京地判1990（平2）年7月4

1）前掲『憲法判例をつくる』掲載

日で、男子従業員と女子従業員の昇格差別を違法とするとの判断を得た。そして91年12月、東京高裁で、原告18人のみならず、同じ基準に達していた184名の女性に対し、男性との差別をなくす金額を支払わせ、男女間・組合間を問わず一切の差別をなくすことを約束させた上で、原告らの昇格した地位の確認をするとの和解が成立した。統一労組懇婦人連絡会（当時）を中心とした共闘会議がつくられ、原告らが所属する全国保険診療報酬支払基金労働組合（全基労）は、発足したナショナルセンター全労連に加盟し、支援を受けた。控訴審での個人・団体要請書、1000人を超える学者・研究者のアピール署名、自民党を除く全女性議員からの署名を集め、女性議員代表が基金の監督庁である厚生省と基金を訪ねて申入れを行うなどの運動を展開した。職場では女性の昇格が増加し、女性の勤続年数が長くなり、女性の係長や課長が当たり前になる中、子どもを持った女性も働きやすい職場になった。男女差別是正を闘わない多数派組合を脱退して全基労に加入する女性も出て、74名の組合員を拡大した。

芝信用金庫事件[2)]では、昇格試験制度がある下で男性は年功で昇格していた実態を明らかにした。東京地判1996（平8）年11月27日及び東京高判2000（平12）年12月22日は、昇格の有無が賃金の多寡を直接左右するものであり、かつ、資格と職位が峻別されている場合には、昇格に関する差別は賃金差別と同一視でき、労基法13条の類推適用により、差別を受けた労働者は昇格したのと同一の法的効果を求める権利を有すると判断した。昇格した課長職の地位を認めた唯一の判例である。02年10月最高裁で和解した。企業ファシズムと言われるほどの組合攻撃・差別事件が80年代に解決したが、残された男女差別をさらに改善するために、原告と組合が法廷の内外で大きな運動を展開した結果である。

住友生命事件では、訴訟に先立ち2度にわたり、男女雇用機会均等法の調停を申請したが、直接には未婚女性との格差の是正を求めていたことを理由に「男女差別ではない」として婦人少年室長により調停不開始とされ

2）前掲『自由法曹団物語』（上）掲載

た。このため、会社に対する訴訟とともに、国に対し国家賠償請求も提起した。原告らが全国でつながった既婚女性の同僚らが30名を超えて陳述書を提出するなど協力した。大阪地判2001（平13）年6月27日は、既婚女性であることを理由に一律に低査定を行い、昇給・昇格差別をすることは人事権の濫用で不法行為にあたると判断した。控訴審では「支援する会」に加えて支援共闘会議が結成され、原告らは東京本社、大阪本社、14の県での支社への要請行動などを展開し、運動がさらに拡がった。2002年12月、大阪高裁で和解が成立した。一審判決は国に対する請求を棄却したが、高裁で国との間でも「均等法の趣旨を踏まえ、結婚していること、子どもを有することを理由とする、昇進、配置における女性に対する差別について、同法及び指針の適切な施行と同法の調停制度の適切な運用に努める。」との和解が成立した。

働き続ける権利——配転事件

配転命令については、業務上の必要性がない場合、不当な動機・目的が認められる場合、労働者に対し通常甘受すべき程度を著しく超える不利益を負わせるものである場合には、権利濫用として無効となりうるとされたものの、家族的責任を有する労働者の遠隔地への単身赴任配転が有効とされた（東亜ペイント事件・最二小判1986〔昭61〕年7月14日）。ILO156号条約を批准し、育児介護休業法が制定・改正される中で、家族的責任は単に女性労働者だけの問題ではなく、男性労働者にとっても共通の要求となった。しかし、上記最高裁判決をはじめとして、その後も配転事件の裁判は労働者に厳しい状況が続いた。

ケンウッド事件では、東京地判1993（平5）年9月28日は、子どもを保育所に預けて働く女性への転勤命令について、事業所への長時間通勤となるため幼児の保育に支障が生じることは認めながらも、転居すれば解決できるとして、転勤命令を有効とした。1995（平7）年9月28日東京高裁が控訴棄却判決、2000（平12）年1月18日最高裁も上告を受理しなかった。原告は所属している企業の組合の支援が得られない中で裁判を闘ったが、最高裁での敗訴判決を経ても、地域の労働組合や女性労働者の支援を受けて家電量販店前での頻繁な宣伝行動を組織するなど運動を進め、00 年 12 月、会社から原告の将来について配慮ある措置をとる旨の意思表明を引き出す和解を実現した。

業務上の必要性があり、かつ労働者の家庭の事情に配慮があれば（例えば住宅手当、別居手当、旅費補助等）、配転は有効とされる傾向があるものの、不利益の有無の判断において家庭生活への配慮義務を重視して配転を無効とした判決も見られるようになった。また、男性労働者も家族的責任を理由に配転事件を闘うようになり、共働き夫婦における重症のアトピー性皮膚炎の子の育児（明治図書事件・東京地決 2002〔平 14〕年 12 月 27 日）、要介護の母親と非定型精神病の妻との同居（ネスレ日本事件・大阪高判 2006〔平 18〕年 4 月 14 日）、高齢の両親の介護（NTT 東日本事件、北海道・配転、札幌高判 2009〔平 21〕年 3 月 26 日）などの事件で、転居を伴う遠隔地配転命令について通常甘受すべき程度を著しく超えるとして無効との判断を獲得している。

セクシャル・ハラスメントをなくすことを社会の認識に

男性から女性労働者に対する性的言動を初めて「セクシャル・ハラスメント」という不法行為として位置づけた裁判は、福岡の女性協同法律事務所所属の団員を中心に闘われたキュー企画事件[3)]である。男性編集長は女性編集者の私生活に関して「不倫をしている」「夜遊びが激しい」などと言いふらし、「会社を辞めろ」とまで言うようになり、女性は会社を辞めさせられた。女性でなければこのような扱いはされなかったはずであると受け止めた弁護団は、支援をしてくれる組織がないと裁判を闘うのは難しいと考え、原告本人に支えてくれるグループをつくるように促し、原告は半年をかけて支援する女性のグループをつくり、裁判が始まった。まだ日本でセクシャル・ハラスメントという概念も広がっていないところで、弁護団は、セクシャル・ハラスメントについての学者の意見書を手配し、ま

3）前掲『憲法判例をつくる』掲載

た、原告名や証拠内容を伏せるなどの原告のプライバシーに配慮しながら裁判を進めた。福岡地判1992（平4）年4月16日は、上司の行為について女性を職場から放逐するための手段として用いた不法行為であると認めた。この事件は、社会的にも注目を浴び、使用者に職場環境を配慮する義務があることを認めさせ、セクシャル・ハラスメントという概念を定着させ、その後の均等法改正につながるきっかけとなった。

妊娠・出産・育児による不利益を許さない

タケダシステム事件は、使用者が、労働者・労働組合の同意を得ないまま、就業規則中の「女子従業員は、毎月、生理休暇を必要日数だけとることができる。そのうち年間24日を有給とする」との規定の後段を、「そのうち月2日を限度とし、1日につき基本給の1日分の68パーセントを補償する」と一方的に変更したという事案である。一審では変更は合理性があるとして敗訴したが、東京高判1979（昭54）年12月20日で逆転勝訴した。しかし、1983（昭58）年11月25日最二小判決で破棄差戻、1987（昭62）年2月26日差戻審の東京高裁判決で敗訴と厳しい経過をたどった。これに屈せず、金属反合共同行動の共闘の力で親会社への抗議包囲行動などの運動を広げ、92年9月16日、都労委で「生休の賃金補償率1日目90%、2日目73%」の和解解決を勝ち取った。

日本航空では、育児や介護の責任がある客室乗務員（CA）が深夜業の免除を申請すると、月に1日か2日だけ日帰りパターンのフライト乗務を与え、それ以外の日は不就労日として無給とする制度を導入し、ひどい場合、給料がそれまでの20分の1に激減し、深夜勤務免除制度を骨抜きにした。東京地判2007（平19）年3月26日は、育児・介護休業法19条1項で深夜業免除者である原告らには深夜時間帯における労務提供義務はないのであるから、客室乗務員の労務が深夜勤務を中核とするものであったとしても、原告らによる深夜業を含まない乗務による労務の提供は債務の本旨に従った労務の提供として欠けるところはない、会社は無給日において客室乗務員らが提供した債務の本旨に従った労務の受領を拒絶したものである、したがって、会社は原告らに対して、無給日について、第二組合に所属している客室乗務員に与えている深夜業を含まない昼間勤務分の日数と同じ賃金を支払わなければならないとする判決を下した。

また、妊娠した客室乗務員の地上勤務への転換が認められず、無給の休職となる日本航空の制度に対して、均等法3条違反等を主張して闘ったJALマタハラ裁判は、東京地裁において、17年6月28日、原則として希望者全員が産前地上勤務に就けるようになるとする制度改善を柱とする勝利和解が成立した。

日本航空の職場で長年、女性が差別なく働き続けるために闘ってきたCAとそれを支える社内の闘う労働組合や航空連の仲間の支援が勝ち取った成果である。

差別の根絶に向けて

団は、差別との闘いに立ち上がった女性たちに寄り添い、力を合わせてその権利の実現に向けた闘いに取り組んできた。その闘いは、それぞれの争議で重要な成果を上げるとともに、均等法、育休法、ハラスメント防止法等の法制度の前進につながった。しかし、差別はなくなったわけではない。団は、ジェンダー、LGBTなどあらゆる差別を根絶する闘いに、これからも全力で取り組んでいく。

余話

年1回の女性部総会は、女性弁護士が事務所でも弁護士会内でも数少ない時代にあって、女性団員にとって全国津々浦々に根をはって活動している仲間の報告を聞き、様々な示唆とアドバイスを受けられる貴重な活動交流と懇談の場であった。それに、子連れでの参加も歓迎であった。会議場中子どもたちが駆けまわるため、ある時期から会議中は保育士を頼むことにした。

何よりも圧巻は、夜の懇親会。昼間発言できなかった人も含めて参加者全員が発言した。事務所のこと、自分のこと、夫のこと、子どものこと等々本音でしゃべった。時には発言中言葉につまり泣き出す仲間を、みんなで励ます、そんな場面も見られた。さらに二次会。幹事の部屋に集まってお酒を飲みながらわいわい、がやがや。大勢の女性たちの中に、団長・幹事長はじめ男性も混じり、本音の議論をした。男性団員は女性団員のエネルギッシュな“公私”の活動に目をみはり、目から鱗だったと述懐する者も多かった。

〈コラム〉自由法曹団の国際的活動

自由法曹団は、アメリカと韓国の弁護士・法律家団体と継続的に交流し、あるいは国連等を通じた国際的な活動にも取り組み、国内の運動や活動にも大きな力を得てきた。

米国・NLG との交流[1)]

5年をかけて「Rights on Trial」を翻訳し『試練に立つ権利』（日本評論社）として出版することとなった菅野昭夫団員は、91年4月、著者本人アーサー・キノイ弁護士に会うべく団員数名とともに訪米した。同弁護士は、アメリカで50年以上にわたって民衆とともに格闘をしてきた進歩的法律家団体ナショナルロイヤーズギルド（NLG）の中心的活動家であった。訪米した菅野らは、NLGの存在とそのメンバーとの交流に強い感銘を受けた。これを受けて、自由法曹団は、同年10月、団70周年記念総会にアーサー・キノイ弁護士を招いて講演してもらった。

翌92年には、自由法曹団としてシカゴで開かれたNLG総会に初の代表団を派遣し、小島成一団長以下32名が参加した。94年7月には、自由法曹団に国際問題委員会が設立され、以降、NLG総会に団の代表が継続して参加することとなった。とりわけ、95年のポートランド総会には石川元也団長以下34名の代表団が参加し、阪神淡路大震災後の法的支援問題に関してサンフランシスコを視察したりした。97年にワシントンで開かれたNLG創立60周年記念総会には豊田誠団長以下13名の代表団が参加し、初めて日本分科会をもった。その後07年、16年のNLG総会でも日本分科会をもって、改憲問題や沖縄基地問題の報告、意見交換を行った。11年総会では、東日本大震災

1）前掲『自由法曹団物語』（下）掲載

時の福島第一原発事故後の原発問題について報告するなど、その時々の課題について報告・意見交換を行ってきた。

NLGの弁護士も訪日した。98年2月には日米労働問題国際シンポジウムを開催し、99年団総会にはNLG弁護士4名が参加し、日米法律家シンポジウムを開催するなどした。

この他にも、NLG弁護士が訪日した様々な機会にアメリカの政治や労働状況、刑事手続き等に関する報告を受けたり、えひめ丸事件で協力を得たりしたほか、在日米軍基地にいる米兵の良心的兵役拒否や除隊に関する活動について要請を受けるなど、折々の課題に新たな視点を与えられ、日本での活動を大いに力づけられている。

韓国・民弁との交流

韓国には、独裁政権に反対する闘いを通じて結成された「民主社会のための弁護士会」(民弁)があり、平和、人権、民主主義のために活動をしている。90年代から団員が訪韓するなどして交流を進めていたが、01年団創立80周年記念総会に民弁代表が参加し、その後、北東アジアの平和構築をともに進める活動を重視して取り組んできた。04年には団・沖縄総会に参加した民弁代表とともに沖韓日共同シンポジウムを開催した。05年には団代表が光州事件25周年を記念して光州で開催された民弁総会に招かれ、光州事件の犠牲者墓地に墓参するなど団体間の交流が進んだ。06年からは団沖縄支部が中心となって基地問題を基軸に交流を継続している。また、戦後補償問題の解決を目指す活動では、韓国大法院で出された判決を契機に19年11月、日韓法律家の共同声明を出した。

国連や国際法律家協会を通じての活動

団員は個々の事件を通じて、人権侵害事件について救済を求めて国連へ訴える活動をするだけでなく、国連NGOの資格を得ている国際人権日本委員会[2)]などの協力を得て、国際人権規約や女子差別撤廃条約など各種人権条約の国内での徹底を求め、国内実施状況と実態について国連へ提出する報告書作成に関与している。また、国連の委員会から提出される一般的意見、総括所見や見解などの普及と活用にも努めている。

弁護士としての国際的な活動は、個々の団員が、日本国際法律家協会IADL（International Association of Democratic Lawyers）、COLAP（Confederation of Lawyers of Asia and the Pacific）などの活動に参加して、様々な取り組みを行っている。特に07年5月には日本で9条世界会議を持ち、日本国憲法9条の世界的重要性を訴えた。

2）前掲『自由法曹団物語』（下）掲載

第6章

90年代以降の規制緩和・国家改造と権利闘争

1　政治改革・小選挙区制との闘い

1990年 始まり

90年8月、イラクがクエートに侵攻した。10月には東西ドイツが国家統一を遂げ、12月には中国共産党13期7中全会が改革・開放路線を確認した。その年の4月、この国では、衆議院の選挙制度を検討していた第8次選挙制度審議会（8次審）が、小選挙区制導入を軸とする答申を発表した。

世界とこの国で同時期に起きたこれらの事象は、その後30年にわたって世界とこの国の政治・経済に大きな影響を与えるものとなった。

アメリカ主導のグローバリゼーションが世界を席巻し、この国は自衛隊を海外に派兵してそれに追随しようとした。国内的には、政治改革を序曲とする新自由主義的構造改革によって、大資本の国際展開と利益拡大を推進しようとした。

政治改革・小選挙区制をめぐる闘いは、この国の政治の分野におけるこうした策動との激突の歴史である。

政治改革・小選挙区制に向けた策動

前史　臨調行革と政治改革

小選挙区制と阻止闘争には2つの前史がある。

56年に鳩山一郎内閣が提出した法案（ハトマンダー）は審議未了で廃案

となり、73年に田中角栄内閣が企てた策動（カクマンダー）は、法案提出前に断念に追い込まれた。追い込んだものは全野党の反対と国民的な反対運動であり、団と団員はいずれの策動に対しても総力をあげて闘った。

80年代から90年代にかけて、この国のあり方を根こそぎ変える国家改造の序曲として、小選挙区制の策動がいっそう本格的に展開された。

大資本の多国籍企業化を背景に、中曽根康弘内閣の下で、日米軍事同盟の強化と臨調路線による行財政改革が推進された。中曽根行革は、国鉄の分割・民営化、防衛費GNP比1パーセント枠突破（87年度予算）などの「成果」をあげたものの、大きな障害にも直面した。戦後政治を支えてきた政治システムが「改革の障害物」として立ちはだかったためである。

国家機密法案（スパイ防止法案 85年6月提出）、売上税法案（87年2月提出）など、反対運動と野党の抵抗によって国会提出後に廃案となった法案も数多い。

3～6議席の中選挙区制の下で議員は地元有権者の要求や意見を考慮せざるを得ず、個人後援会の政治活動が中心では政党の統制力にも限界があった。これが障害物であった。

かくして、財界を中心とする支配層は、国会を中心とする政治システムの改革すなわち政治改革を強く要求することになった。

「議会政治への提言」と「政治改革大綱」

88年5月10日、社会経済国民会議・政治問題特別委員会は、「議会政治への提言」（提言）を発表した。社会経済国民会議は、73年に財界幹部に労使協調型労働組合幹部と学識経験者が加わって結成された組織であり、政治改革法強行成立後の94年に母体の日本生産性本部に統合されている。

提言は、「議会政治の異常」を並べ立て、「政・官・財・選挙区の癒着」や「なれあい政治、国対政治」を生み出す「個別利害誘導政治」を「異常の根源」と結論づけた。また、提言は、「個別利害誘導政治」を選挙制度に結びつけ、「同一政党内における候補者間の競合」を招く中選挙区制をその元凶のように描き出した。自民党政治を厳しく批判するかに見えた提言は、衆議院中選挙区制の抜本的な見直しを重要な課題として提起したのである。

88年6月、リクルート事件が発覚した。金権腐敗政治への憤りが国民の「政治改革への期待」を呼び起こし、それまで改革に積極的でなかった自民党を改革遂行に突き動かした。

89年5月19日、自民党政治改革委員会は、「政治改革大綱」(大綱)を発表した。

大綱は、「政治不信の最大の元凶」である「政治と金の問題の解決」のために「小選挙区制の導入を基本とした選挙制度の抜本的改革に取り組む」「国庫補助を内容とする政党法の検討にはいる」などの改革を提起した。

リクルート事件と政治改革が結びついたことにより、「きれいな政治のための政治改革」という国民受けする偽りのスローガンが生み出されることになった。

第8次選挙制度審議会答申

89年6月2日、8次審が発足した。国会議員の特別委員が任命されなかったこと、社会経済国民会議などの「改革派」の委員が多数を占めたこと、委員27名のうち12名がメディア幹部だったことなど、異例ずくめの審議会であった。

8次審は、メディアを取り込んで反対・批判を封じ、中選挙区制廃止・小選挙区制導入になだれ込もうとした。ハトマンダーやカクマンダーで反対の論陣を張っていたメディアの報道は「政治改革推進」一色になり、反対するものに「守旧派」との烙印を押すまでになった。

90年4月26日、8次審は第1次答申を発表し、同年7月31日には第2次答申を発表した。第1次答申は衆議院の選挙制度、第2次答申は参議院の選挙制度と政党への公的助成を対象とした。

答申の中心は衆議院への比例代表並立制(並立制)の採用であった。答申が提起した定数500議席、小選挙区300議席・比例代表200議席の配分、11ブロックによる比例代表選挙という内容は、ほぼそのまま、後に強行された政治改革法の内容となった。

1人しか当選者がいない小選挙区制は、民意を歪曲して第1党＝政権党

小選挙区制反対のビラ

に過剰な議席を保障する。また、小選挙区制採用の理由とされた「政権の選択」、「政党本位の政治」は、総選挙で選択された政権党への政治の白紙委任を意味していた。それはまた、「国会議員の役割は内閣総理大臣の指名投票によって内閣を生み出すことで終わる」と言うに等しく、国会を政権の施策の追認機関にしようとするものでもあった。

答申は、①一定の要件を満たす政党に政党助成金を支給すること、②企業団体献金を一定の要件を満たす政党に限定すること、③比例代表のみならず小選挙区選挙でも候補者届出は政党とすることなど、政党についての改革も提起した。小選挙区の「ただひとりの公認候補」の公認権の独占と相まって、政党執行部への権限集中を生み出すものであった。

これら「民意の歪曲」「政権の選択」「白紙委任」「追認機関化」「政党執行部の独裁」は、いずれも政治改革の「国家ビジョン」であった。

「果断な政治」のための政治改革

自由法曹団は小選挙区制・政党法阻止対策本部を設置し、90年9月12日に意見書「小選挙区制・政党法を斬る」を発表した。意見書では、答申の全文に逐条的に検討を加えるとともに、政治改革の「国家ビジョン」に全面的な批判を加えた。

第1次答申の前文を批判した総論の一節をそのまま掲載する。

答申が掲げるのは、「山積する国内的諸問題の解決」や「世界の平和と繁栄のための積極的貢献」などの重要課題に対応できる政治が必要だという「政治認識」である。この「政治認識」は、激動の情勢の下で日本は内外の重要課題に果敢に対処しなければならず、その国家の目的のためには「政治に対する国民の不信」が克服されねばならず、政治が「改革」されねばならないという認識にまっすぐに結びついている。

このような「政治認識」からは、国民の要求や意見に基づいた政治をいかに行うかという視点は出てこない。（中略）国民はあくまで国家の目的に奉仕するものであり、政権の統治の対象なのである。

政治改革の本質は財界主導の国際化＝グローバリゼーションに対応した「果断な政治」のための政治システムの構築にあり、政治改革・小選挙区制との闘いはその道を許すかどうかをめぐる闘いであった。

政治改革法案との攻防

海部内閣法案との攻防

91年8月5日、海部俊樹内閣は、小選挙区300議席、比例代表171議席の並立制を導入する公職選挙法「改正」案、政治献金の規制と政党助成金の導入を行う政治資金規正法「改正」案、政党助成法案の政治改革関連３法案を国会に提出した。

折しも、クエート侵攻に対抗する多国籍軍のイラク空爆が開始され（91年1月)、戦費90億ドルの提供（同年1月)、掃海艇のペルシャ湾派遣（同年4月）と、「国際貢献」を掲げる対米追随・自衛隊海外派兵の策動が続いていた。小選挙区制阻止の闘いは海外派兵阻止の闘いと１つに結び合い、「政治改革が生み出す国」を実像をもって示すことになった。

団は、反対運動の一翼を担うとともに、意見書「自民党『法案骨子』を批判する」、同「『小選挙区制・政党法法案』総批判」、報告書「選挙制度と民主主義――ドイツ調査報告」を発表した。意見書などをたずさえて、

1991年9月10日
小選挙区制反対の集会（京都）

団員は議員会館や地元議員事務所への訪問を重ね、与野党を問わず議員や秘書との面談要請を行った。こうした意見書発表と要請行動は、その後の団と団員の活動スタイルとなった。

海部内閣法案との攻防では、全国津々浦々からの「草の根」の反対運動が国会を攻めあげるという壮大な闘いとなった。90年6月に、団も参加して小選挙区・政党法に反対する中央連絡会が結成され、全国各地の連絡会が中心となって闘いを進めた。団東京支部が事務局団体として加わった東京連絡会議は、労組・団体や地域連絡会の拠出で2千万円規模の財政を確立し、終盤の9月には都下200か所の駅頭でいっせい街頭宣伝行動を行ってチラシ140万枚を配布した。「東京の民主主義闘争の頂点に立つ闘いだった」と、関係者は当時の体験を語り継いでいる。

反対運動が大きく盛り上がり全野党が反対を表明する中で、提出から2か月足らずで廃案が確定し、海部内閣は10月4日に退陣を表明した。

宮沢自民党法案との攻防

海部内閣法案を廃案に追い込んでから1年半の間に、様相は変わり始めていた。財界は、政治改革推進協議会（「民間政治臨調」、現在の「21世紀臨調」）を結成し（92年4月）、「中選挙区制廃止宣言」（92年11月）で議員に踏絵を迫るなど、外から国会を包囲する陣立てを整えていた。

93年4月2日、自民党（宮沢喜一総裁）は、単純小選挙区制500議席の公職選挙法「改正」案などの3法案に、小選挙区の区割りを行う選挙区画定審議会法案を加えた政治改革関連4法案を国会に提出した。

小選挙区制に反対していた社会・公明両党は、比例代表選挙で議席配分数を決め、同時に行われる小選挙区選挙の当選者で配分議席をまず埋めていくドイツ型の小選挙区比例代表併用制（併用制）を中心とした法案を、対案として国会に提出した（93年4月8日）。その背景には、ソ連崩壊・米ソ冷戦の終結（91年12月）による社会党などの混乱・混迷があった。

自民党の単純小選挙区制と社会・公明両党の併用制の妥協点をどう探るかが「焦点」とされ、そこに民間政治臨調の連用制（小選挙区と比例代表の選挙を行い、比例代表の当選者を小選挙区で当選していない政党に優先的に配分するもの）が「妥協案」の装いをもって登場した。この政治的妥協を阻止することが大きな課題だった。

団は、意見書「小選挙区制を批判する」、「『連用制』の実際　選挙は混迷する」を発表し、併用制あるいは連用制という「組み合わせによる妥協」を批判した。「『連用制』の実際」は、連用制の下における国会や選挙・政党の「未来図」をシミュレートして漫画のようにあばき出し、大きなインパクトを与えた。

93年6月18日、新生党や新党さきがけが自民党から分裂し、宮沢内閣不信任案が可決された。宮沢首相は衆議院を解散し、それに伴って法案は廃案となった。

細川内閣法案との攻防

総選挙の結果、日本新党・新生党・新党さきがけ・社会党・公明党・民社党・社会民主連合・民主改革連合の7党1会派による細川護煕内閣が成立した。

93年9月17日、細川内閣は、小選挙区250議席、比例代表250議席の並立制を中心とする政治改革関連4法案を提出した。10月5日、野党の自民党は、小選挙区300議席、比例代表177議席の並立制（投票は小選挙区候補への1票）を中心とした法案を、対案として国会に提出した。

「小選挙区制絶対反対」を唱えていたかつての野党の多くが政治改革推進にまわった事態であり、小選挙区制を小政党が推進するという背理もはらんでいた。この事態は、「自民党による議席独占を許すな！」をスローガンに運動を続けてきた反対運動にも、ある種のたじろぎを生まざるを得なかった。細川内閣法案との対決にはこのたじろぎを乗り越えねばならず、政治改革の本質と議会政治のあり方に立ち戻っての検討が不可欠となった。

団は、「民主主義の落日」、「『政治改革』法案　10の疑問」などの意見書を相次いで発表した。「落日」はもたらす事態をシミュレートして政党におとずれる運命をあばき出したもの、「10の疑問」は「目に見えるようにわかりやすく」との「注文」に応じてまとめた「図解版」で、それぞれ相当のインパクトを与えた。

11月18日、衆議院は法案を修正可決し、参議院に送付した。

最後の攻防の場となった参議院で局面を逆転させるには、参議院議員1人ひとりに向けた精力的な要請・説得を行い、議員の良識を呼び起こすしかなかった。

団は、意見書「参議院の良識に期待する　衆議院審議はなにを明らかにしたか」、「中選挙区制を検証する　戦後史と憲法の立場から」を発表した。前者の「期待する」は衆議院審議で問題点が解決していないことを明らかにしたもの、後者の「検証する」は戦後の政治史の中での中選挙区制の積極的な意味を再確認したものだった。

要請行動のために全国から集まった団員は、意見書をもって議員会館を駆けまわり、議員や秘書と懇談を重ねた。この中で、社会党議員や自民党議員などから、真摯な批判や意見が表明されるようになった。これまでの政治を根こそぎ否定して、やみくもに強行されようとする政治改革への良識的な批判も息づき出してきた。法案否決への展望が開け始めていた。

逆転の法案否決

94年1月21日、参議院本会議は、賛成118票、反対130票の大差で法案を否決した。社会党から17名が反対（ほかに欠席・棄権3名）、民社・スポーツ・国民連合から1名が反対にまわった結果であった（逆に自民党から5名が賛成した）。

連立与党や財界、メディアなどは参議院での否決に悪罵を投げかけ、両院協議会による法案の成立に血道をあげた。だが、衆参両院の代表によって構成された両院協議会では合意に達するに至らず、1月27日、協議会は「成案を得る見込みがない」として打ち切られた。この瞬間、議会制民主主義の道筋の中で、政治改革関連4法案を蘇生させ、成立させる命脈は尽きたはずであった。

「密室クーデター」

現実の歴史では、法案が生きかえり、小選挙区制や政党助成法が現に存在している。そうなったのは、それまで曲がりなりにも機能してきた議会制民主主義の表舞台から、謀略がはびこる闇の舞台に迷い込んだためであった。

国会最終日前日の1月28日、土井たか子衆議院議長が、細川首相と河野洋平自民党総裁と個別に会談し、「『トップ会談』による事態の打開」をあっせんした。その夜、首相・総裁による「トップ会談」が行われ、「次期国会で小選挙区300、比例代表200の並立制などに修正することを前提に施行日空白で法案を成立させる」という「総・総協定」（首相と総裁の直筆署名のある協定）が調印された。1月29日0時49分に共同記者会見が行われ、施行日を空白にした修正法案が両院協議会の成案とされ、同日の衆参両院で起立多数で採択された。

「深夜の密室での立法クーデター」であり、国会で成立が否定された法案を密室談合で蘇生させた暴挙だった。

94年3月4日、小選挙区300議席、比例代表200議席（11ブロック）の並立制を中心とした政治改革法が成立した。

これが現在の衆議院の選挙制度が誕生するまでの顛末である。

闘いの意味するもの

政治改革・小選挙区制の策動は、この国が国際化＝グローバリゼーションに対応した政治を強行していく道具に、国会をつくり変えようとするものであった。

それゆえに、財界をはじめとする支配層は、文字どおり総がかりで政治改革を強行しようとした。その策動は、幹部を組み込んでメディアを「改革推進」一色に染め上げ、ソ連崩壊などの国際情勢の変化に乗じて野党の多くを推進側に取り込むもので、本格的かつ重層的であった。

その策動に対峙した運動は、「草の根」から国会を包囲して頑強に対抗し、容易に強行を許さなかった。

その反対の下に、海部内閣法案は提出からわずか2か月で廃案（91年）、宮沢自民党法案は衆議院解散で廃案（93年）、細川内閣法案は参議院本会議での否決と両院協議会での不成立（94年）と、法案は実に「4度死んだ」。支配層総がかりの法案を4度にわたって「死」に追い込んだ闘いの意味は、あらためて確認されるべきである。

この間、小選挙区制と政治改革に反対して、中央連絡会を中心にした大集会や連日の国会議員要請、全国各地で1500を超える連絡会の「草の根」からの宣伝・署名活動が取り組まれてきた。選挙制度や国会をめぐる無数の集会や学習会が行われ、無数の市民が政治を語り、チラシを配った。その中から、民意が切り捨てられ、暮らしが犠牲にされる政治がまかり通ることへの批判の声が広がっていった。その闘いで生み出された力が、情報公開、オンブズマン、住民投票など政治参加・政治の民主化を求める運動に連なっていることも明らかだろう。

団は、「草の根」からの運動の構築に力を注ぐとともに、12冊に及ぶ意見書・報告書を発表して、問題点の検討・解明を行った。意見書は、反対運動に立ち上がった市民が理論面で理解を深めていくことに活用され、国会議員の法案審議の材料としても活用された。

93年9月に団が発表した意見書「民主主義の落日」では、小選挙区制の未来を次のように描いた。

> 断言できることが1つある。それは多党化、流動化の方向にある現在の政治の下で強行される並立制が、与党・野党を問わず現在のすべての政党に存亡をかけた激動を引き起こすこと、そしてその過程では激烈な権力闘争が闘われ、それに敗れて飲み込まれたものやはじき出されたものは消滅の道をたどるに違いないということである。

意見書は、こうした並立制の「近未来図」をわが国と国民の不幸と捉え、「そのことは国民の政治不信を一層高め、国民は政治から離れていくだろう。そのとき民主主義は黄昏を迎え、やがて陽は沈む。そして、曙光はもう戻らない」と締めくくった。

あれから4半世紀、飲み込まれあるいははじき出されて消えていった政党や政治家のどれだけが、その「運命」を自覚していただろうか。

政治改革・小選挙区制がもたらしたもの

民意と議席の乖離

並立制の下での最初の総選挙は、橋本龍太郎内閣の下で行われた第41回総選挙（96年10月20日投票）であった。この選挙をかわきりに、17年10月22日投票の第48回総選挙まで、並立制の下で8回の総選挙が行われた。

その間、2000年から比例代表が180議席（計480議席）、12年から小選挙区が295議席（計475議席）、16年から小選挙区が289議席、比例代表が176議席（計465議席）と定数の変更が行われたが、並立制の基本の枠組みは変わっていない。

民意を歪める小選挙区制は、自民党などの第1党に民意を超えた超過議席を与え続け、民意と議席は大きく乖離することになった。

いくつかの選挙を抽出する。

小泉純一郎政権が強行した05年9月11日の第44回総選挙（「郵政選挙」）において、比例代表選挙で38.18％、2588万票余の得票だった自民党は、総議席480議席の61.67％にあたる296議席を獲得して文字通り圧勝した。「4割の得票で6割の議席」となった最大の要因は、定数300議席の小選挙区で73.00％にあたる219議席を獲得したことにあった。

09年8月7日の第45回総選挙で、民主党は、比例得票42.41％、2984万票余に対し、総議席の64.17％にあたる308議席を獲得して政権交代を実現した。このとき民主党は小選挙区で73.67％の221議席を獲得している。

「安倍一強」の下で行われた17年10月22日の第48回総選挙では、自民党の比例得票は33.28%、1855万票余と「郵政選挙」より大きく後退しているが、それでも61.08%にあたる284議席を獲得した。小選挙区で75.43%にあたる218議席を獲得した結果である（追加公認を含む）。

このように第1党が過剰議席を保証される一方で、少数政党の議席は極限まで切り縮められた。「郵政選挙」で比例得票率7.25%の日本共産党は9議席（1.88%）、同じく5.49%の社会民主党は7議席（1.46%）と、民意の4分の1前後の議席しか得られていない。どの選挙をとってもこの傾向が変わることはない。

09年9月の民主党政権への政権交代は、小選挙区制だから実現されたものではない。格差・貧困の拡大で自民党の比例得票は26.73%にまで低下し、政権交代を求めていた民主党、日本共産党、社会民主党、国民新党の比例得票合計は55.44%にまで達していた（第45回総選挙8月7日投票）。

これだけの民意があれば、どのような選挙制度の下でも政権交代は実現できた。むしろ、小選挙区制の「風」に頼った政権交代が、市民との共闘の軽視につながり、政権の脆弱性を生み出したことを総括しておくべきであろう。

国会・議員・政党の変容

政治改革・小選挙区制がもたらしたものは民意と議席の乖離にとどまらない。民意と切り離された国会や国会を構成する議員、そして議員を包摂する政党が、大きな変質・変容を遂げていった。これが、「小選挙区制の下の25年」の政治史である。

第1に、国会の追認機関化が進行した。

「虚構の多数」を人為的に生み出す小選挙区制は、政権と政権党に絶対多数の議席を保証する。その結果、国会は政権の提出する法律案や政権の打ち出す施策を追認するだけの機関に成り下がり、国会の政権監視機能は著しく弱体化する。

国家機密法案（85年）、売上税法案（87年）、「国連平和協力法案」（90年）といった、中選挙区制の下での「廃案劇」は、政治改革強行後にはほとんど見ることができなくなった。くらしと権利を犠牲にする構造改革関連諸法や、平和憲法を蹂躙する海外派兵法・有事法制（01年〜04年)、安保法制（戦争法制　15年）などの強行が続いたのは、国会の変容の結果である。

「安倍一強」がまかりとおり、政治の私物化が横行するようになったのも、小選挙区制による「虚構の多数」の有害な「副産物」と言っていい。

第2に、政党執行部の権限拡大と議員の劣化が顕著になった。

小選挙区制の下で公認権を持つ政党執行部の権限は飛躍的に拡大し、政党助成金や政治資金規正法によって政党財政の面からも執行部の権限が拡大した。

中選挙区制の下で時間をかけて地盤を醸成し、それなりに自主的な活動を行ってきた議員は、小選挙区制になって執行部への隷属を余儀なくされ、隷属を拒否するものは公認を得られずに消し去られた。新たに議員になろうとするものは、執行部の「公認審査」をパスしなければならず、異論や「独自の見解」を持つ者はその段階で排除されることになった。

「○○チルドレン」「××ガールズ」「△△年組」などと揶揄される「劣化議員」を生み出した病巣は、政治改革と小選挙区制にほかならない。

第3に、政党が離合集散を続けた。

小選挙区制や政党助成金を導入する理由の1つとして、「政党本位の政治」の実現が強調された。だが、その政党は離合集散を繰り返し、議員は漂流を続ける有り様となった。少数政党を淘汰する小選挙区制の下で、政党・議員は「生き残りをかけた離合集散」を繰り返さざるを得ないからである。

日本新党、新生党、新党さきがけ、社会民主連合、民社党、新進党、自由党、保守党、国民新党、新党日本、みんなの党、未来の党、生活の党、日本維新の会、民主党、次世代の党……。政治改革強行から第48回総選挙（17年）までの間に、総選挙で議席を獲得していながら消えていった政党である。結いの党や民進党など、結党されながら総選挙を待つことなく消えていった政党もある。

「浮き草」のように離合集散を繰り返す政党が、国家と国民に責任を持つ政党政治を実現できるだろうか。

政治不信の拡大

「小選挙区制の25年」は、国際化と情報化が進展し、民意が多様化していった時代であった。だが、その間、総選挙では民意と議席が乖離し、国会は政権の追認機関に堕し、政党執行部の顔色をうかがう「劣化議員」が徘徊し、政党そのものが離合集散を繰り返した。

こんなことで政治への関心が高まり、政治への信頼が強まるか。

そうでなかったことは、選挙そのものが示している。

それなりに民意を反映し、議員の自律的活動も展開されていた中選挙区制の下で、総選挙の投票率は66%から77%の間を上下し続けていた。「少なくとも有権者3人に2人は投票」というこの水準は、政治改革を機に大きく変動する。

史上最低の59.65%を記録した第41回（96年）を皮切りに、第47回（14年）は52.66%と史上最低を更新し、第48回（17年）も53.68%にとどまっている。これでは「2人に1人は投票していない」に等しく、国民の政治不信が強まっていることを示している。

この間、第44回（「郵政選挙」05年）の67.51%や第45回（政権交代選挙09年）の69.28%と高投票率を記録したこともあったが、「劇場型政治」の「風」による上昇では政治への関心をつなぎとめることはできなかった。

18歳選挙権の実現により、第48回（17年）から10歳代の投票が始まった。だが、10歳代の投票率は40.49%で、20歳代の33.85%とともに投票率が最も低い層となった。未来を担うべき若者層の政治不信・政治的無関心は、深刻なものがある。

小選挙区制は「国民の政治不信を一層高め、国民は政治から離れ」（意見書「民主主義の落日」より）ていく事態を進行させている。

市民の政治を目指して

第2次政治改革の策動

09年9月に成立した民主党政権の下で、衆議院の選挙制度と国会のあり方が大きな問題となった。比例定数の削減と「国会改革」の策動である。

民主党マニフェストが掲げた比例定数80議席の削減が強行されれば、衆議院の定数は小選挙区300、比例代表100となり、民意を反映する比例代表議席は4分の1にまで切り縮められる。その下では、政権党による議席の独占が一層強化される一方で、中小政党の議席はますます圧縮される。政権交代を実現した第45回総選挙（09年）の得票をあてはめれば、21議席の公明党は10議席、9議席の共産党は4議席、7議席の社民党は3議席と、いずれも2分の1以下に減ることになってしまう。

「国会改革」は、内閣法制局長官の答弁者からの排除、官僚に答弁させる政府参考人制度の廃止、通年国会化・常任委員会の連日開会化、与党議員の議員立法の抑制、請願・陳情の党本部への一本化などの内容を持っていた。憲法解釈を政権が独占し、政権と政権党の権限を拡大する一方で、国会の行政監督機能を弱めるものであった。

比例定数削減と「国会改革」は、民意の歪曲、政権の選択・白紙委任と国会の追認機関化をいっそう推し進めようとするもので、まさしく第2次政治改革と言うべき策動であった。こうした策動の背後には、02年10月の提言「首相のリーダーシップの確立と政策本位の実現を求めて」で単純小選挙区制を提唱した経済同友会や、03年7月の「政権公約（マニフェスト）に関する緊急提言」で政権選択のための総選挙を主張した21世紀臨調など、「さらなる改革」を求める財界がいた。

「生活第一」を掲げて政権党となった民主党は、選挙制度や国会の問題では「財界とともにさらなる政治改革を推進する立場」を公然と表明していたのである。

比例定数削減に反対する闘い

比例定数削減や「国会改革」に反対する運動の立ち上げは簡単ではなかった。

選挙制度や国会という「身近ではない問題」であったことに加えて、「生活第一」を掲げる民主党とその政権への期待が広がっていたためである。

団は、選挙制度改革対策本部（当初は、「国会改革」・衆院比例定数削減阻止対策本部）を設置し、意見書「衆院比例定数の削減に反対する」「強権的国家づくりをめざす民主党『国会改革』に反対する」（ともに10年1月）を発表し、ブックレット『比例削減・国会改革　だれのためなんのため』（2010年4月　学習の友社）を刊行した。

学習会や街頭宣伝から始まった各地の運動は、わずかのうちに大規模な集会を開くところまで前進した。10年11月18日の埼玉集会（350人）、11年1月28日の大阪集会（1,000人）などである。中央・東京では「11団体連絡会」が系統的な運動を展開し、11年6月9日には1,100人参加の集会を成功させた。団と団員は、こうした中央・地方の運動を生み出す牽引車の役割を果たした。

その間、団は、意見書「誤りです！国会議員ムダ論」（10年11月）、報告書「機能不全に陥るイギリス小選挙区制から何を学ぶか」（11年6月英国調査報告）、意見書「わたしたちの声をとどけよう」（11年8月）を相次いで発表した。これらの意見書・報告書は、反対運動のみならず、民主党の改革に疑念をいだく広範な議員の関心を集めた。

11年3月23日、最高裁は、衆議院小選挙区の都道府県への配分に際して別枠で1議席を配分する「1人別枠方式」が、憲法14条に違反する違憲状態になっているとする判決を言い渡した。これを嚆矢として、定数不均衡を違憲とする最高裁判決が続き、「1票の価値の平等」の面から選挙制度の見直しを迫るものとなった。

政治改革の時とは異なって改革推進は大きな勢いをもったものとはならず、民主党以外の政党の多くは民主党の改革案には批判的であった。11年11月には、超党派の議員による「衆院選挙制度の抜本改革を目指す議員連盟」（中選挙区議連）が立ち上げられた。

12年に入って、公明党や民主党から連用制（かつて民間政治臨調が提唱したもの）の動きが浮上した（民主党案は連用制と並立制を組み合わせた一部連用制）。団は、意見書「連用制を検証する」（12年2月）、「民主党法案に反対する」（12年7月）を発表し、こうした動きを批判した。

12年6月18日、民主党は、小選挙区5議席削減、比例代表定数40議席削減、一部連用制の採用、附則で「将来35議席削減」を明記という「改正」法案を提出した。同年8月28日、法案は衆議院で強行採決されたが、会期終了に伴って廃案になった。

内閣法制局長官の答弁者からの排除などを盛り込んだ「国会改革」法案は、10年5月14日に提出されていたが、11年5月17日に撤回された。衆議院規則・参議院規則の改正による政府参考人制度の廃止も実現には至らなかった。

比例定数削減と国会改革の第2次政治改革は、実現を見ないままで潰え去った。反対運動は、財界と政権党の策動を阻止する貴重な成果をおさめたのである。

民意が反映する選挙制度の実現に向けて

第2次政治改革をめぐる闘いの意義は、比例定数の削減を阻止するにとどまらず、民意が反映する選挙制度を模索し、実現を目指したところにあった。

12年10月17日、最高裁は、第22回参議院選挙（10年7月）の選挙区の定数不均衡を違憲状態とする判決を言い渡した。衆議院「1人別枠方式」違憲判決と相まって、衆参両院の選挙制度のあり方が正面から問われることになった。

衆議院での中選挙区議連の活動や、参議院選挙制度協議会での大選挙区制や比例代表制（全議席）の導入案を含む検討は、そうした下での議員の側からの模索であった。その模索が、衆議院小選挙区や参議院選挙区での民意と議席数の大きなズレを克服しようとする志向を持っていたことは注目されてよい。

こうした趨勢を捉えて、団は、二院制の持っている意味や衆議院、参議院それぞれの役割を選挙制度との関連で検討し、あるべき選挙制度のモデルを提示した。

意見書「わたしたちの声をとどけよう」（11年8月）などで提示した衆議院のモデルは、17ブロックの非拘束名簿の比例代表制で個人（あるいは個人政党）の立候補も認めるというもの、意見書「参議院の意義とあるべき選挙制度」（14年10月）で提示した参議院のモデルは、7ブロックの大選挙区制である。

これらの意見書は、総選挙結果を踏まえて発表した意見書「小選挙区制の廃止を求める」（13年2月)、「重ねて小選挙区制の廃止を求める」（15年1月)、自民党が導入しようとした「優遇枠案」（比例代表を2分し、一部を第2党以下に配分する「優遇枠」とする）を批判した意見書「『優遇枠』案がもたらすもの」（13年3月）とともに、運動や国会での検討に一石を投じるものであった。

14年3月、共産・社民両党を除く与野党が議長の下に「第三者機関」を設けることで合意し、「衆議院選挙制度に関する調査会」（調査会）が設置された。16年1月、調査会が提出した答申は、①小選挙区6議席・比例代表4議席を削減する、②議席の配分を「アダムズ方式」（定数配分の端数を一律に切り上げる方式）で行うというものであった。並立制を固定して、「一人別枠方式」と同根の「アダムズ方式」に変えるだけのもので、小選挙区制の弊害の除去を図ろうとする志向はまったくない。この答申について、団は意見書「国民の声が反映する衆議院を」を発表している。

16年5月、答申どおりの「改正」が強行された。

参議院では、15年7月に、鳥取・島根と高知・徳島の選挙区が「合区」され、18年7月にはその「合区」で議席を失う議員の救済を眼目とした「特定枠」（非拘束名簿の上位に拘束名簿の「特定枠」を認める）が採用された。参議院の改革もまた一時的な弥縫策で、参議院の意味や選挙制度のあり方を踏まえた検討はまったく行われていない。

衆参両院の選挙制度の検討は、本質に迫ることなくひとまず収束した。だが、いずれの収束も何ら解決にはなっていない。

市民の手による新たな政治を

選挙制度の検討が収束に向かった時期は、安倍晋三政権が憲法破壊の暴走を続けた時期と重なっている。

秘密保護法（13年12月)、安保法制（戦争法　15年9月)、共謀罪法（17年6月）など、暴走は枚挙にいとまがない。17年5月には、憲法尊重擁護義務を負う安倍首相自らが、憲法9条などの「改正」を提唱し、推進するに至った（安倍改憲)。森友問題・加計問題をはじめとする政治の私物化も次々と暴露された。

こうした下で、安倍改憲・安倍政治に反対する立憲野党（立憲民主党、国民民主党、共産党、社民党など）と「安保法制の廃止と立憲主義の回復を求める市民連合」（市民連合）に結集する市民が共闘し、国政選挙などでの統一候補を擁立する闘いが始まった。

市民連合と立憲野党の共闘は、19年7月の参議院選挙において、憲法改正発議の阻止をはじめとする13項目の「共通政策」に基づいて、32の1人区のすべてで統一候補を擁立し、10選挙区で勝利をおさめるところまで前進した。この前進が、参議院での改憲派3分の2を破った意味は限りなく大きい。

国会・中央では、団が他の法律家団体とともに構成する「改憲問題対策法律家6団体連絡会」が、院内集会や立憲野党との懇談等を続けて重要な役割を発揮し、それぞれの地方・地域でも団支部や団員が市民と野党の共闘を推進する大きな役割を発揮している。

市民が積極的に選挙や政治にアプローチしていくことは、市民が政治の主人公となる国民主権の実質化であり、市民を「劇場型政治」の「観客」としようとした政治改革の「国家ビジョン」に対するアンチテーゼでもある。

「市民の政治の胎動」の中で国会のあり方や選挙制度のあり方が検討されていくだろうし、その中から真に民意を反映する選挙制度が、市民自身の手で実現されていくだろう。そのときこそ、政治改革とその「国家ビジョン」が否定され、克服されていくときとなるに違いない。

2021年　このいま

あれから30年の時が流れた。

グローバリゼーションと「軍事力による平和」が生み出したものは、すでに明白になっている。テロと暴力が世界に拡散し、格差と貧困が世界規模に拡大した。グローバリゼーションの「策源地」のアメリカでも、ナショナリズムが横行している。

格差と貧困の拡大は、この国も例外ではない。

国会の追認機関化、議員の劣化、政党の離合集散、政治への不信、投票率の低下、弥縫策でしかない選挙制度改革など、政治改革と小選挙区制が生み出したものも、白日の下に明らかになっている。

それればかりではない。森友・加計・「桜」などの私物化の横行、「忖度」を重ねる官僚、憲法と国民無視の勝手放題の政治、首相が主導する改憲策動等々、「政治の異常」は枚挙にいとまがない。

こうした政治こそ変えねばならない。

いまこのときの焦眉の課題は、明文改憲を阻止して憲法を生かす政治を実現すること、そして、市民が政治の主体になって民意が反映する選挙制度と国会を実現することなのである。

2　新自由主義・規制緩和との闘い

雇用状況の激変

89年の東西冷戦の終結を受け、90年代以降、米国主導の経済のグローバル化が急速に進んだ。日本でも、90年代以降、規制緩和、民営化を軸とする新自由主義的な政策が政府・財界により強力に押し進められた。

民間では、企業の社会保障負担、労働コスト負担を軽減し、企業利益の極大化を図るため、雇用の非正規化が急速に広げられた。これを進めるために80年代後半から労働法の規制緩和が開始された。87年には、労働時間法制に関して、変形制、フレックスタイム、裁量労働制や事業外労働制などにより、弾力化する労働基準法「改正」が成立したが、これらが、その後進められた規制緩和とともに、長時間労働を推し進め、過労死問題をいっそう深刻化させることとなった。また、直接雇用を原則として、間接雇用を許さない戦後の労働法規制（公共職業安定所制度による職業紹介の独占、職業安定法44条による労働者供給事業及び労働基準法6条による中間搾取に対する刑罰を伴う禁止）は、85年の派遣法制定により破られ、その後、04年に製造業での派遣労働解禁にまで際限なく緩和された。厚労省が公表している調査統計によると、非正規雇用の割合は、90年の20.29パーセント（881万人）から19年までの30年間に35.20パーセント（1813万人）に増加している。こうした状況の中、団は、90年代以降、非正規雇用労働者の使い捨て、差別、貧困化を許さない闘いをはじめとして、労働者の生活と権利を守る取り組みに全力をあげた。

公務の分野では、公務の市場化・民営化が強行された。それは、国・自治体の公共部門を削減し、その領域を新たな資本の利潤追求の場とするもので、新自由主義改革の中核をなすものである。

わが国の新自由主義改革は96年の橋本内閣時代に本格化し、とりわけ01年の小泉内閣の下で「構造改革」と称して猛烈な勢いで進められることになった。それは、そこで働く公務労働者の職を奪い、それにとどまらず、先人たちが国民の人権保障を具体化する中で築き上げてきたパブリックな領域を解体して市場原理に委ねるものである。そこで、各地の団員は、様々な切り口から、この公務の民営化と闘ってきた。

20年、新型コロナウィルス感染症のパンデミックが起こった。規制緩和・新自由主義路線による社会保障の切捨てや保健所・公立病院等の公的医療の後退が、こうした危機への対応を不十分なものとし、国民の命と健康を危うくするものであることが明確になった。労働法制の規制緩和によって生み出された非正規雇用労働者は、コロナ危機の下で、真っ先に「使い捨て」にされようとしている。新自由主義に代わる新たな社会経済と政策のあり方を求めて、国民の命と健康、働く人の生活と権利を守る団の闘いは続いていく。

Ⅰ　非正規（派遣、有期、パート）の闘い

90年代に大きく舵をきった非正規雇用への置き換え政策

非正規労働者の割合の増大は、財界の意向に沿う労働政策展開の結果である。この財界の志向を端的に示したものが、日本経営者団体連盟（現日

本経済団体連合会）が発表した「新時代の日本的経営」であった。派遣法成立から10年後の95年に出された「新時代の日本的経営」は、財界が終身雇用を基本とする日本型雇用を改めることを示した。雇用を、①長期蓄積能力活用型、②高度専門能力活用型、③雇用柔軟型に3分化し、これまでの正社員にあたる「長期蓄積型」は1～2割にして、あとは企業の必要に応じて、機動的に労働力を活用できる有期雇用の労働者にするというものであった。

そして、この方向に沿う形で労働者派遣法の規制が緩和され、96年に派遣可能な業務は16業務から26業務に拡大し、さらに99年法改正では原則としてあらゆる業務が派遣可能となった。いわゆる「高度専門能力活用型」は、派遣法の対象とされた「専門的業務」にあたり、コンピューター情報処理やSEは、知識が短期間に陳腐化してしまうから常用でなく派遣として活用し、また、「雇用柔軟型」に対応した業種は、85年に専門業務であったファイリング業務やOA機器操作業務が「事務労働」の隠れみのとして悪用され続け、99年法によって専門性がない事務労働そのものが派遣対象業務として適法化された。

さらには99年法が例外として禁じていた製造業における労働者派遣も04年3月1日から解禁されることになり、工場労働においても労働者派遣が適法な形で導入できるようになった。

直接雇用を原則として間接雇用を許さない労働法規制は、85年の派遣法制定以来04年の製造業派遣の解禁へと際限なく緩和され、その結果、使用者による雇用責任は軽減され続けた。それは労働者全体の雇用保障の意識さえも鈍磨させる規制緩和であったといえる。

権利意識の後退は、団結による正社員労働者の労働強化に対抗する力や取り組みを弱めることをもたらした。非正規労働者の増大は、「非正規よりまし」との意識が植え付けられることにつながり、労働者全体の権利を後退させ、労働組合の力を弱めた。非正規労働者の拡大は、成果主義賃金をはじめとする正規労働者の労働強化とともに進められた。

非正規労働者の闘いの先駆けとなった2つの事件

05年5月、偽装請負の違法性を追及する2つの事件の闘いがほぼ同時に始まった。2つの事件は、同じ日に大阪の団員の下に相談が持ち込まれた。そして、その後の労働局への申告をはじめとする闘いへ発展した。

徳島のトヨタ系列の部品メーカー光洋シーリングテクノの工場において偽装請負状態で働く約200人の労働者の中から35名の労働者が、職場にある闘う労働組合（JMIU、現JMITU）に加入し、地域の労働組合の支援も受けて、労働組合の闘いが始まった。

大阪では、松下電器（当時）の子会社である松下プラズマディスプレイパネル株式会社の茨木工場において、下請企業パスコの労働者が、下請会社の移籍に伴う賃下げに納得できずにいたことから、地域労組に加入し、さらに電機情報ユニオンが支援を始めた。

2つの事件はいずれも、正社員と同じように働いているにもかかわらず、賃金は半分程度という非正規労働者に対する差別雇用を正したいという動機で立ち上がった事件であった。光洋シーリングテクノ事件では、地元の団員と共に東京、大阪の団員が協力して加わり、偽装請負の告発と雇用の安定、格差の是正を求める闘いの手段として労働局に対する是正申告が取り組まれ、報道機関も取り上げた。社会問題化したこの事件は、労働組合の運動の力で派遣先企業での直接雇用を勝ち取るという成果を上げていった。

これに対し、職場の中に労働組合を組織できなかった松下PDP事件は、労働者が工場内で他の労働者から隔離され、06年1月31日に雇止めされるという報復が加えられ、黙示の労働契約関係の確認を求める裁判闘争に踏み出すこととなった。

リーマンショック後の派遣切りと年越し派遣村運動

07年、アメリカの住宅バブルが崩壊し、08年9月にリーマンブラザースが経営破綻し株価が大暴落した。リーマンショック後、わが国でも非正規労働者の雇止め、派遣切りが、多くの工場等で強行された。厚労省統計でも、07年度には1.1を超えていた有効求人倍率は、09年の4月には0.5

を切ったとされている。猛烈な人減らしの嵐が起こった。急激な人減らしの結果、失業して寮や社宅を追い出された派遣労働者や有期労働者を支援するため、08年12月31日から翌年1月5日にかけて日比谷公園に「年越し派遣村」が開村された。年の瀬に仕事と住居を失った500人を超える労働者が避難してきた。09年1月2日には、厚労省が近くの庁舎の講堂を開放することを余儀なくされる形で、反貧困運動が国を巻き込み、反貧困の闘いと労働運動が結びつく動きをつくり出した。労働運動と社会運動が結びつく気運が盛り上がり、貧困問題を解決せよという世論が形成され社会運動が広がった。弁護士会での取り組みも進められた。全国で団員が、雇用を失った労働者への相談活動や反貧困運動の取り組みに参加し、反貧困運動と労働組合、労働運動を結びつける努力をした。

民主党政権下での非正規労働者保護法制の成立

こうした社会運動と労働運動がそれまで規制緩和一辺倒であった政府の政策に反省を求める大きな世論を形成し、09年8月30日の第45回総選挙において、自民党は15年ぶりに政権を失い、民主党政権が誕生した。

しかし、発足した鳩山政権は自民党との違いを国民に示すことができないまま、わずか8ヶ月で退場した。民主党政権の誕生時に野党が共同で策定した派遣法改正案は、結局、審議もされないままとなった。民主党政権になっても自民党時代との違いを打ち出すことが十分にできない状態が続いた。

民主党政権が成立してから3年余りが経過した12年3月28日、ようやく派遣労働者保護を目的に、派遣先に対する派遣労働者への雇用申込みなし制度を盛り込んだ改正労働者派遣法が成立した。

しかし民主党政権下で成立したものの、法案は09年の民主党が野党時代の旧三野党案とは異なり、当時野党の自民党、公明党の3党のみの賛成であった上、みなし規定の施行は、周知のため3年後の15年10月1日が施行日とされることとなった。

それでも、派遣禁止業務の派遣受入、派遣無許可事業者からの派遣受入れ、派遣期間制限違反の派遣受入、偽装請負での派遣受入の場合に、派遣先事業主が派遣労働者に対して雇用の申し込みをしたものと「みなす」という法制が導入されたことは、規制緩和一辺倒であった労働者派遣法改定の歴史の中では初めてであった。

また、12年8月3日には、有期契約の無期転換制度、有期契約の更新拒絶の判例法理の法文化、有期契約であることによる不合理な差別を禁じる均衡処遇を内容とする労働契約法の改正法が成立した。

非正規労働者の運動の盛り上がりの中で誕生した民主党政権下で様々な課題をかかえながらも、非正規労働者保護を内容とする一連の法律が成立した。

不屈に闘った裁判闘争

松下PDP事件大阪高裁判決

松下PDP事件で、07年4月26日、大阪地裁（裁判長山田陽三）は、派遣から直用した松下PDPによる「隔離」を不法行為と認定して、慰謝料45万円を認めた。しかし派遣先の直接雇用申込義務違反も黙示の労働契約の成立も否定し、松下PDPが行った雇止めを有効として、労働契約上の地位確認を求める原告の請求は棄却した。

全国の偽装請負を闘う労働者、労働組合がこの判決を批判し、新聞報道でも裁判所の判断に疑義が呈された。新聞が判決の論理をそのまま支持せず批判する背景には、キヤノン、トヨタ、日産等の全国の大企業やその系列会社の工場において偽装請負状態で労働者を就労させていたことが告発され、連日報道されていたという状況があった。

こうした偽装請負や労働規制緩和を批判する世論の変化は裁判所にも影響を与えた。08年4月25日、大阪高等裁判所（裁判長若林諒）は、松下PDP事件において一審判決が認めた「隔離」行為等の不当労働行為による損害賠償45万円の支払義務に加え、雇止め行為そのものも違法であるとして損害賠償額を45万円増やし、さらに派遣先との黙示の労働契約の成立を認める画期的な判断を示した。

その後発生したリーマンショックと世界規模の金融危機に際して、派遣先大企業が雇用責任を果たさない実態が白日の下にさらされた。容赦のない派遣切りの現実が「自己責任論」を凌駕し、貧困問題が政治問題として意識されるようになり、派遣法成立以来初めて派遣労働者を保護するべきとする気運が盛り上がった。

全国で闘われた非正規労働者の裁判闘争

松下PDP大阪高裁判決は非正規労働者の闘いをおおいに勇気づけ、さらに08年の年末に各地で起こった派遣切り事件の被害者らにとっても希望の灯となった。08年から09年に起こった派遣先企業との雇用関係の確認を求める裁判は、各地の団員が関わって裁判闘争を支えた。

08年から活動を開始した非正規労働者の権利実現全国会議（代表　脇田滋）が主催した非正規労働研究会には多くの団員が参加した。14年7月段階で研究会が把握していた件数だけでも、非正規切りに対する裁判闘争等は61件を数えた。労働委員会や裁判所での闘いが行われた地域は、東京、大阪、神奈川、埼玉、愛知、北海道、三重、兵庫、滋賀、岐阜、京都、山口、広島、奈良、宮城、新潟、福井、福岡、熊本と全国に広がっていた。この直接雇用を求める非正規労働者たちの闘いを支える弁護士の8割以上が全国の団員であった。

非正規、派遣労働者の闘いに冷水を浴びせた最高裁判決

民主党政権が発足して間もない09年12月18日、最高裁第二小法廷（裁判長中川了滋）は、松下PDP事件について、「黙示の労働契約」を認めた大阪高裁判決の判断を取り消した。最高裁は、派遣法違反や雇止めに至る過程での不法行為があったことを認めながら、派遣先との労働契約関係を否定するという判断を示した。最高裁判決には、戦後以来、職業安定法に込められてきた間接雇用の弊害から労働者を守るという制度の根幹から検討する姿勢はなく、非正規労働者の権利救済に政治的な判断で背を向けるものだった。

最高裁判決の判断は、戦後に築かれた労働法による民主的規制に反し、労働関係における非正規労働者の権利より受給調整機能を重視した政府財

界の意向に沿うものと言わざるを得ないものであった。

最高裁判決がもたらした逆風

松下PDP最高裁判決は、その後の全国各地で闘われた派遣労働者らの直接雇用を求める裁判に大きな影響を与えた。松下PDP事件の最高裁判決後は、偽装請負等派遣先の雇用責任を求める事件において、ほとんどの下級審裁判所は、最高裁判決を引用する形で、派遣元会社と労働者の間の雇用契約は「特段の事情のない限り」無効ということにならないとして、判を押したように派遣契約は有効であり、したがって労働契約は派遣元との間にあるから、派遣先と労働契約が成立する余地はないという判断を繰り返した。

そればかりか、最高裁判決以前は、実情に鑑みて派遣先に対して一定の金銭賠償による解決を求める和解勧告がされる場合もあったにもかかわらず、多くの事件で、労働者の保護を検討することなく不当な請求棄却の判決が繰り返された。

松下PDP最高裁判決以後の裁判闘争はまさに反動の嵐の中の闘いであった。裁判所は、直接雇用が原則であり、労働者を指揮命令して労務提供を受けるものが雇用主として責任を負うべきとする民主的な労働関係秩序を構築するという観点は欠落し、「派遣とは雇用関係が派遣元との間でしか成立ない」という形式論理から一歩も抜け出すことができない思考停止の判断が続いた。この逆風の中で、非正規労働者の苦しい闘いを団員が支えた。

粘り強い闘いによって勝ちとられた勝利判決と勝利命令

松下PDP最高裁判決の影響により、敗訴判決が続く中でも勝利を得た判決もあった。

マツダ防府工場事件で、13年3月13日の山口地裁判決（裁判長山本善彦）は、短期の直接雇用契約と労働者派遣契約を繰り返し労働者を継続して就労させていた関係に、派遣先と派遣労働者の間に黙示の労働契約関係が成立する、とする判断を示した。

マツダ派遣切り裁判

山口地裁判決は、松下 PDP 事件の最高裁判決の判断枠組みを前提としながら、派遣元会社とマツダとの間の派遣の運用実態が制度全体として労働者派遣法に違反するものと評価でき、派遣元会社も全面的に協力していたことから、当事者の就労は労働者派遣と評価することはできないとして、派遣労働者と派遣元との間の派遣労働契約は無効であるとの判断を示した。多数の派遣先に対する労働契約関係の確認請求が否定される中で、山口地裁において勝訴判決を勝ち取ることができたのは、派遣法成立時の国会審議の議事録にも溯って粘り強く主張を展開し、論陣を緩めず訴訟を闘い続けた山口の団員らの奮闘なしにあり得なかった。

日産自動車・日産車体事件も横浜地裁、東京高裁で派遣先に対する地位確認請求が棄却され、上告も受理されなかった。しかし、当事者と労働組合は、横浜地裁判決（14 年 3 月 25 日）後、最高裁判決前の 15 年 10 月 15 日に団体交渉による解決を要求し、労働委員会に団交拒否に対する救済命令を申し立て、粘り強い闘いを継続した。この事件でも、闘いを支えた団神奈川支部の団員らの奮闘により、18 年 2 月 27 日、神奈川県労働委員会は、派遣先である日産自動車が労働者の派遣契約締結前にスキルを判断して採用したこと、労働者派遣契約を終了させた場合には派遣会社が契約期間満了とともに労働者を雇止めとすることは不可避的な帰結であったことなどから、日産自動車は「労働者の採用及び雇用の終了に関する決定について、事実上、雇用主と部分的とはいえ同視できる程度に現実的かつ具体的に支配決定していたものということが出来る」として、日産自動車が労働組合法上の使用者であると認定し、最高裁判決前の日産の団体交渉拒否は不当労働行為である、とする画期的な救済命令を発した。非正規切りとの闘いにおける重要な成果であった。

15年派遣法改悪の策動との闘い

12年12月16日の総選挙で自民党が大勝して政権に復帰した。右傾化を強めて誕生した第2次安倍内閣は、金融政策、機動的な財政政策、成長戦略の「三本の矢」による経済の建て直しを図る政策を掲げて国民の支持をとりつけた。内閣発足直後の13年1月28日、第183回国会の施政方針演説の中で「世界で一番企業が活躍しやすい国」を目指すと宣言し「聖域なき規制改革を進める。」「企業活動を妨げる障害を、一つひとつ解消していく。」とする姿勢を打ち出し「規制改革会議」を設置した。

民主党時代に成立した非正規労働者保護法制のうち、有期雇用の無期転換制度、有期雇用と無期雇用の間の有期であることを理由とする不合理な差別を許さない制度は、安倍政権発足後に施行された。労働者派遣法は、12年に成立した派遣先使用者による直接雇用を実現する「雇用申込みなし制度」は15年10月1日に施行されるまで2年8か月の期間が残っていた。そうした中、労政審が13年8月20日「①労働者個人単位で同一の派遣先への派遣期間の上限を設定すること」と「個人単位で派遣労働者を交代することで有期雇用派遣を続けることを可能とする、派遣先労使がチェックする仕組みを考える制度」が提案され派遣受入を制限する制度を改悪し、事業所単位で派遣労働者の受け入れを永続化できる案が示された。14年には一度廃案となったが、15年3月13日、事業所単位の派遣の永続化を認める「派遣法改悪案」が通常国会に提出された。

改悪案は、「生涯派遣」を許容するものであるとして、野党は一致して反対し、団も多くの労働組合、労働団体と連携し派遣法改悪反対の運動に取り組んだ。政権は改悪派遣法を成立させるため躍起となり、同年6月19日に、衆議院の厚労委員会で強行採決され、即日衆議院本会議で強行可決された。自民党と公明党の連立与党は、民主党政権時代に成立した労働者派遣法が規定した業務単位での期間制限違反に対する「みなし規定」が施行される（15年10月1日）直前に、派遣受け入れ期間の制限違反による労働者保護を無にする前代未聞の改悪を押し通そうとした。

団は、大量解雇阻止対策本部を先頭に全力で改悪反対の闘いに取り組んだ。衆議院厚労委員会において、鷲見賢一郎団員が参考人として意見陳述を行い、派遣切り裁判闘争の経験を踏まえた論陣を張り、厚労大臣が答弁不能となるまで追い込んだ。衆議院を通過後、非正規労働者の権利実現全国会議が呼びかけ全国の非正規労働者からの声を集めると、わずか3日で200もの意見が寄せられた。団も、声を集めホットラインを実施し集会を呼びかけた。多くの労働者の声を集めた運動は会期延長をして成立させようとした参議院での審議に大きな影響を与え参議院通過を容易にさせず、会期ぎりぎりまで審議が続いた。衆議院通過（6月19日）から参議院での法案微修正・可決、衆議院での再可決・成立（同年9月11日）までの3か月間、団対策本部が発信したファックスニュースは18通に及び団は総力を挙げて派遣法改悪阻止を目指し運動を展開した。労働組合に組織されない労働者がホットラインやメールで寄せた声を国会に届けた活動は重要な経験となった。しかし改悪法案は9月11日に成立し、12年法のみなし規定施行日の1日前の9月30日に改悪法が施行された。

非正規労働者の闘いとこれを支援する運動の継続

「女性労働者」から「非正規労働者」の闘いへの展開

非正規労働は従前から女性のパート労働者が多数を占め、契約社員、派遣労働者の多くも女性労働者が占めていた。世帯単位の社会保障制度や配偶者控除制度も影響し、低賃金で不安定かつ補助的で雇用の調整弁とされてきた。いまなお女性労働者の3分の2近くが非正規である。そして、日経連（当時）の「新時代の日本的経営」路線に沿う労働政策の転換は、男女を問わず非正規労働を増大させた。均等待遇・均衡処遇を求める権利闘争は男女を問わない権利闘争へと展開していった。

女性（非正規）労働者らの組織化と差別的処遇是正との闘い

少し時代を逆のぼれば80年代も非正規労働者の数多くの闘いがあった。三和銀行で、結婚退職3年後にパート労働者として復帰した女性たちが、パート法もない時代に解雇を争った事件では、仮処分では解雇権濫用法理は認められなかったにもかかわらず、また企業別労働組合の支援はなくても、金融共闘会議が中心の支援組織と証人となった三和銀行の正規従業員らも支援し、銀行労働者の要求を反映した運動を展開したねばり強い闘いで、解雇撤回と解決金支払いの和解を勝ち取った（86年4月）。三洋電機（大阪）では、パート労働者の整理解雇に対して、多数を組織化をした仮処分の闘いで、解雇回避をせずパートであるだけで雇止めをしたことは無効である、とする決定を勝ち取った（大阪地裁1990〔平2〕年2月20日、異議事件1991〔平3〕年10月22日確定）。野村証券では、有期雇用契約の証券外務員（ミディ）を少数派の第一組合である野村証券労働組合が組織化した。会社は熊本支店で、組合結成後、ミディの採用を行わないという対応をし、同支店のミディは組合員3名のみとなった。そこで、組合は、89年12月、20人のミディを採用せよという不当労働行為救済申し立てを行うなど組織化による闘いを展開した。その後労働組合の多くの権利闘争を経て、ミディの基本給は倍近くになり、他の証券会社にも波及した。各地の団員がこうした権利闘争を支援し闘い続けていた。

均等待遇を求める90年代の裁判闘争

パート法もない時代、女性非正規労働者と正社員の均等待遇に係る裁判は、公序良俗違反（民法90条）を根拠として闘った。

丸子警報器事件[1)]では職場にあったJMIU労組の支援で裁判闘争が闘われた。2か月間の有期雇用契約が反復更新され4年間から25年間働いてきた女性臨時社員28名と、同一職務に従事する正社員との賃金格差に関し、裁判所は、同一（価値）労働同一賃金の原則に反する賃金格差が直ちに違

1）前掲『自由法曹団物語』（上）掲載

法となるという意味での公序とみなせないとしたが、労基法3条・4条の根底及び同一（価値）労働同一賃金の原則の基礎にある均等待遇の理念に基づいて、賃金格差の違法性判断の重要な判断要素として考慮されるとした。そして、当該臨時社員らの賃金が、同一労働に従事し同じ勤続年数の正社員の8割以下になるときは、均等待遇の理念に違反する格差であり、使用者に許容される賃金格差の範囲を明らかに超えており、公序良俗違反として違法となるとの判断（長野地裁上田支判1996〔平8〕年3月15日）を示し差額賃金について損害賠償を命じた。職場のみならず、地域でも運動を展開したことによって勝ち取った判決であり、東京高裁で原審を上回る水準で和解解決を勝ち取った闘いは今日の非正規労働者の差別是正の闘争の前史として記憶に留める必要がある。

均等待遇・均衡処遇をめぐる権利闘争の新たな展開

08年「派遣切り問題」後に誕生した民主党政権下で13年改正パート法が施行され、さらに労働契約法改正が施行されたことにより、有期契約労働者と無期契約労働者との間で、期間の定めがあることによる不合理な労働条件の相違を設けることは禁止されることが明文で明らかにされた（労働契約法第20条）。20年4月からは、均衡処遇、均等待遇の規定は、パート・有期法にまとめられて施行され、同時に改正派遣法も施行され、派遣労働者も派遣先社員との均等待遇、均衡処遇を図るものとされた（20年法）。

20年法を前に、労契法20条をめぐる裁判では、18年6月1日、最高裁が、ハマキョウレックス事件及び長澤運輸事件について判決を出した。有期労働者に対する各種手当の格差を不合理とした判決は、大きな注目を集め、このことが各地の非正規労働者の相談へとつながり、非正規労働者の差別是正の権利闘争への注目が集まった。最高裁判決を契機に各地の判決も注目された。

女性労働者が原告となり控訴審段階で、手当のみならず、賞与や退職金の一部について損害賠償を認めた判決が相次いで出された（賞与・大阪医科大学事件（大阪高裁2019〔令元〕年2月15日）、退職金・メトロコマース事件（東京高裁2019〔令元〕年2月20日）。こうした非正規労働者に対する不合理な格差を正す判決が注目を集め、闘いは広がった。しかし最高裁は、20年10月13日、この2つの事件で認めた賞与と退職金の格差是正を命じた高裁の判断を職務の同一性が異なるという強引な事実認定により取り消すという政治的判断を示した。

労働組合が支援し期間雇用社員を組織して展開している郵政非正規是正裁判においても、東京、大阪、広島、長崎と各地で訴訟が提起され、東京高裁判決（2018〔平30〕年12月13日）大阪高裁判決（2019〔令元〕年1月24日）では、住居手当、年末年始勤務手当等が不合理な差別であるとして損害賠償を認める判断を示された。さらに郵政産業労働者ユニオンの闘いは、20年2月14日、全国7つの裁判所に154人が一斉提訴に踏み切る裁判闘争に発展した。非正規労働者の差別是正は、組織化の課題と共に更なる前進を始めている。

最高裁判所は、賞与や退職金の差別是正を否定した大阪医科大学やメトロコマース事件とは異なり、郵政の個々の手当については不合理な差別であることを認める判断を示した。賃金格差は、月例基本給、賞与、退職金等でより大きなものとなっており、最高裁の政治判断を乗り越え、中核的労働条件の格差を是正する判断を獲得することが今後の課題である。

非正規労働者の闘いでは、20年4月1日から施行されたパート・有期法、労働者派遣の改正法における均等待遇、均衡処遇をすべきとする規範は大きな武器となる。しかし差別の本質は人の価値の不平等であり、目指すは「同一価値労働同一賃金の原則」である。現行法を武器としながら、企業の枠をこえ、法の枠をこえた真の平等を求める活動は、政治変革を伴う活動と一体となって実現できる。非正規労働者の権利闘争は、全国民の権利闘争へ発展する可能性を持っている。20年初頭から世界を襲った新型コロナウイルスの感染拡大は、経済格差の問題を顕在化させ、不況の下で非正規労働者の権利は脅かされている。働く者の権利を守り、発展させる活動はますます重要となっている。

日頃から、働く人々と向き合い共に悩む団員が、非正規労働者の権利闘争を支援し寄り添い、労働組合や各種団体の運動へとつなぐ活動が求められている。

Ⅱ　新自由主義改革・公務の民営化との闘い

公務の民営化(民間化)は、大企業や富裕層の税負担を極小にする「小さな政府」を目指して国・自治体の公共部門を削減するとともに、その領域を市場化し資本の利潤追求の場として創設する。それは、そこで働く公務労働者の職を奪うものであるとともに、国民の人権保障を具体化する中で築き上げてきたパブリックな領域を解体して市場原理に委ねるものである。そこで、各地の団員は様々な切り口からこの公務の民営化と闘ってきた。

わが国の新自由主義改革は、96年の橋本内閣により本格化し、01年の小泉内閣の下で「構造改革」・「規制緩和」として猛烈な勢いで進められた。公務の分野ではニューパブリックマネジメント（NPM）というイデオロギーが喧伝された。それは、中央省庁等改革、公務員制度改革、市町村合併など様々なテーマを含むものであり、「公務の民間化」もその中に位置づけられる。そして、それは、公務員の世界を民間の新風により「改革」するイメージで受けとめられ、公務員バッシングがこれを後押しした。

「公務の民間化」では、まず「企画と実施の分離」が行われる。ここで「企画」とは政策決定をする領域・部門であり、そこでは「政治主導」が強調されて、中央省庁等改革や公務員制度改革（成果主義の導入など）が進められた。その行き着いた先が第2次安倍政権における内閣人事局の創設（14年）であり、それが「忖度」行政、森友学園・加計学園問題、「桜を見る会」等々、政治の私物化と腐敗に結びついていった。

これに対し、「実施」とは公共サービスを担う領域・部門であり、そこではコスト削減のための民営化が追求された。それは民間における低賃金労働が前提になっている。そしてこの民営化・市場化は「パブリックビジネス」というかけ声の下に怒濤の勢いで進められ、これを推進する法制度も次々とつくられた（PFI法、指定管理者制度、市場化テスト法など）。

こうした公務の民営化・市場化（商品化）は、所得の多寡により購入できるサービスの格差をもたらす。また、サービスの質に対する民主的コントロールが失われ、職場には劣悪な賃金労働条件が広がり、それが標準的サービスの質の低下をもたらし、他方で企業の利権の温床ともなりうる。

さらには企業の撤退・倒産によるサービスの中断・廃止も起こりうる。

現代の福祉国家においては、福祉、医療、教育、保育、介護、清掃、水道事業等々、国民の生存権を豊かにするため公共サービスは国民生活のあらゆる領域にわたって存在している。公共サービスの分野の市場化は、こうした公共サービスによる利益を平等に享受できる社会から、そのサービスを商品化して売買する社会へと転換し、格差の拡大と貧困の深刻化に拍車をかけ、生活の基盤となるセイフティ・ネットを縮小・解体していく。昨今の新型コロナウィルス・パンデミックは、こうした社会の脆弱性を浮き彫りにした。

しかし、公務の民営化にあたって、どこまでを公務部門が担うべきで、どこから先を民間に委ねてよいかの明確な基準を憲法上の規範として観念することは困難である。そこで、民営化の是非は、民営化・市場化を推進する政治と公共サービスの充実を求める国民の運動との対抗関係の下で決定されていくことになる。このように公共サービスの事業廃止・民営化は、政府・自治体による一種の政策決定であり、その実施が法律上許容されていることから、これを司法の力のみに依拠した闘いで阻止することは容易ではない。

しかし、各地の団員は、新自由主義的改革による諸施策として推進される公共サービスの縮小・解体につながる保育所の民営化、学校給食の民間委託、指定管理者の導入、PFIによる公共財産の収奪と癒着、水道事業の民営化等々の民営化・市場化と公共サービスに従事している公務員の人員削減としての分限免職等の攻撃に対して、公務員の労働組合・労働者、地域住民とともに、この困難な課題に挑戦し闘ってきた。

保育所の民営化との闘い

高度成長時代には革新自治体とそれを支える市民運動や労働運動の取り組みにより、各地で多数の公立保育所が生まれ、保育士と保護者が協力して豊かな実践を重ね、その保育水準を高めてきた。それは公立保育所の保育士の安定した賃金と労働条件に支えられていた。それが民主主義運動を嫌悪する保守勢力から、公立保育所は高コストであると喧伝され、早い時期から民営化のターゲットとされて、各地で激しい闘争が展開された。

大阪府東大阪市では、94年、春宮保育所の民営化が強行されたが、市民の反対運動も盛り上がり、集会の模様はテレビでも大きく報道された。その結果、運動の中核をになった東大阪市職労と市当局との間で、民間委託後も公務員保育士を一定期間派遣して保育水準を確保する協定が結ばれた。ところがこれを不満とするワンマン市長が協定を一方的に破棄し、公務員保育士を即時引き上げると言いだし、何とかこれを止めて欲しいという相談が市職労から大阪支部の団員らに寄せられた。しかし、有効な法的手段などあるはずもない。苦肉の策として、不当労働行為禁止仮処分の申し立てをしたが、担当裁判官は、協定は破棄の意思表示により終了しているからこれを止める概念はないとか、これは実質的には公務員の配転禁止を求める仮処分で行訴法44条に抵触するなどと、不適法却下を匂わせる冷淡な対応に終始した。しかし、申し立てによって市当局の動きが鈍ったことから、その間に市職労が団交で市当局との間に一定の軟着陸を果たした。

保護者の立場からも、97年改正児童福祉法により措置制度が廃止され保護者が保育所を選択できるようになったことを逆手にとって、公立保育所利用契約の債務不履行を理由とする損害賠償請求訴訟が闘われた。そして団員の弁護士らの奮闘により、民営化にあたっては民間保育所への引き継ぎ期間を少なくとも1年程度設定するなどの配慮義務に違反するとして損害賠償を命じる画期的な判決を勝ち取った（大東市事件・大阪高判2006〔平18〕年4月20日　裁判長大和陽一郎）。

他方、公立保育所廃止条例の制定それ自体を行政処分と捉えての条例取消請求も各地で取り組まれた。しかし、行政処分性はクリアできたものの、違法性までは勝ち取れていない（横浜市事件・最判2009〔平21〕年11月26日　裁判長櫻井龍子　など）。

学校給食の民間委託との闘い

学校給食調理業務の民間委託も早くから進められた。調理業務を単純業務と決めつけて、これを低賃金労働者に代替させれば安上がりという発想の下にターゲットにされたものである。

もっとも文科省の学校給食衛生管理基準などでは栄養教諭等（公務員）の指導が義務づけられており、調理員はこれに従わざるを得ない。そこで、学校給食の民間委託は偽装請負を必然的に伴う。その違法を指摘して中止を求める申入行動の嚆矢となったのが、97年に大阪支部の団員が起案した八尾市への意見書であった。

行政の違法を指摘するこうした申入活動は、行政に緊張を与え、民営化の足を止めたり鈍らせたりする力があることから、1つの活動スタイルとして各地で様々な問題で活用された。とりわけ、偽装請負については、06年頃からワーキングプアが社会問題となり始め、08年のリーマンショック後に大きく取り上げられるようになり、各地で学校給食や校務員などの民間委託を止めるための申入活動に活用され、行政がこれを断念するところもあった。

指定管理者と解雇・雇止め

03年地方自治法改正により、公の施設の指定管理者制度が導入された。当初は、同時期に制度化された地方独立行政法人（地方独法）が自治体の「分社化リストラ」を可能にするものとして注目を集め、団員もこれを批判してきた。しかし、先に猛威をふるい始めたのは、指定管理者制度のほうだった。

指定管理者制度は、従来の民間委託が業務（中身）だけを委託するのに対し、施設（箱）ごと民営化することを可能とするものである。バブル景気に乗り、あるいはその後の日米構造協議により内需拡大を押しつけられ、箱物を作ったあとの維持管理に苦しんでいた自治体がこれに飛びついた。そしてこれを人材ビジネスが「50兆円市場」などとあおった。その結果、安易に参入した企業が、短期間で無責任に撤退するなどの事象も多発したが、全体として指定管理者数は伸び続け、現在では7万6000を超える施設が指定管理者に移行している。

わが国にはEUのTUPE（企業譲渡〔雇用保護〕規則）のような仕組みがないので、自治体や外郭団体が管理してきた公共施設を指定管理者に移行する際に、そこで働いていた職員の雇用が引き継がれる保障はない。また、指定期間が通常3年～5年とされることから、参入企業はマンパワーを有期雇用に依存することになる。このため、多くの現場で解雇・雇止め事件が発生し、その救済を目指して団員は悪戦苦闘した。

東京都中野区では、08年、一部の保育所の指定管理者移行に伴い、自治労が当局と合意して、正規職員（自治労組合員）のみを守って配転させ、そのしわ寄せとして廃止対象外の保育所で働いていた非常勤職員（自治労連組合員）が余剰人員とされて雇い止めされた。

自治体の非常勤職員は、一般に期限付き任用とされている。そこには民間の有期雇用の雇止めの場合のような保護法理（労契法19条）がないため、これまでの裁判闘争では、地位確認請求はすべて敗北し、期待権侵害の損害賠償請求すら認められていなかった。しかし、中野区では、職場再編の矛盾を最も立場の弱い非正規労働者にしわ寄せして恥じない当局の姿勢に怒りを覚えた労働者が立ち上がり、これに共感した東京支部の団員らが果敢に闘いを挑んだ。そして、東京地裁は職員らの期待権を侵害したとして慰謝料の支払を命じ（東京地判2006〔平18〕年6月8日　裁判長　中西茂）、東京高裁はこの慰謝料額を大幅に引き上げて1年分の収入相当額の支払いを命じるという画期的な成果を得た（東京高判2007〔平19〕年11月28日　裁判長南敏文）。任用期間が1年単位であることからすれば、これは雇止めを無効とするのとほぼ同じであり、全国の行政当局に与えた衝撃は大きかった。

しかし、この問題もその後バックラッシュに遭っている。大阪府吹田市で福祉業務に長年従事してきた非常勤職員が12年に民営化に伴い雇止めされた事件では、大阪支部の団員らが闘い、吹田市職労も奮闘して当局と一定水準の和解寸前までいったが、議会で与党に否決されて頓挫し敗訴した（大阪地判2016〔平28〕年10月12日　裁判長内藤裕之、大阪高判2017〔平29〕年8月22日　裁判長河合裕行）。

PFIによる企業癒着を追及

公務の民営化ツールの中でも、財界が力を入れたのは、施設建設や建替えも含めた民間資金導入をはかるPFI（Private Finance Initiative）であった。これは、巨額の資金が動くために参入企業のうまみも大きく、これを支援するPFI法が99年につくられると、財界の要望をふまえて度重なる改正が行われてきた。

11年改正では、「コンセッション（公共施設等運営権）」という新たな物権が創設され、これを経済取引の対象とするものとされた。それはアベノミクスの成長戦略に位置づけられ、空港、道路、水道、下水道などが重点分野とされた。

PFIは、従来の公共事業と比べて資本の自由度が増し、しかも、公共施設の長期（例えば20～30年）にわたる管理業務も受注することから、企業は大きな利潤を得ることが可能となる。他方で、自治体を長期間拘束し、利権の温床ともなりうる。

愛知県西尾市では市長が1企業に市内200を超える公共施設の解体、建設、長期にわたる管理を独占させる契約を締結したことから、住民の批判が高まり、17年、愛知支部の団員らがPFI法や建設業法に違反するとして住民訴訟を提起した。その後、運動の盛り上がりを受けて市長選でPFI反対派の市長が当選したことから、現在はその収束に向けての取り組みが進められている。

公務員の分限免職との闘い

87年、3公社のうち国鉄で“大量解雇”が強行され、長期間にわたって団をあげての闘争が続いたが、09年には社保庁で非現業の正規職員が“大量解雇”された。そこには、国公法違反で起訴された堀越事件に象徴される民主的活動家の排除や、年金原資を金融市場に流し込みやすくするという郵政民営化と同様のねらいがあった。

07年、第1次安倍政権当時に「消えた年金」問題が噴出すると、それが職員の「年金記録のぞき見」といった不祥事にすり替えられた。そして、09年末に社保庁が廃止され、10年に日本年金機構が設立された。その際、職員の雇用は国鉄と同様に新規採用方式がとられ、多くの職員が退職勧奨により職場を追われ、さらに500名あまりが懲戒処分歴等を理由に採用されず、分限免職された。

そこで弁護団（団長岡村親宜）が結成され、各地の団員を中心に、全厚生、国公労連、年金者組合とも連携して原告団を組織し、全国で75名が10地域（北海道、秋田、埼玉、東京、愛知、岐阜、京都、大阪、香川、愛媛）で人事院に対する不服申立をしてたたかった。人事院では10名が救済されたが、全国7地域で争われた分限免職処分取消訴訟では、東京地裁が1名を救済したものの東京高裁で逆転敗訴し（東京高判2018〔平30〕年9月19日　裁判長川神裕）、他の地域でも全敗となった。もっとも、それまで民間の整理解雇法理ほど明確ではなかった「免職回避努力義務」を裁判所に明言させたのは大きな成果であった。

自治体でも公務の民営化に伴う分限免職事件が発生した。茨城県小美玉市では、09年、市立医療センターの指定管理者制度導入により職員が剰員として分限免職され、茨城県支部と埼玉支部の団員が免職処分取消訴訟を闘ったが敗訴した（水戸地判2012〔平24〕年11月29日　裁判長新谷晋司）。愛媛県西条市では、10年、周桑病院を指定管理者に移行させる際に、市が病院職員を全員分限免職した上で、希望者は市が初任給で雇い直すという事件が発生した。これは指定管理者への移行を悪用した賃下げであるとして、愛媛支部の団員を中心に大阪支部の団員も加わって免職処分取消訴訟に取り組んだが、裁判所は実質的不利益が小さいとして棄却した（西条市〔周桑病院〕事件・高松高判2016〔平28〕年8月26日　裁判長生島弘康）。

広がる民間委託との闘い

自治体のいわゆる本庁職場でも、バックヤード業務を始め、様々な形で民間委託が広がった。しかし、とりわけ自治体の窓口業務の民間委託については、戸籍など高度のプライバシー情報を扱う部署であることから、個人情報の保護に対する懸念を持つ住民の強い批判が集中した。

また、窓口業務においては、戸籍謄本などの交付申請があれば、だれがいかなる目的でそれを取得しようとしているか、それが正当か否かの判断が必要となる。これは公権力による判断作用であり、民間委託先にさせることはできない。そうすると、窓口業務を行う民間企業の労働者は公務員の指示を仰がざるを得なくなり、必然的に偽装請負となる。

東京都足立区では14年から富士ゼロックスに窓口業務を民間委託した。住民は情報公開請求をし、住民訴訟を提起して闘った。東京支部の団員らが代理人を務めた住民訴訟では、東京地裁は請求を棄却したが、窓口業務の民間委託は偽装請負にあたると断じた（東京地判2019〔令元〕年3月1日裁判長古田孝夫）。これは各地の窓口業務の民間委託を止める大きな力となるものである。

保育・学童保育・給食・図書館・自動車運転・清掃など多数の業務を1社がまとめて受注する包括民間委託も広がっている。こうした参入企業の中には、保育運動や学童保育運動を否定し、労働組合との交渉すら拒否するケースもある。大阪府東大阪市の学童保育に参入した共立メンテナンスは、団交拒否を繰り返し、大阪支部の団員らが大阪府労委に救済申立をした（和解後しばらくして撤退）。そうするうちに、今度は大阪府守口市の学童保育に参入してやはり徹底した団交拒否を行った。これに対しても大阪府労委に救済申立をしていたところ、同社は年度末に組合員多数の雇止めを強行し、裁判闘争となっている。

20年度から始まった会計年度任用職員制度も包括民間委託拡大の一因となっている。会計年度任用職員制度は、自治体の非常勤職員に対する処遇の劣悪さが問題となる中、総務省がこれを糊塗するために設けた制度であるが、一応、各種の手当支給が可能になる。もっとも財源の手当は乏しいので、負担増を嫌がるいくつかの自治体が、非常勤職員が担っていた多数の業務を包括民間委託し、使用者としての責任を免れようとしているのである。

いち早くこれに飛びついた静岡県島田市に対しては、19年に東京、大阪、地元の静岡支部の団員が参集し、自治労連とともに当局に撤回を申し入れて、これを断念させることができた。

水道民営化との闘い

18年には、水道事業民営化を推進する水道法改正をめぐって国会が紛糾した。水道法は水道事業者を原則として市町村と定めている。これは水道が人の生存のための基本的インフラ（公共財）であることからすれば当然といえる。しかし01年水道法改正により、業務の民間委託が可能となり、「水メジャー」とよばれる多国籍企業の関連会社が参入を進めてきた。水道料金は電気料金と同じく「総括原価方式」（株主への配当、役員報酬、法人税、内部留保すべてを料金に上乗せできる）とされているのでうまみが大きい。

18年改正法は、民間企業が「水道事業者」にならなくてもコンセッション（運営権）を取得可能にし、企業参入を著しく容易にした。諸外国では水道民営化の弊害が著しく、再公営化の動きが強まっているのに、わが国はこれに逆行しているのである。

18年改正水道法は成立したが、具体的な導入をめぐっては各地で攻防が進められ、団員が講師活動などで役割を果たしている。静岡県浜松市では、改正水道法を受けたコンセッション導入がもくろまれたが、19年の市民集会に団員がパネラーとして参加して大成功を収め、議会が全会一致で反対に回り、推進派の市長を一時断念に追い込む成果もあげた。

国民の意識改革に取り組む

団員は、公務の民営化を進めるための立法化の動きの情報をキャッチし、批判する意見書を作成・発表して、反対運動を理論的に支えてきた。

しかし、公務の民営化それ自体は特定の政策選択であるから、これを推進する首長、議会、そして住民自身が、新自由主義に基づく施策を受容する意識自体を変えなければ、流れは止められない。そこで、自治体問題研究所や各地の自治労連などの主催で学習会が旺盛に取り組まれることとなり、尾林芳匡、城塚健之らをはじめ団員が精力的な講師活動を行い、あるいはその成果を論稿や書籍にして普及に努めた。

とはいえ、この問題は団全体が組織的に取り組む課題にはなっていなかった。そこで10年末、団本部に構造改革PTが設置された。構造改革PTでは、公務の民営化だけでなく、道州制、TPP、国家戦略特区など様々な新自由主義政策を検討し、調査研究、そして批判活動を進めている。

新自由主義政策を推進する「維新」との闘い

改憲策動や新自由主義政策と闘うためには、これを推進する政権与党のみならず、その補完勢力である「維新」(「大阪維新の会」、「日本維新の会」をまとめてこう呼ぶ) との闘いも避けて通れない。「維新」の政策は、新自由主義政策そのものであるが、しばしば政権批判も厭わない“勇ましい”野党的ポーズを誇示し、これをマスコミが無批判に垂れ流すことから、少なくない国民がこれに幻惑されている。

「維新」の創始者である橋下徹は、タレント人気を武器に、08年に大阪府知事に当選し、大阪府の市民サービス切り捨ての強行、「関西州」の大都市を結ぶ高速道路網やバイオ企業群の構築といった夢をふりまいた。しかし、大阪府庁のベイエリアへの移転をめぐって府議会と衝突するなど、必ずしも思い通りには進まなかった。そこで、10年に自民党を割る形で地域政党「大阪維新の会」を立ち上げ、新たな看板政策「大阪都構想」を提唱した。そして11年4月の府議選で過半数を制すると、同年11月には大阪府知事・大阪市長ダブル選挙を仕掛けて両者を制した。

維新政治はポピュリズムである。その特徴は、①敵味方二元論、②トップダウンによる強いリーダーシップと選挙に勝利した首長が独裁的に執行する「選挙独裁」、③メディアの活用による支持調達にある。特に「敵」を定めこれを徹底的に叩く手法は住民の喝采を集め、「維新」の政治力の源泉となった。罵倒する「敵」は、府職員、府議会、府教委、知識人、一部マスコミなど、くるくると変わったが、橋下が大阪市長に転ずる頃から、その矛先は主に公務員とその労働組合に向けられた。そして、組合事務所明渡要求や思想調査アンケートを強行し、国旗国歌条例、教育基本条例、職員基本条例、政治活動制限条例、労使関係条例などを制定し、懲戒処分を乱発するなどして、職場の専制支配を強めた。

これに対し、大阪市労組 (自治労連) が組合事務所明渡を拒否して裁判・労委闘争に立ち上がり、次いで、その組合員59名が思想調査アンケートに対する国賠訴訟を提起した。大阪支部の団員はそれぞれ弁護団を結成してともに闘った。多数派を占める大阪市労連 (自治労など) も同様に裁判・労委闘争に立ち上がり、双方の弁護団の共闘が進むことにより、自治労連と自治労が初めて組合旗を並べて参集する市民集会も開催された。

組合事務所事件では、一審は橋下市長の不当労働行為意思を認定し、労使関係条例を適用違憲とするなどして、画期的な勝訴判決を出した（大阪地判2014〔平26〕年9月10日　裁判長中垣内健治）。ところが、控訴審は一転して、橋下市長の代弁をするかのような理由でこれらを否定し、組合事務所明渡を命じた（大阪高判2015〔平27〕年6月26日　裁判長志田博文。最高裁不受理により確定）。他方で、大阪府労委、中労委は、組合事務所明渡要求を不当労働行為と認定した（大阪府労委2014年2月20日命令、中労委2015年10月21日命令。確定）。

思想調査アンケート事件では、一審は組合加入の有無やその理由等を尋ねる設問が労働基本権やプライバシー権の侵害として慰謝料の支払いを命じたが（大阪地判2015〔平27〕年3月30日　裁判長中垣内健治）、控訴審は一部の設問を適法として賠償額を減じた（大阪高判2016〔平28〕年3月25日　裁判長田中敦）。

このほか、大阪支部の団員は、思想調査アンケートに要した人件費や特別秘書への給与などを違法な公金支出として賠償を求める住民訴訟を提起して闘ったが、勝訴できなかった。

もっとも、13年に橋下が「従軍慰安婦は必要だった」と発言したことから橋下人気にはかげりが出始めた。橋下は一発逆転をねらって、15年5月に「大阪都構想」（大阪市廃止）住民投票で勝負に出たが、歴史と伝統を尊重する市民がこれを防ぎ、橋下は引退した。大阪の団員は住民に対し拙速な判断はやめようという取り組みを展開し、この勝利に貢献した。

しかし、「維新」は旧来の自民党の支持基盤のかなりの部分を引き継ぎ、同年11月の大阪府知事・大阪市長ダブル選挙で勝利し、周辺自治体にも維新系市長が次々と誕生するなど、強固な広がりを見せている。そして、公明を巻き込み、新型コロナの感染拡大の収束が見通せない下で、20年11月、再度の住民投票を強行したものの、再び否決された。このときも大阪支部の団員は精力的に反対運動に取り組み、地方自治を守り抜く歴史的な闘いの勝利に貢献した。ところが、維新は今度は、「大阪都構想」とよく似た①広域行政一元化条例案及び②「総合区」制度条例案を持ち出して、改革ポーズを維持しようとしている（このうち①は、21年3月、府市の各議会で可決された）。

「維新」の政策は、大阪万博、IR（カジノ）誘致、ベイエリア等の大規模開発に資金を注ぎ、他方で民生部門は次々と市場化を進めるという、新自由主義政策そのものである。大阪市営地下鉄・バスは15年に民営化され、水道も民営化されようとしている。大阪府立病院機構については、橋下が安倍政権に働きかけて13年に地方独立行政法人法が改正されると、直ちにこれを使って特定型（公務員型）から一般型（非公務員型）に転換した。また、公衆衛生を目的とする大阪府公衆衛生研究所と公害対策を基本とする大阪市環境科学研究所を、17年に組織統合し、大阪健康安全基盤研究所とした。こうした民営化の推進と感染症対策を担う保健所の統廃合などが、新型コロナウイルスの感染拡大の事態に機能不全をもたらしている。

「維新」の新自由主義政策は、これによって利益を得る高額所得層のみならず、大阪の経済的地盤沈下からくる屈折・ルサンチマンにより「維新」への期待と幻想を抱く低所得層からも支持されており、その根は深い。

そしてこうした「維新」の政治手法は、「安倍政治」の下で大阪にとどまらず東京都、名古屋市などに全国的に広がりをみせ、この国の民主主義を危機に陥れている。

団は、新自由主義政策と闘う人々とともに、民主主義を実質的に取り戻し、新しい政治・経済・社会のあり方を求める歴史的課題を担って、この時代と切り結んでいくことが求められている。

「自治体戦略2040」と課題

公務の民営化は、総務省の研究会が18年に発表した「自治体戦略2040」により新たな局面を迎えている。これは、少子高齢化が進行する中、自治体は労働力不足で行き詰ると危機感をあおり、その重大局面が40年に到来するとして、自治体を、①AI・ロボティクスを活用して職員を半数にする（スマート自治体）、②公共サービスを直接提供するのではなくシェアリングエコノミーなどにより民間企業や個人を仲介する存在にする（プラットフォームビルダー）、③単独の自治体ですべての公共サービスをまかなう行政のフルセット主義から脱却して「圏域単位の行政」をスタンダードにする、④東京圏は「経済成長のエンジン」であることから、圏域全体でマネジメントを支えるプラットフォームを検討する、などと提言している。

①については、既にいくつかの自治体で保育所入所選考などの場面でAIが導入されつつある。たしかにディープラーニングによるAIの発達はめざましい。ただ、それを設計するのはあくまで人である。AIの判断指標に社会のゆがみ（ジェンダーバイアスなど）が含まれていれば、AIは無批判にそれを拡大再生産する。公務の民営化の危険性は、教育と訓練を受けた公務員をマニュアル頼みの低賃金労働力に置き換えることにより、その目的である人権保障を危うくするところにあるが、これが単純にAIに置き換えられると、その被害は甚大なものとなりうる。②については、公共サービスがウーバー・イーツのように個人事業主によって細切れに提供されることになることを意味する。そこには専門性の保障もなく壮大な無責任がはびこることにもなりかねない。③については、公共サービスの実施主体が住民の居住地域から遠くなり、住民の生活実態から遊離したサービスに変質する危険がある。④については、東京圏の特別扱いを求め、経済成長に役立たない他地域を切り捨てるものである。

さらに政府は21年2月、デジタル庁設置法案などデジタル化関連法案を国会に提出した。同法案はデジタル庁を司令塔に、マイナンバーの活用と自治体の情報システム標準化を進めるなどとしている。しかし、そこには、①個人情報保護の観点から重大な懸念があるとともに、②IT企業の役員等が国と自治体の中枢に入り込み支配する、③情報システム標準化が自治体独自の福祉策を困難なものとする、④窓口の無人化が進めば、デジタルデバイド（情報格差）が拡大するだけでなく、貧困やDV・虐待などの困難を抱えながら声が上げられない住民を自治体職員が把握できなくなりセイフティネット機能が低下する、などの重大な問題が含まれている。

これらの問題は、20年代以降の重要課題であり、団として、早急な取り組みが求められている。

3　社会保障削減と反貧困運動・集団裁判の闘い

憲法25条裁判の原点・朝日訴訟と堀木訴訟

朝日訴訟[2)]

岡山の国立療養所で療養中の重症結核患者の朝日茂は、当時の生活保護費では満足な療養生活も送れず、憲法25条が保障する「健康で文化的な最低限度の生活」が脅かされているとして、厚生大臣に生活保護費の引き上げを求めて提訴した。57年8月に若手弁護士によって提訴されたこの裁判は世間に知られていない一行政訴訟だったが、60年10月19日、東京地裁（浅沼武裁判長）が原告勝訴判決を出したことを契機に、国民的規模の一大裁判闘争の舞台に躍りでた。しかし、東京高等裁判所は63年11月、原告逆転敗訴の判決を言い渡し、上告した原告朝日茂は64年2月に死去した。朝日茂の養子となった朝日健二が訴訟当事者としての地位の承継を主張したが、67年5月24日、最高裁は、朝日茂の死亡によって訴訟は終了した旨の裁判終了宣言を行い、10年に及んだ裁判闘争はおわった。

朝日茂さんの遺影とバラの花を手に最高裁に入る健二・君子さん夫婦
1967年5月24日
写真提供＝共同通信社

朝日訴訟は、一審での勝訴判決が二審で覆されたまま、当事者死亡により打ち切られた。裁判としては未完であったが、政府は、朝日茂の提訴を受け、一審の裁判の途中から生活保護基準を順次引き上げ、提訴前

2）前掲『憲法判例をつくる』掲載

には一般勤労世帯の生計費の36%程度であった生活保護基準が70%前後にまで引き上げられた。

堀木訴訟[3)]

朝日訴訟の理念と運動を受け継ぎ、障がいを持つ者の人間としての権利を確認し、差別に反対する闘いの原点となったのが堀木訴訟である。視力障がいのため障害福祉年金を受給していた堀木フミが、母子家庭の児童などを対象に支給される児童扶養手当の請求を行ったところ、公的年金との併給禁止の規定があったことから、その請求が退けられたためそれを不服として70年に提訴した。72年9月20日、神戸地裁は、併給禁止規定は憲法14条違反であるとし、原告勝訴判決を出した（坂上弘裁判長）。しかし、大阪高裁判決は、年金制度をどうするかについて立法府には広い裁量が認められるので原則として違憲の問題が生じる余地はないとし、また、併給禁止規定が合理性を欠くことが明らかではないので憲法14条にも違反しないとして地裁判決を取り消し、原告敗訴とした。82年7月7日、最高裁は、原告の上告を棄却した。最高裁判決は、憲法25条の規定の趣旨にこたえて具体的にどのような立法措置を講ずるかの選択決定は、立法府の広い裁量にゆだねられており、それが著しく合理性を欠き、明らかに裁量の逸脱・濫用と見ざるを得ないような場合を除き、裁判所が審査判断するのに適しないとするものだった。

この堀木訴訟最高裁判決がその後の社会保障裁判において厚生労働大臣や立法府に広汎な裁量権を認める根拠として引用されるようになり、社会保障裁判を闘う者が乗り越えるべき高く厚い壁となった。

堀木訴訟においても、原告勝訴の一審判決後に、兵庫県は、堀木と同様の立場にある人たちに対して、法改正を待たずに児童扶養手当相当額を支給することとし、さらにその後に法改正がなされて保護者の年金と児童扶養手当の併給が認められるようになり、その支給額も引

3）前掲『憲法判例をつくる』掲載

き上げられることとなった。

政策形成訴訟の先駆け

朝日訴訟、堀木訴訟はいずれも、訴訟としては敗訴に終わったものの、朝日訴訟は生活保護基準の低劣さを暴露しその引き上げを求めてこれを実現し、堀木訴訟は障がいを持つ者、母子家庭の貧困と無権利状態を明らかにし、併給禁止規定の不合理性の問題を提起し併給禁止原則の見直しをさせた。この２つの裁判は訴訟を通じて政策、制度の変更を迫る「政策形成訴訟」としての役割を果たした。

また、この２つの社会保障裁判が源流となり、生存権理念を広げ、深める大きな流れをつくり、支援団体、研究者、弁護士等その後の裁判運動の担い手を育てることにもなった。

90年代　個別訴訟で司法救済が大きく前進

朝日訴訟、堀木訴訟は、戦後に創設された社会保障制度の不備、不十分さを訴える訴訟であり、高度経済成長と国民生活の向上という背景の下、裁判運動を通じて社会保障制度の拡充を勝ち取った。

ところが、80年代に入るといわゆる臨調・行革路線を背景に、さらに90年代にはバブル崩壊を受けて、生活保護の「適正化」等社会保障財政の抑制政策が進められた。90年代の社会保障裁判は、こうした時代背景の下、生活保護制度の違法・不当な運用に対して、制度利用者・申請者の１人ひとりが裁判に立ち上がり、被害の回復とともに生活保護制度における誤った政策を改め、正しい運用とあるべき政策の実現を目指し闘われた。

この時期、多くの裁判が闘われているが、代表的なものをいくつかを挙げると次のとおりである。

加藤訴訟は、将来予想される出費に備えて生活保護費を切り詰めて貯めた預金を福祉事務所長が一部収入認定して保護費を減額したため、これを不服として提訴したものである。これに対して、1993（平5）年4月23日、秋田地裁は、保護費を原資とした預貯金は生活保護法の目的に反しない限り、法4条の活用すべき資産には当たらないとして、保護利用世帯が預貯金を保有することを認め、福祉事務所長の処分を取り消す原告勝訴の判決を出した（第一審で確定）。

中嶋訴訟は、娘の進学のために生活保護費を切り詰めて掛けていた学資保険について、福祉事務所長がその解約を指示し、解約返戻金を収入認定して保護費を減額したために、処分の取消しと損害賠償を求めて提訴したものである。1995（平 7）年 3 月 14 日福岡地裁判決は原告の請求を認めなかったが、1998（平 10）年 10 月 9 日福岡高裁判決は、高校進学のため節約して蓄えることは生活保護法の趣旨を逸脱しないとして、一審判決を取消し、原告勝訴とした。2004（平 16）年 3 月 16 日最高裁判決も二審判決を支持した。

この判決の後、保護費から蓄えた預貯金や解約返戻金が 50 万円以下の学資保険については、その使用目的が法の目的に反しない限り、法 4 条の活用すべき資産に当たらないとする生活保護実施要領の改定が 05 年に行われた。また、05 年度からは高校修学のための費用が生業扶助の一種として給付されるようになった。

高訴訟は、心身障害者扶養共済制度条例に基づく年金が収入認定され保護費を減額されたため提訴したものであり、1999（平 11）年 6 月 11 日金沢地裁判決は、この収入認定を違法であるとして福祉事務所長の処分を取り消す原告勝訴判決を出した。名古屋高裁金沢支部（2000〔平 12〕年 9 月 11 日判決）、最高裁（2003〔平 15〕年 7 月 15 日決定）も一審判決を支持して、勝訴判決が確定した。

林訴訟は、求職しても仕事が見つからず、野宿を強いられていた原告が稼働能力の不活用を理由とした生活保護不支給決定について処分取消しと慰謝料を求め提訴したものであり、1996（平 8）年 10 月 30 日名古屋地裁判決では原告の請求を認めた。しかし、1997（平 9）年 8 月 8 日名古屋高裁判決では原告の逆転敗訴となり、2001（平 13）年 2 月 13 日最高裁も二審判決を支持した。

結論は敗訴だったが、名古屋高裁判決は、野宿状態であっても、現実に働く場がなければ、保護を認めるべきであると判示しており、稼働能力活用の要件判断について大きな意義を持つものであった。

これら一連の訴訟の大きな特徴は、その勝訴率の高さと、個別裁判の勝訴、あるいは提訴そのものを制度改革、政策の変更に結びつけてきた点にあった。このように、多様な提訴がなされ勝訴した背景としては、生活保護行政において法の趣旨、目的に反する運用が横行していたことが挙げられるとともに、こうした事態に対応するため訴訟を担う弁護士が増え、経験の蓄積と共有化が進んだことも挙げられる。朝日訴訟、堀木訴訟の当時、社会保障裁判を実質的に担う弁護士は全国でも10名を大きく超えることがなかったが、朝日訴訟、堀木訴訟を引き継ぎ全国各地で多くの弁護士が社会保障裁判を担うようになっていた。

2000年代　個別訴訟から集団訴訟へ

層が厚くなった社会保障裁判を担う弁護士たちは、21世紀に入り、個別裁判のほかに社会保障制度それ自体のあり方を問う集団訴訟を積極的に担った。集団訴訟が提起された背景には、2000年代初頭から開始された社会福祉基礎構造改革があり、12年の社会保障制度改革推進法の制定等がある。こうした社会保障制度改悪の動きに抗して提起されたのが、障害者自立支援法違憲訴訟、生存権裁判（生活保護老齢加算・母子加算廃止違憲訴訟）、いのちのとりで裁判（新生存権裁判、生活扶助基準引き下げ違憲訴訟）、年金引き下げ違憲訴訟などである。

憲法25条と生活保護基準

憲法25条1項が保障する「健康で文化的な最低限度の生活」の水準を具体的に表すのは生活保護基準である。この生活保護基準はナショナルミニマムとしての機能を果たしており、就学援助、住民税の非課税限度額、保育料の免除や軽減、国民年金保険料の免除、医療保険の月々の自己負担限度額の軽減、介護の利用者負担や介護保険料の軽減、都道府県別の最低賃金などとも連動している。そのため、生活保護基準の引き下げは生活保護利用者以外の国民、市民の生活にも大きな影響を及ぼすことになる。この意味で、生活保護基準の当否を問うことは、憲法25条が保障する生存権の内実を問うことでもある。

生活保護では、いわゆる生活費にあたる生活扶助は基準生活費と加算に大別されている。そのうち、老齢加算、母子加算などは「加算」と称されているが、これらはそれぞれ基準生活費では満たされない特別の需要を充足し、最低限度の生活水準を保障するものとして長年にわたって支給されていたものであり、基準生活費とともに生活保護基準の一部を成していた。

政府は04年から老齢加算の段階的廃止を、05年からは母子加算の段階的廃止を、さらに、13年からは基準生活費の段階的減額を行った。

このうち老齢加算、母子加算の廃止の違憲、違法を主張して05年から16年まで十数年にわたって闘われたのが生存権裁判であり、基準生活費の減額の違憲、違法を主張して現在闘われているのがいのちのとりで裁判（新生存権裁判）である。

生存権裁判

小泉構造改革と老齢加算・母子加算の廃止

小泉純一郎が首相の座にあったのは01年4月から06年9月までの6年間だった。この間、小泉内閣は、「聖域なき構造改革」を唱えて新自由主義的政策を推し進め、社会保障費の削減政策を強行した。

03年6月、財務大臣の諮問機関である財政制度審議会（財政審）は、「生活扶助基準・加算の引き下げ・廃止、各種扶助の在り方の見直し、……（中略）……が必要である。特に、原則70歳以上の高齢者に上乗せされる老齢加算（17,930円　1級地－1）は（中略）廃止に向けた検討が必要であると考えられる。（中略）母子加算も同様である」との「建議」を行った。数日後、小泉内閣は、閣議決定した「骨太の方針2003」の中で、「老齢加算等の扶助基準など制度、運営の両面にわたる見直しが必要である」との方針を示した。この経過は、社会保障の専門家委員による具体的な検証がなされるより前に、結論を先取りして老齢加算等の廃止の方針が示されていたことを示す。

そして、社会保障審議会福祉部会の下に設置された「生活保護制度の在り方に関する専門委員会」(専門委員会)は同年12月16日、「生活保護の在り方についての中間とりまとめ」を発表し、老齢加算について、「加算そのものについては廃止の方向で見直すべきである」との方向性を示した。すると、そのわずか4日後の12月20日に内示された04年度予算の財務省原案は、老齢加算を3年間かけて段階的に廃止することを前提としていた。内閣は、12月24日、上記の内容を含む04年度予算案を閣議決定した。

そして、厚生労働大臣は、保護基準を改定し、04年4月から3年間で老齢加算を段階的に廃止した。専門委員会の「中間取りまとめ」では「加算そのもの」については廃止の方向性を示す一方、「ただし書」で生活保護基準体系の中で高齢者世帯の最低生活基準が維持されるよう引き続き検討する必要がある旨、また、激変緩和措置を講じるべき旨提言していたが、老齢加算が廃止されるのみで、高齢者世帯の最低生活基準が維持されるような生活保護基準体系の見直しはなされなかった。その結果、70歳以上の生活保護利用者については、生活扶助費全体でみた場合約2割もの大幅な減額がなされることとなった。

また、専門委員会は、04年12月15日に発表した「報告書」の中で、母子加算については、老齢加算とは異なり、「廃止」という方向性を明示することさえなかった。ところが、厚生労働大臣は、保護基準を改定し、05年4月から3年間で母子加算を段階的に廃止した。

集団訴訟の提起

この老齢加算・母子加算の廃止について、憲法25条、生活保護法、社会権規約等に反し、違憲、違法だとして、その処分の取消しを求める訴訟が05年4月の京都を皮切りに全国11の地方裁判所(京都、秋田、広島、新潟、福岡、東京、青森、神戸、札幌、釧路、熊本)に提訴された。100名を超える原告が立ち上がった。

各地域では生活と健康を守る会を中心に社保協、民医連、労働組合などの諸団体や個人が「支える会」等の支援組織を結成した。生存権裁判を支える全国連絡会の初代会長は小川政亮社会事業大学名誉教授、2代目会長は井上英夫金沢大学名誉教授であった。支える会は、街頭署名活動等の支援運動に取り組み、原告と裁判を支えた。

不利益変更の正当性を問う

この生存権裁判は、それまで「最低限度の生活水準」として支給されていた生活保護費を減額することの違憲、違法性が問題となった点で生活保護基準の引き上げを求めて闘われた朝日訴訟とは大きく異なる。原告・弁護団は、加算廃止の根拠が存在しないことを主張するとともに、厚生労働大臣に生活保護基準の設定、改定について裁量権が認められるとしても、これを生活保護利用者に不利益に変更する場合には「正当な理由」が必要であり、裁量の幅は狭いこと、それ故、その違憲性、違法性については厳格に審査されねばならないことを主張した。

敗訴・勝訴の2つの高裁判決

08年6月26日、全国で最初の判決が東京地裁で言い渡された。判決は、老齢加算廃止後に最低生活が保障されるか否かの検証が不十分であることを認め、原告らが提訴したことは「確かに無理からぬところではある」と一定の理解を示した。しかし判決は、老齢加算が「本体ともいうべき基準生活費」ではなく「付加的給付」であることなどを理由として、その廃止が憲法及び生活保護法の趣旨・目的に反するとまではいえないとして原告の請求を退けた。

その後、広島地裁、福岡地裁、京都地裁、東京高裁で原告敗訴の判決が続いた。

10年6月14日、福岡高裁判決（古賀寛裁判長）は、原告敗訴の福岡地裁判決を取り消し、老齢加算廃止は違法と判断した。判決は、不利益変更禁止の原則を定める法56条の趣旨に鑑みれば、保護基準を被保護者に不利益に改定する場合にも「正当な理由」が必要であるとした。そして、専門委員会での審議経過等を詳細に認定、検討した上で、「老齢加算の廃止という方向性と並んで重要な事項である本件ただし書の内容について何ら検討せず、同じく重要な事項である激変緩和措置について十分検討することなく、中間取りまとめが老齢加算を廃止の方向で見直すべきであるとしたことなどの理由で行われた本件保護基準の改定は、考慮すべき事項を十分考慮しておらず、又は考慮した事項に対する評価が明らかに合理性を欠き、その結果、社会通念に照らし著しく妥当性を欠いたものということができる」として、老齢加算廃止は法56条に反し違法であるとした。

生活保護基準をめぐる訴訟で原告側である生活保護利用者が勝訴判決を得たのは、60年の朝日訴訟一審判決以来50年ぶりのことであった。

最高裁決戦

東京高裁（原告敗訴）と福岡高裁（原告勝訴）、両高裁で結論が分かれる中、12年2月28日には東京訴訟について最高裁第三小法廷が、同年4月24日には福岡訴訟について最高裁第二小法廷が、それぞれ判決を言い渡した。両判決とも法56条は福祉事務所等の生活保護実施機関を規律するものであり、厚生労働大臣による生活保護基準の改定について規律するものではないとの法律判断を示した。その上で、前者（第三小法廷）は厚生労働大臣の判断に裁量権の逸脱又は濫用は認められないとして原告敗訴の東京高裁判決を支持し、後者（第二小法廷）は原告勝訴の福岡高裁判決を破棄し、審理を高裁へ差し戻した。その後、福岡訴訟の差戻審も含め、すべての判決で原告は敗訴し、16年11月1日の兵庫訴訟の上告棄却、上告不受理決定をもって、10年以上に及ぶ裁判闘争はおわりとなった。

裁判闘争が切り拓いた法理論

生存権裁判は、原告敗訴という形で終わったが、その後の社会保障裁判の闘いの足がかりを残した。

１つは、最高裁判決が不十分ながらも広い行政裁量に歯止めをかける判断過程統制型審査の手法を採用したことである。福岡訴訟において2012（平24）年4月24日最高裁第二小法廷判決は、厚生労働大臣の裁量判断の適否を審査するにあたっては、「老齢加算の廃止に至る判断の過程及び手続に過誤、欠落があるか否か等の観点から、統計等の客観的な数値等との合理的関連性や専門的知見との整合性の有無等について審査されるべきものと解される」と判示しており、こうした判断枠組みはその後の判決でも踏襲されている。これら判決では厚生労働大臣の裁量権を説明するにあたって堀木訴訟最高裁判決を引用しているものの、具体的な審査手法については、行政府あるいは立法府に広範な裁量を認め、社会観念上著しく妥当性を欠く場合においてのみ裁量の逸脱、濫用を認める堀木訴訟最高裁判決のような社会観念型審査方式を脱して、判断過程統制型審査の手法を採用している。このことは社会保障制度に関して厚生労働大臣又は立法府の裁量権の逸脱、濫用を主張して争うにあたっては一歩前進と評価することができる。

もう1つは、兵庫訴訟において大阪高裁2015（平27）年12月25日判決が、社会権規約9条及び11条1項の内容、社会権規約委員会の一般的な意見第3及び第19の内容は「制度後退禁止の規定」と解せられるとした上で、憲法98条2項の条約等遵守義務から、「社会権規約の内容は、法や憲法の解釈に反映されるべきものである」と明言したことも重要である。他地域の訴訟でも原告弁護団は社会権規約違反を主張していたものの、裁判所がこれをまともに取り上げることはなかった。しかし、結論として原告の主張は退けられたとはいえ、この大阪高裁判決によって社会保障裁判において社会権規約を武器に闘う道が開かれたということができるのである。

裁判の闘いと反貧困運動

老齢加算、母子加算の廃止が決定、実施された時期は「小泉構造改革」が猛威を振るったときだった。しかし、その後、格差と貧困が広がる中、例えば、08年12月末から09年の年明けにかけて年越し派遣村が開催され世論の大きな支持を集めるなど反貧困運動が高まりをみせるようになった。そうした状況の下で、07年11月30日、舛添厚労大臣（福田内閣）は老齢加算、母子加算の廃止に続き、「本体ともいうべき基準生活費」をも引き下げる意向を表明したが、これに反対する世論が高まり、引き下げは断念に追い込まれた。また、母子加算復活を公約に掲げていた民主党を中心とする3党連立政権（鳩山内閣）が09年9月に成立すると、同年12月に母子加算は復活した。これに伴い母子加算に関する訴訟は取り下げられた。

このように反貧困運動の高まりの中、生活保護基準引き下げに歯止めがかけられたが、生存権裁判運動もその一翼としての役割を果たしていた。

いのちのとりで裁判

自民党の生活保護敵視政策

生活保護利用者数は95年には88万人余りと過去最少となったが、その後は、景気悪化などで増加に転じ、08年のリーマンショック以降急増した。そして、11年には東日本大震災の影響もあり利用者数は200万人を突破した。その背景には、低賃金、失業などの雇用情勢や高齢化とこれに対応すべきセーフティネットが機能していないことが挙げられるが、09年に野に下った自民党は、民主党政権下で生活保護受給者が急増したなどとして、民主党政権を批判するとともに、生活保護制度及び生活保護利用者への攻撃を強めた。

自民党は、12年3月、「生活保護に関するプロジェクトチーム」（生活保護PT）を設置した。この年、女性週刊誌が、関西のお笑い芸人の母親が生活保護を受給していることを、あたかも「不正受給」であるかのように報じたことをきっかけとして生活保護バッシングの嵐が吹き荒れた。PT座長の世耕弘成参議院議員、PTメンバーの片山さつき参議院議員などもこれに乗じて国会や出演したメディアで生活保護バッシングを煽る言動を行った。世耕議員は、自身のホームページの中で「まず、給付水準を10%程度は引き下げたい」と具体的数値を示して生活保護基準の引き下げを目標とする意向を示した。そして、同年12月実施の衆議院選挙の際に自民党は生活保護給費10%カットを選挙公約に掲げた。総選挙の結果、自民党及び公明党が政権に復帰し、12年12月に第2次安倍内閣が発足した。

専門委員の検証を無視した生活扶助基準切下げ

生活保護基準部会（基準部会）は、民主党政権下の11年2月に学識経験者による専門的かつ客観的な検証を行うため、社会保障審議会の下に設置され、生活保護基準についての検証を行っていた。その報告書が13年1月18日に公表された。報告書によると、基準部会の検証結果を機械的に反映させて生活扶助基準の改定をした場合、高齢者世帯以外の生活扶助基準は引き下げとなるが、生活保護利用世帯の半数を占める高齢者世帯の生活扶助基準は引き上げになる結果となっていた。

他方、安倍内閣成立に伴い就任した田村厚労大臣は、基準部会の報告書が公表されるより前に、自民党の選挙公約にしたがい生活保護基準を引き下げる旨を明言していた。そして、報告書発表後の13年1月29日、生活保護費削減を内容とする13年度予算案が閣議決定され、同年10月より生活扶助基準の引き下げを行った。その内容は、基準部会の検証結果とは異なり、高齢者世帯を含めすべての世帯で生活扶助基準を引き下げるものであり、これにより3年間で段階的に生活保護費を670億円減額するものとされた。このうち90億円分が基準部会の検証結果を踏まえた「ゆがみ調整」分であり、残りの580億円分は近年の物価動向（デフレ傾向）を勘案した「デフレ調整」分であるとされている。

「物価偽装」による基準引き下げ

生活保護費削減の大部分を「デフレ調整」が占めている。しかし、従来から生活扶助基準は物価の動向も勘案して改定がなされてはいるが、今回のように物価動向のみを独自に取り上げて基準改定に直接反映させたことなどなかった。しかも、この「デフレ調整」なるものは基準部会では議論されたことさえなかった。デフレ傾向を示すとされる数値も厚労省が独自に算出したものであり、極めて恣意的なものであって「物価偽装」とも称されるべきものであった。これが生活保護費10%カットという自民党の選挙公約を実現するための帳尻合わせであることは疑いの余地のないところである。

そもそも、法が生活保護基準の決定を国会ではなく厚労大臣に委ねた趣旨は、生活保護基準はあくまでも合理的基礎資料に基づいて算定されるべきであり、その決定にあたって政治的色彩が混入することを避けるべきであるとするところにある。そのため、厚労大臣が保護基準の改定をするにあたっては審議会等の専門家機関に審議に基づいてこれを行うことが当然の前提であった。実際、政府は、老齢加算、母子加算廃止にあたっては、少なくとも外形上は専門委員会による検証やその報告書の文言をその正当化の根拠として利用していた。また、07年11月に舛添厚労大臣が生活扶助基準の引き下げを表明した際も専門家による検討会の検討結果を引き下げの理由としていた。

ところが、今回の生活扶助基準引き下げは、その大部分が基準部会による検証や提言とは無関係なものであり、およそ憲法25条及び生活保護制度の趣旨、目的に反し、また、生存権裁判最高裁判決がいうところの「統計等の客観的な数値等との合理的関連性や専門的知見との整合性」を欠くものである。

集団訴訟

14年2月の佐賀地裁への提訴を皮切りに、北は北海道から南は沖縄まで全国延べ30の地方裁判所で訴訟が提起された。その原告数は1000名を超え、これを担う代理人弁護士も300名を超える一大裁判闘争となっている。また、その支援組織も「いのちのとりで裁判全国アクション」として、生存権裁判のときよりもさらに幅広い団体、著名人等が加わり、支援運動を展開している。

そして、21年2月22日、大阪地裁（森健一裁判長）は、デフレ調整は「統計等の客観的な数値等との合理的な関連性や専門的知見との整合性」を欠いており、生活保護基準引下げは違法であるとする原告勝訴の判決を言い渡した。原告敗訴の名古屋地裁判決に続く、全国で2例目の判決であり、未だ訴訟全体の帰趨は決していないが、生存権裁判最高裁判決が示した判断枠組みに基づき政府を断罪したものであり、生活保護裁判闘争における大きな前進と評価できる。

年金引き下げに対する闘い

広がる高齢者の貧困

19年、老後資金として公的年金以外に2千万円の蓄えが必要だとする金融庁報告書が衝撃的に報じられ社会問題化した。これに慌てた麻生金融相は「世間に著しい不安や誤解を与える」といって、報告書の受け取りを拒否した。しかし、不安はともかく、「誤解」などではない。むしろ、金融庁報告書がとり上げている2千万円という数値はあくまで“平均値”であり、この平均値以下で苦しんでいる低年金者が多く存在するのである。

生活保護基準引き下げ直前の13年7月時点で生活保護利用者の53.1%は60歳以上の高齢者であった。低年金のため公的年金だけでは生活できない人が多数存在するためである。しかも、日本の生活保護の捕捉率（要保護者のうち実際に生活保護を利用している人の割合）は20%程度といわれており、さらに多くの高齢者が生活保護基準以下の生活を余儀なくされている。藤田孝典の『下流老人――一億総老後崩壊の衝撃』（朝日新書、2015年）によると、生活保護基準相当で暮らす高齢者及びそのおそれがある高齢者を“下流老人”と定義し、15年時点で下流老人が推定600万～700万人いるとされていた。

マクロ経済スライド発動の条件整備を理由とした給付水準引き下げ

13年10月から3段階にわたって老齢基礎年金・厚生年金の支給額は合計2.5%引き下げられた。

公的年金の給付水準は物価・賃金の変動に応じて改定されるが、99年から01年にかけての物価下落時に、政府は景気対策のために年金給付水準を引き下げずに据え置いた。この「特例水準」については、物価上昇時に年金給付水準の上昇率を抑えることによって解消していくこととされていた。

他方、04年に、年金財政の維持を理由に年金の給付水準を物価や賃金の上昇率よりも抑制する「マクロ経済スライド」が導入されたが、デフレ状況が続いたためそれが発動されない状況が続いた。

民主党政権末期の12年6月に、民主党、自民党、公明党の間で社会保障と税の一体改革に関する3党合意がなされ、その中でマクロ経済スライドを発動する条件整備のためにデフレ下においても「特例水準」を解消することが合意された。この合意に基づき国民年金法が改正され、13年10月から「特例水準」の解消を理由とした年金給付水準の引き下げが行われた。物価スライドによらず年金給付額が引き下げられたのはこれが初めてであった。そして、15年度にはマクロ経済スライドが発動された。

年金者組合が立ち上がる

全日本年金者組合（年金者組合）は、老後の生活保障は公的年金によってなされるべきであるとして最低保障年金の創設を求めて活動をしてきている。年金者組合は、「特例水準」解消を理由とした年金引き下げに対して不服審査請求運動を展開した。組合員数を超える12万人余りの年金生活者が不服審査請求を行った。ところが、審査請求は、「単なる不満を述べるものであり不適法」として、何らの審理もなされないまま一片の通知で却下され、これを不服とする再審査請求に対しても同様であった。

年金者組合は、国に説明責任を果たさせるためにも一大裁判運動を展開することを決議した。そして、15年2月17日、この年金引き下げは憲法25条及び29条等に違反するとして鳥取地裁へ提訴したのを皮切りに、全国各地で順次提訴し、北海道から沖縄まで全国39都道府県、5千名を超える原告が裁判を闘っている。

公的年金制度と憲法25条

裁判で、国は、憲法25条の「健康で文化的な最低限度の生活」を保障するのは生活保護制度であって、公的年金制度はその目的及び役割を異にすると主張している。この主張によれば公的年金の給付水準をいかように引き下げても憲法25条の問題にはならないことになる。このような主張は老後の最低生活保障のためにすべての国民に何らかの公的年金制度を適用することとした国民皆年金制度の理念及びその制度が導入された歴史的経緯に反するものである。

また、生活保護制度が存在すれば生存権は保障されているというのは机上の空論である。東京地裁訴訟のある原告は、中学卒業後、瓦職人として働き続け、年金だけでは生活できないため76歳まで現役として屋根の上に上がって仕事をしていた。この長年の無理がたたって腰を悪くし、車椅子生活となった。もはや仕事もできず、年金だけでは生活できないため生活保護を受けることとしたが、妻から「生活保護を受けるくらいなら離婚する」と言われ、50年連れ添った妻とやむなく離婚した。妻が生活保護を嫌がったのはバッシングを恐れてのことである。また、生活保護を利用するにあたり家を処分して50年以上も暮らした地を離れなければならなくなるかもしれない。この例にみるように、生活保護を利用するまでの心理的ハードルは極めて高い。その結果、捕捉率は著しく低いままであり、生活保護制度が生存権保障の機能を十分に果たしているとはいい難いのである。

分断とナショナルミニマム引き下げは許さない

年金給付水準の引き下げは生活保護基準のさらなる引き下げを招くことになる。財政審が老齢加算の廃止を建議したときの理由の1つとして「年金制度改革」が挙げられていた。また、自民党生活保護PT座長の世耕議員は、そのブログの中で「国民からは特に『年金よりも生活保護の方が高いのはおかしい。不公平だ』という声が多い」などと述べて生活保護基準引き下げを正当化した。安倍政権は、18年10月からもさらなる生活保扶助基準の引き下げを行ったが、その根拠とされているのが生活保護基準と一般低所得世帯（ここでは下位10％の所得階層）の消費実態の均衡であった。要するに、低所得世帯の消費実態に生活保護基準を合わせるものであるがここにいう一般低所得世帯には低年金者も含まれており、公的年金の給付水準が引き下げられ年金受給者の生活レベルが引き下げられれば生活保護基準もそれに合わせてさらに引き下げられることになるのである。

国は、生活保護制度が存在すれば、公的年金制度その他社会保障制度が制度利用者に不利益に改変されても、「健康で文化的な最低限度の生活」は保障されているかのごとき主張をする一方で、生活保護バッシングを放置、助長して低年金等の低所得者と生活保護利用者を分断している。生存権裁判の原告が老齢加算復活のための街頭署名活動をした際、これに反発して低年金者が非難の言葉を浴びせた事例も少なからずあった。

政府は、こうした低所得者が生活保護利用者に対して有する“不公平感”を利用して生活保護基準引き下げを行っている。しかし、その結果、ナショナルミニマムは引き下げられ、生活保護利用者のみならず低所得層一般の生活がさらなる苦境に追い込まれるのである。

年金引き下げ違憲訴訟の原告団は、いのちのとりで裁判原告ら生活保護利用者と連帯して、両訴訟を車の両輪として、共に生存権保障を勝ち取るべく奮闘している。

社会保障分野の闘いの前進と自由法曹団

裁判闘争の弁護団員として

朝日訴訟、堀木訴訟、そして90年代の生活保護裁判は、その事件名が示すとおり一個人が立ち上がり、これを当事者の加入する団体、支援団体等が支える裁判闘争であった。

これに対し、生存権裁判では百名以上、いのちのとりで裁判では千名以上、年金引き下げ違憲訴訟は5千名以上が原告として裁判に立ち上がっている。「権利としての社会保障」の意識の高まりとともに多くの社会保障制度利用者が権利実現のために主体的に闘うようになっている。

これを担う弁護士も朝日訴訟、堀木訴訟では当時若手であった団員の弁護士数名で担ったが、いまは団の内外を問わず、若手からベテランまで全国で数百名の弁護士が訴訟代理人を担当している。

なお、年金引き下げ違憲訴訟の弁護団は年金者組合からの要請を受けて、団員を中心に構成された弁護団であり、この裁判は、社会保障の分野で自由法曹団が弁護団結成に能動的に関与した初めての経験である。

裁判外での活動

社会保障分野の闘いへの弁護士の関与は裁判闘争に限られるものではな

く、水際作戦など生活保護行政の違法、不当な運用が横行する中、生活保護申請に同行するなどの権利擁護活動にも多くの団員弁護士が携わっている。

07年6月には、すべての人の健康で文化的な生活を保障するため、貧困の実態を明らかにし、福祉事務所の窓口規制をはじめとする生活保護制度の違法な運用を是正するとともに、生活保護費の削減を至上命題とした制度の改悪を許さず、生活保護法をはじめとする社会保障制度の整備・充実を図ることを目的として法律家・実務家・支援者・当事者などで構成される生活保護問題対策全国会議が設立されたが、多数の団員が参加し、積極的な活動を展開している。

また、07年10月には貧困問題に取り組む多様な市民団体、労働組合、法律家、学者、諸個人により反貧困ネットワークが結成された。その中で中心的役割を果たしている団員も多い。

そして、08年の第51回日弁連人権擁護大会において、「貧困の連鎖を断ち切り、すべての人が人間らしく働き生活する権利の確立を求める決議」が満場一致で採択され、日弁連は、労働分野の規制緩和を見直すと同時に、セーフティネット全体の再構築が必要であるとし、引き続き生活困窮者支援に全力を挙げて取り組むことを内外に宣言した。この決議の趣旨を踏まえ、08年12月に貧困と人権に関する委員会が設置され、さらに、体制を強化して全国規模で集中的な取り組みを進めるため、同委員会を改組する形で、10年4月、貧困問題対策本部が設置された。日弁連の対策本部の委員として、あるいは、各地の弁護士会の委員会の委員として、貧困及び社会保障問題に携わる団員も多い。

団の専門委員会活動

10年の青森5月集会の貧困問題分科会では、団内に貧困問題に対応する委員会を設置することの必要性が訴えられた。これを受け、全国の支部・団員事務所が、地域の労働組合や民主団体などと連携することにより、貧困に苦しむ人々の実情・立場から議論し、事実に裏付けされた立法提言等を行うための組織として、貧困問題委員会（後に貧困・社会保障問題委員会に改称）が設置された。

14年9月に銚子市で起きた県営住宅での強制退去に伴う母子心中事件（銚子事件）や就労指導違反を理由に保護停止・廃止が通告された40代の男性が15年12月に自殺した事件（立川事件）、小田原市の生活保護担当職員が不適切な表記のあるジャンパーを作製・着用して生活保護利用者に対する威圧的な言動していることが17年1月に発覚した事案（小田原ジャンパー事件）等では、団の委員会は、他団体と共同して調査団を結成して現地調査やそれに基づく報告書等の作成、公表、行政機関に対する申し入れ等の活動を行ってきている。このうち銚子事件の調査活動は、『なぜ母親は娘を手にかけたのか――居住貧困と銚子市母子心中事件』（旬報社、2016年）に結実している。

また、委員会は、18年1月には「生活保護行政のあり方の抜本的な是正を求める緊急提言書」を、同年11月には「生活保護法63条の『徴収』と『天引き』の『改正』法運用に関する提言書」を発表し、厚生労働省に対して申し入れを行うなどの政策提言活動を行っている。

格差と貧困が広がる一方、社会保障制度の改悪や不当、違法な運用が横行している現在、この分野で団員に求められる役割は益々大きくなっている。

4　平和・憲法・基地をめぐる30年

1950年6月25日午前4時40分、北朝鮮軍は北緯38度線の全線で一斉に攻撃を開始、韓国になだれ込んだ。朝鮮戦争の勃発である。R・マーフィー初代駐日アメリカ大使は「マッカーサーは当時日本に駐留していた戦闘態勢の軍隊で使えるものはすべてこれを前線に送り出した。元帥は日本政府が安全で秩序整然と基地を提供してくれるものと確信していた。それに日本人は、驚くべき早さで彼らの4つの島を1つの巨大な補給倉庫に変えてしまった。このことがなかったならば、朝鮮戦争は戦うことはできなかった」と回想している（『軍人のなかの外交官』）。朝鮮半島でのアメリカ軍の戦争遂行には、日本による基地提供と後方支援体制が不可欠であった。

51年9月8日、敗戦国日本は、サンフランシスコ講和条約によって占領状態を終え独立する（52年4月28日発効）。同日、日米安全保障条約（旧安保条約）も結ばれ、これにより米軍の駐留は継続され、占領軍は在日米軍へと名を変えただけで、国土の多くがそのまま米軍に提供され続けた。形式は「独立」であっても、実質はアメリカへの「従属」の道であった。

一方、日本には戦争の放棄と非武装を定めた憲法9条が存在していた。米軍への基地の提供を認めた安保条約と平和憲法、この2つの法体系の併存が戦後日本を規定していく。日本は、国防の兵力としての軍隊を持たないことで憲法9条の規範を守りながら、安保条約に基づき米軍に基地を提供するとともに、補給・後方支援機能を果たすことで集団安全保障の義務を果たした。戦後日本は、憲法に規律される「平和」国家であるとともに、安保条約によって基地を提供する「基地」国家でもあった。

「平和国家・基地国家」日本は、冷戦期、軽武装によって軍事費の負担を軽減し、主力を経済発展に注ぐことができた。加えて、朝鮮戦争とベトナム戦争という2つの地域戦争は、「特需」を含む多大な経済的利益をもたらした。日本は、「冷戦の果実」を最大限に享受しつつ驚異的な経済発展をとげ、アメリカに次ぐ経済大国にまで成長した。

I　平和と戦争をめぐる30年

冷戦の勝者アメリカ、大国と化した日本

89年11月9日ベルリンの壁崩壊、12月2日マルタ会談で冷戦終結宣言、90年10月3日東西ドイツ統一、91年12月26日ソ連消滅と、第二次大戦後40年以上続いた冷戦は名実ともに終わりを迎える。

冷戦に勝利し唯一の超大国となったアメリカは、90年3月、ポスト冷

戦を見据えた『国家安全保障戦略』を策定する。ソ連を仮想敵から外すとともに、民主主義的価値を共有するヨーロッパや東アジア諸国との同盟関係を維持し、自由で開放的な国際経済秩序を守るために、グローバルな軍事力の維持が必要だとした。また、同戦略は、敵対する国家・国家群によるユーラシア大陸の支配は許さないとし、米軍の「前方プレゼンス」の維持とともに同盟国には「防衛の分担」を要求するもので、大国化した日本は、大国にふさわしい国際社会での新たな役割、強固な同盟における防衛の分担が求められた。同時に、日本の支配層や国民の中にも、大国にふさわしい積極的役割を果たすべきだとする「国際貢献論」が醸成された。

湾岸戦争の開始、海を渡る自衛隊

湾岸戦争はアメリカの新戦略のテストケースだった。イラクが、90年8月2日、突如、隣国クウェートへ軍事侵攻する。アメリカは91年1月17日30カ国による多国籍軍（同盟軍）を編成・指揮して対イラク「砂漠の嵐作戦（湾岸戦争）」を敢行、2月28日にはクウェートのイラク軍を制圧、3月3日に停戦協定発効、4月11日国連安保理は湾岸戦争の終結を確認した。

日本は1月29日、自衛隊法第100条の5（国賓等の輸送）を根拠に難民輸送のための航空自衛隊輸送機を派遣、4月24日池田行彦防衛庁長官は、自衛隊法第99条（機雷等の除去、現行第84条の2）を根拠に、ペルシャ湾掃海部隊の派遣を命じた。また、130億ドル（約1兆7000億円）の戦費を支出することでこの戦争を支えた。

大国日本は国際的責任を果たすべきだとするアメリカからの強い要求と、これに応えることが日本の責務だとする政権の意向によって実行されたこの派兵は、平和憲法の下で、海外に踏み出すことのなかった自衛隊が、戦後初めて海を渡り海外に進出したものであり、「平和」国家日本にとって新たな時代を画する転換点となった。

国連平和協力法の廃案とPKO法の再提出

武装した自衛隊の海外派兵を合法化するため政府は、90年10月16日「国連平和協力法」を、翌91年9月19日「国連平和維持活動協力法（PKO法）」を国会に提出する。戦後初となる自衛隊の海外派兵を前に、団は、法案阻止を最大の課題と位置づけ、「米軍戦争協力法阻止対策本部」を立ち上げた。「逐条解説」や「意見書」を短期間に発表、法案の本質を解明するとともに、「ニュース」や「パンフレット」を普及、その危険性をわかりやすく伝えた。多くの団員は街頭に立ち、団員事務所は運動の拠点となり、法律家昼デモ、国会要請行動などを展開した。「国連平和協力法」は廃案となり、「PKO法」は成立したものの、そこにはPKF平和維持軍の凍結やPKO参加5原則の規制など運動の成果が反映されている。

カンボジア（UNTAC）への自衛隊派遣

「国際貢献論」に支えられ、自衛隊が国連とともに紛争処理や安全保障の役割を果すべきとされたのが、国連カンボジア暫定統治機構（UNTAC）への自衛隊派遣だった。軍事組織である自衛隊を保有すること自体に憲法上の疑義があった上に、カンボジア復興という非軍事の目的のために軍事組織を利用することも問題であった。自衛隊が合憲なのは国土防衛に専念する組織だからだとしてきた政府の立場からすると、復興事業のためとはいえ自衛隊を国土から離れた海外に出すことは明らかな逸脱だった。団をはじめとする日本の護憲平和勢力はこの自衛隊派遣を強く批判した。

カンボジアをめぐってはパリ協定（91年10月23日）やポルポト派をどうみるのか、暫定とはいえ国民に代わって国連が直接統治することは民族自決権を侵害するのではないかなど、その評価については団内にも意見の相違があったが、93年2月に調査団をカンボジアに派遣するなどその実践的克服に努めた。

東アジアにおける新たな緊張――朝鮮半島危機

冷戦の終結は、東アジアにおいては新たな緊張を生み出した。北朝鮮による核開発とアメリカの戦争準備である。

90年9月、ソ連のシュワルナゼ外相は北朝鮮を訪問し、ソ連が韓国と国交を樹立する意向を伝える。金永南北朝鮮外相は「ソ連と韓国が国交を結ぶなら、北朝鮮は核兵器を開発する」と応じた。ソ連の後楯を失った北朝鮮は、独自の核開発に踏み出すとともに国際原子力機関（IAEA）の核査察を拒否、IAEAからの脱退を表明する。クリントン政権は、金日成体制の武力での打倒、軍事オプションの検討を開始する。

日本に対して、民間空港の使用など北朝鮮への軍事侵攻に必要な1000項目に及ぶ対米協力を求めたが、当時の日本は、首相がめまぐるしく変わる政権移行期だったこともあり、要求に応じる余裕などなかった。「正直に言って、今、ことが進んだらどうしようかと思うくらい、何も準備ができていなかった」とは、石原信雄内閣官房副長官（当時）の回想である。軍事オプションを選択した場合、最初の90日で米軍5万人、韓国軍には49万人の死傷者が出ること、610億ドルの財政支出を余儀なくされることも明らかになった。

第2次朝鮮戦争はかろうじて回避されたが、日米の支配層は、朝鮮半島危機における日本の対米協力には重大な「欠陥」があるとの認識を共有し、日米安保の再検討を開始する。

安保再定義——反共の砦から安定と繁栄の基礎へ

もともとソ連などの共産主義に対抗するための反共軍事同盟であった日米安保は、冷戦終結によりその存在意義が失われ、93年8月9日成立の細川政権は、それまでの日米二国間主軸路線から国連を中心とした多国間安全保障への転換を模索し始めていた（同盟漂流）。

半島危機と同盟漂流のさなかに後述の沖縄少女暴行事件が起きた。日米安保体制は最大の危機を迎える。この危機を前にクリントン政権は、ジョセフ・ナイ国防次官補を中心に「東アジア戦略」の策定と日米安保の「再定義」に踏み出す。

『東アジア戦略報告（ナイ・リポート）』（95年2月）は、経済上の相互依存関係を深めている東アジアは、アメリカ経済にとって死活的に重要で、地域の安定と繁栄はアメリカの国益にとって決定的だとした。しかも、この地域の経済的繁栄はアメリカの軍事的プレゼンスによって支えられており、さらに、アメリカに対する基地と資金の提供、攻撃型空母の受け入れ、海兵隊基地の提供、2000 億円もの駐留軍経費を負担している日本の存在が不可欠だとされた。

『日米安保共同宣言』(96 年 4 月 17 日）は、この「東アジア戦略」にそって、日米安保を反共軍事同盟からアジア太平洋地域の安定と繁栄のためのものへと「再定義」したものである。宣言は、「日米両国の将来の安全と繁栄がアジア・太平洋地域の将来と密接に結びついている」、「アジア・太平洋地域は世界で最も活力ある地域であるが、同時に朝鮮半島における緊張はじめ不安定性・不確実性が依然として存在する」、「日米安保条約を基盤とする両国間の安全保障面の関係が、21 世紀に向けてアジア・太平洋地域において安定的で繁栄した情勢を維持するための基礎であり続け」る、「アメリカの軍事的プレゼンスを維持することが、アジア・太平洋地域の平和と安定の維持のためにも不可欠」で、「日米関係がアメリカの地域への関与を支える極めて重要な柱のひとつであり」、アメリカの関与を継続するために「10 万人の前方展開軍事要員からなる現在の兵力構成を維持することが必要であり、引き続き日本が基地を提供しつづける」とした。

97 ガイドライン（War Manual）と周辺事態法

翌 97 年 9 月 23 日、周辺有事を想定した「日米防衛協力のための指針」(97 ガイドライン）が策定される。アメリカの引き起こした戦争（周辺事態）への日本の支援を約束し、日本と日本国民をまるごとアメリカの戦争に動員するもので、英字新聞ジャパンタイムズは、これを「War Manual」の策定と報じた。ガイドラインを具体化する周辺事態関連 3 法は、98 年 4 月 28 日に閣議決定、国会に提出された。米軍が戦争を引き起こせば、日本に対する武力攻撃などなくとも、日本が武器・弾薬の輸送、燃料・食糧の補給その他によってアメリカの戦争に加担する法律であった。

団は、意見書「憲法違反の『周辺事態法』徹底批判――5 つのポイント」やブックレット『戦争への道 Q ＆ A 新ガイドライン法案のすべて』を発刊、問題点の解明を行った。周辺事態法は地域住民の暮らしと生活に脅威をもたらすものであったため、地方自治体に向けた意見書「地方自治を否定する周辺事態法」を作成、全国3308の自治体に団支部等を通じ同意見書を届けた。

9.11とアフガン報復戦争

21世紀は9.11同時多発テロで幕を開けた。01年9月11日、3機の航空機がワールドトレードセンタービルとペンタゴンを襲った。ブッシュ大統領は「これは戦争だ」と叫び、米国民の愛国心をあおりながら、「テロリストをかばう者もテロリスト」だとしてアフガニスタンに対する報復戦争を宣言した。3000人もの犠牲者を一度に出した前代未聞の蛮行であろうとも、テロという違法行為に対しては、その実行者と背後関係を捜査の上、これを刑事処罰するというのが文明社会の対応である。ましてやテロリストをかばったことを理由として戦争を仕掛けることなど国際法上許されるはずもなかった。世界で最も豊かな軍事大国アメリカが最貧国アフガニスタンに「非対称の戦争」を仕掛けたのである。日本は、この「ブッシュの戦争」をいちはやく支持、「テロ特措法」を急遽制定し、自衛隊の護衛艦をインド洋に派遣した。

団は、テロ行為は絶対に許されないとこれを厳しく批判するとともに、テロに対しては、戦争ではなく法に基づく裁判によるべきで、報復戦争は違法であって許されないとする意見書を発表、参議院外交防衛委員会において、公述人として反対意見を表明した。また、平和的解決を求める法律家昼デモや国会要請を実行した。02年1月には、アフガン調査団をパキスタンへ派遣、調査団は、国境近くの難民キャンプを訪問、戦禍を逃れてきた人々から直接に聴取り調査を行い、現地の生々しい実態を伝えた。

イラク戦争と日本の参戦

「ブッシュの戦争」はアフガン戦争では終わらなかった。02年1月29日の一般教書演説でブッシュ大統領は、「イラク・イラン・北朝鮮」を大量破壊兵器を開発・保持し、テロ組織を支援する「悪の枢軸」と決めつけ、03年3月20日、イラクに対し先制攻撃を加えた（イラクの自由作戦）。イラクが大量破壊兵器を保有しているとの虚偽情報を口実とする開戦だった。

当時、大統領の周囲を「ネオコン（新保守主義）」と呼ばれる人々が固めていて、彼らはアメリカの求める「普遍的」価値を受け入れないイラク、イラン、北朝鮮に対する先制攻撃を正当化していた。

日本は、「イラク特措法」を制定、初めて陸上部隊を海外に派遣した。陸上自衛隊の派遣先は「非戦闘地域」であって憲法の禁ずる海外「派兵」にはあたらないと政府は強弁したが、部隊の行動は米軍の戦闘行為の後方支援や輸送、戦場での秩序維持であり、「派兵」そのものだった。

ブッシュのイラク戦争に対しては、世界規模の反戦平和運動が展開された。ローマ、ロンドン、マドリッドでは数百万人、日本でも数万人の反戦集会が開かれ、これらの人々の声を背景に、フランス、ドイツ、ロシア各国の首脳も開戦に強く反対した。

団や団員は、全国各地でくり広げられた反戦平和の集会に主催者あるいは参加者、参加団体として加わった。団は「イラク特措法＝イラク参戦法に対する意見書――無法なイラク戦争への加担か、平和の道か」をはじめ十数次にわたる声明や意見書を発表、イラク戦争反対を訴えた。

団は、04年2月5日「防衛庁を平和の灯火で包囲する行動」（ピース・キャンドル・ナイト）」を開催した。参加者1人ひとりのイラク戦争に対する怒り、自ら行動したいという熱意を結集し、防衛庁（当時）を平和の灯火で包囲しようと企画され、東京・近県・全国から1万人の参加で大きな成功をおさめた。

また、イラク派兵差止訴訟が、全国各地の裁判所を舞台に闘われた。5000名以上の市民が原告となって11地裁に提訴したこの訴訟は、イラク戦争に加担する政府の姿勢を明らかにし、違法なイラク戦争への自衛隊派兵を差し止め、平和憲法の価値を国民に訴え、その重要性を再確認するものであった。08年4月17日、名古屋高裁（青山邦夫裁判長）は「イラクにおいて航空自衛隊が行っている空輸活動は、武力行使を禁止したイラク特措法2条2項、活動地域を非戦闘地域に限定した同条3項に違反し、かつ、憲法9条1項に違反する活動」と断じたのである。名古屋訴訟をはじめ各地の訴訟を団員が担い支えた。

有事法制をめぐる闘い

アフガン戦争の遂行中、イラク戦争が準備されていた 02 年 4 月 16 日、有事 3 法（武力攻撃事態法、安全保障会議設置法、自衛隊法改正）が閣議決定され、翌 17 日に国会に提出された。イラン・イラク・北朝鮮との軍事的対決を想定し、その際の日本の米軍への全面的支援を内容とする軍事法制であり、「97 ガイドラインの誠実な実行には、有事立法の成立も含まれる」という『国家戦略研究所特別報告書』（第 1 次アーミテージ報告）の求めに応えるものであった。

武力攻撃事態法によれば、武力攻撃が現に発生した場合のみならず、その「おそれ」があると政府が認定することで有事体制が発動される。有事体制下では、首相に全権が集中され、指定行政機関や指定地方行政機関、さらには指定公共機関（日銀、赤十字、NHK 等）に対し必要な指示が出され、国民には協力義務が課される。

軍隊を持たないことを定めた平和憲法の下で有事法制は長らく封印されていた。有事 3 法は、この封印を破るばかりか、その性格は、日本への武力攻撃が発生した場合に日本を守るための「防衛型」有事法制ではなく、アメリカの戦争に追随、日本を兵站基地としながら自らも参戦する「海外侵攻型」の有事法制であった。

団は、法案公表前に「往くべきは平和の道　有事法制に反対する意見書」を作成・発表、法案提出後も、「有事法制関連 3 法　戦争動員法に反対する」、「有事法制はいらない　現場からの報告パート 1、2」等の意見書や報告書、決議・声明の発表、『有事法制のすべて――戦争国家への道』『続有事法制のすべて――有事法制とアメリカの戦争』（新日本出版）を刊行するともに、有事法制阻止対策本部を設置、国会内外をつなぐ阻止運動を展開した。

03 年 6 月 6 日、それまで法案に反対していた民主党が土壇場で賛成へと「寝返った」ため、有事法関連 3 法は成立するに至る。

アメリカの衰退と中国の台頭、「戦争する国」への国家改造

08 年、アメリカではブッシュ共和党政権に代わってオバマ民主党政権が誕生する。ブッシュの始めた中東での戦争は、アメリカそのものを疲弊

させていた。オバマ政権は、アジア重視の「リバランス政策」によってアジア地域での主導権回復を目指すが、力の衰えは覆うべくもなく、日米同盟は「平時からの同盟」が「有事の来援」に、安全保障の責任は「日米の分担」から「日本への移譲」へと変質せざるを得なかった。他方、北京オリンピックを成功させリーマンショックをいち早く乗り切った中国は、習近平体制の下で、「中国の夢・中華民族の偉大な復興」の実現を掲げ、いっそうの経済成長と南シナ海への軍事進出を遂行するに至る。

国家安全保障戦略の策定から集団的自衛権容認へ

安倍政権は、13年11月27日に国家安全保障会議（日本版NSC）設置法を制定、12月6日に秘密保護法を制定、12月17日国家安全保障戦略等を策定、14年1月7日に国家安全保障局を発足させる。「国家安全保障戦略」は、「防衛大綱」「中期防」の上位に位置する政策文書で、戦後70年にして初めての策定だった。日本を国際的に重要なプレーヤーと位置づけ、国際社会の平和と安定へ積極的に関与するために、日本の軍事力を増大し日米同盟の強化を目指す戦略構想であった。

次に安倍政権は、7月1日に集団的自衛権についての政府解釈を変更する。法の番人たる内閣法制局長官の首をすげ替えての解釈変更だった。自衛権の行使はわが国に対する武力攻撃がなされた場合に限られ、集団的自衛権の行使は憲法9条の下では許されないとしてきたそれまでの政府解釈を変更し、わが国と密接な関係にある他国（具体的にはアメリカを想定）に対する武力攻撃であっても、わが国の存立が脅かされ、国民の権利等が覆される明白な危険のある場合には、集団的自衛権を行使できるとした。一部ではあれ他国に対する武力攻撃に自衛隊の武力行使（集団的自衛権行使）を認めることは、自衛隊は自国を防衛するための必要最小限の実力組織だから合憲だという「必要最小限」の縛りから自衛隊を解き放ち、米軍とのよりいっそうの共同軍事行動に道を開くものであった。

新しいガイドライン策定と戦争法の制定

さらに、安倍政権は翌15年4月27日、新たなガイドライン（日米防衛協力のための指針）を策定する。日米間の双務性を高めた上で、同盟の対象地域を東アジア地域から全世界に、さらには宇宙・サイバー空間にまで拡張するものであった。

そして15年5月15日、安倍政権は、国際平和支援法、自衛隊法、周辺事態法、武力攻撃事態法など10本の一括改定法案を閣議決定、国会に提出した。この法案は、集団的自衛権の行使を可能とし、自衛隊による米軍への弾薬、燃料の補給、運搬などの後方支援活動や協力支援活動、自衛隊の海外での武器使用の拡大など、自衛隊のより積極的な海外活動を実現するものであった。アメリカとともに日本が、軍事力（自衛隊）を使って世界の紛争に積極的に関わろうとする「戦争法」そのものであった。

当然ながら、憲法上このような法案が許されるわけもなく、6月4日の衆議院憲法審査会において、自民・公明推薦の長谷部恭男教授含め有識者全員が集団的自衛権の行使を違憲とする陳述を行った。

「戦争する国」へ向けたこれら一連の国家改造は、戦後一貫して堅持してきた「武力によらない」平和の実現という憲法9条の基本原則を「武力による」平和へ、憲法改正を経ることなく国会の議決や内閣の政策決定によって転換するもので、立憲主義の破壊にほかならなかった。

戦争する国への改造との闘い――新たな運動と共同

秘密保護法から戦争法に至る「戦争する国」に向けた安倍政権の国家改造に対し日本の平和護憲勢力は、60年安保以来最大級の反対運動をくり広げた。

秘密保護法の概要発表が13年9月3日、10月25日には国会提出、12月6日には強行採決される。外交・防衛秘密を刑罰をもって守ろうとする同法案は、戦前への回帰、戦争する国への露払いであると同時に、概要発表から3ヶ月、法案提出から40日、聞く耳を持たない短期強行突破という政権の手法に、人々は民主主義の危機を感じた。「何が秘密となるのかそれ自体が秘密」など、法案審理を通じてその欠陥や問題点が次々と明らかになり、地方公聴会では与党推薦公述人も含め反対・慎重意見が表明された。労働組合、地域連絡会、弁護士会や市民ネットなど様々な団体や個人が反対運動に立ち上がり、12月6日の日比谷野音集会には1万5千人が参加するなど、大きな運動のうねりをつくりあげた。

引き続く戦争法反対運動は新たな波をつくった。14年12月15日に発足した「戦争させない・9条壊すな！総がかり行動実行委員会（総がかり行動）」は、国内の主要な護憲平和勢力が、それまでの共同行動の積み重ねを経て結集し、世代や分野を超えた運動の広がりに影響を与え、東京はじめ全国の運動を終始主導した。「SEALDs（自由と民主主義のための学生緊急行動）」や「安保関連法に反対するママの会」、「安全保障関連法に反対する学者の会」など新たな運動も形づくられた。総がかり行動が提起した十数次にわたる国会前連続行動には、多くの団体や個人が参加、8月30日の国会包囲行動には12万人が戦争法反対の声を上げ、全国1000カ所以上で一斉行動が展開された。国会前集会には民主、共産、社民、生活の党の党首が一堂に会するなど、総がかり行動は、野党の広い共同戦線をつくり支える上で大きな役割を果たした。

総がかり行動、6団体連絡会とともに

団は、秘密保護法制定の動きに対し、「緊急意見書・徹底解明秘密保護法案——戦争のための人権抑圧立法」をはじめ3つの意見書を作成、公表するとともに、『これが秘密保護法だ全条文徹底批判——廃止へ！市民のための必携読本』（合同出版）を発刊した。団員は、参院国家安全保障特別委員会や地方公聴会において公述人となって法案の危険性を訴えるとともに、国会論戦のサポートにも携わった。また、集団的自衛権の解禁については、『徹底解剖！イチからわかる安倍内閣の集団的自衛権』（合同出版）を出版し安倍内閣の危険な決定に警鐘を鳴らした。

団は、戦争法についても法案の理論的解明とその問題点の普及に努めた。「逐条検討・戦争法制——安全保障一括法案を斬る」をはじめ6つの意見書、解説書を作成、公表するとともに、全国各地において学習会や講演会を組織しその講師を務め、街頭演説の先頭に立った。国会論戦のバックアップ、総がかり行動の要請を受けた国会周辺行動や包囲集会での警備や警護を行った。全国各地の団員や団事務所は、弁護士会での会内合意形成に力を尽くし、護憲平和勢力の結集に努力するとともに、運動の中軸を担った。

団は、14年8月21日、社会文化法律センター、青年法律家協会弁学合同部会、日本国際法律家協会、日本反核法律家協会、日本民主法律家協会とともに「改憲問題対策法律家6団体連絡会」(6団体連絡会）を結成、法律専門団体として、主要マスコミとの協議・懇談、数度の院内集会の主催や野党議員との意見交換など運動の裾野を広げる上で貴重な役割を果たした。

Ⅱ　憲法「改正」をめぐる30年

改憲策動の震源地――なぜ憲法を変えようとするのか

わが国は、憲法に規律される「平和」国家であるとともに安保条約によって基地を提供する「基地」国家でもあった。憲法と安保条約という2つの法体系の下で裁判所や政府は、憲法9条と在日米軍、安保条約、自衛隊との関係について次のように解釈、説明してきた。

〈在日米軍〉について最高裁（砂川事件判決）[4]は、わが国が指揮権や管理権を行使できない外国軍隊は9条2項の「戦力」にはあたらないとし、〈安保条約〉についても、「高度の政治性を有する」ので司法裁判所の審査には原則としてなじまず、「一見極めて明白に違憲無効」でなければ司法審査権の範囲外だとして判断を回避した（統治行為論)。他方、〈自衛隊〉についての最高裁判決は存在しない。政府は、必要最小限度の実力組織である自衛隊は憲法9条に反しないが、自衛隊の実力行使は、外部からわが国に対する急迫不正の武力攻撃を排除するために必要最小限の範囲にとどまる。そのため、武力行使の目的をもって武装した部隊を他国に派遣する「海外派兵」は憲法上許されない、また、自衛権の行使は、わが国を防衛するため必要最小限度の範囲にとどまるべきものであり、「集団的自衛権」の行使はその範囲を超え憲法上許されないと解釈してきた（後者が閣議決定

4）前掲『憲法判例をつくる』掲載

により変更されたこと既述の通り)。

「海外派兵禁止」や限定された「集団的自衛権」というこれまでの自衛隊や米軍についての解釈によっては、湾岸戦争、アフガン・イラク戦争などへの軍事的貢献を十分に果たせず、現状では紛争への人的貢献には限界があると今日の支配層は考えている。日本がアメリカやイギリス並みの責任、国際社会における大国としての軍事的役割を果たすには憲法の平和原則の転換、改憲は不可避である。安倍改憲は挫折しても、改憲策動は続く。

アジア太平洋戦争は、国内300万人以上、アジア太平洋各国で2000万人以上の犠牲者を出し、日本の敗北で終わった。日本国憲法は、この戦争の惨禍を経験した人々の平和と民主主義への願いの結晶であるとともに、国際社会に向けた侵略戦争への反省と不戦の約束でもあった。また、戦後平和運動は憲法9条に依拠して砂川・恵庭・長沼・百里・イラクの各訴訟を闘った。私たちは、日米支配層の覇権と大国への願望のためにこの平和憲法を手放すわけにはいかないのである。

03 総選挙とあふれ出す改憲案・改憲提案

03年11月の第43回総選挙により、改憲を唱える政党が9割以上を占め、選挙後の臨時国会で小泉首相は「結党50年の2005年秋までに改正案を出す」と決意表明、自民党は即座に改憲作業に着手した。翌04年は、日本国際フォーラム「集団的自衛権と日米同盟強化の提言」、読売新聞による「第3次改憲試案」、自民・民主・公明による「論点整理」や「中間報告」、日本経団連や日本商工会議所の「提言」づくりなど改憲案・改憲提言が次々に出現する。

05年10月、自民党は「新憲法草案」を発表、「平和のうちに生存する権利」を含む前文の全面的な書き換え、非武装を定めた9条2項を削除し自衛軍の創設を明記するなど、既存の自衛隊の追認にとどまらず、海外における武力行使を含め自衛隊を「戦争のできる軍隊」に変質させようとするものであった。

九条の会結成と運動の広がり

改憲勢力による矢継ぎ早の改憲策動に対し、護憲平和勢力は、草の根による運動を展開した。その中心を担ったのが「九条の会」である。

九条の会は、04 年６月 10 日、井上ひさし、梅原猛、大江健三郎、奥平康弘、小田実、加藤周一、澤地久枝、鶴見俊輔、三木睦子の９氏によるアピールで始まった。「日本と世界の平和な未来のために、日本国憲法を守るという一点で手をつなぎ、『改憲』のくわだてを阻むために、一人ひとりができる、あらゆる努力を、いますぐに始め」ようと訴えた。この呼びかけに応え、全国津々浦々に大小様々な９条の会がつくられた。映画人九条の会、九条科学者の会、弁護士９条の会など、その数は数千の規模に広がり、自民党の改憲策動を大きく包囲するものであった。

危険で憂慮すべき事態を前に団は、特別の体制でこれにのぞんだ。04 年４月、緊迫した情勢の下、全団員に向け、「憲法はなぜ守られるべきか」「どうやって守るのか」をテーマに憲法特別論集への寄稿を呼びかけるとともに、８月には改憲阻止に向けた２泊３日の討論集会を開催した。単一テーマとしては異例の長さの合宿であったが、全国から 120 名の団員が参加、改憲を促す要因、改憲をめぐる国民意識、対抗する論理と運動の主体と闘いの戦略など総合的かつ実践的討論がもたれた。この合宿を踏まえ、団長を本部長とする憲法改悪阻止対策本部を発足させた。

団は自民党の改憲案の批判意見書や常幹決議を発表、団員は各地の９条の会の結成に尽力するとともに、独自に「弁護士９条の会」を結成、団支部は数百回に及ぶ学習会や講演会を組織し自民党の改憲案の危険性を広く訴えた。

国民投票法に組み込まれた「改憲」のカラクリ

発足した団改憲阻止対策本部が、改憲阻止運動の当面の焦点として取り組んだのが改憲手続法（国民投票法）だった。憲法には国民投票についての規定（96 条）はあっても、改憲を実現する上で不可欠の国民投票制度は存在せず、改憲勢力にとって国民投票法の制定が改憲実現の出発点であった。

04年12月3日、自民・公明の与党協議会は「日本国憲法改正国民投票法案」を了承、民主党も05年4月25日、「憲法改正国民投票法制に係る論点とりまとめ案」を公表する。国会には「日本国憲法に関する調査特別委員会」が設置され、同委員会はヨーロッパにおける国民投票の実情を調査するための調査チームを派遣するなど、「国民投票法」制定の動きが戦後初めて本格化した。06年5月26日、自公与党と野党民主党、それぞれが「国民投票法案」を国会に提出した。与党案と野党案の9割は同一内容で、国会における大連立による憲法改正が始動したことを意味した。

公務員や教員の国民投票運動に規制を加えたり、最低投票率を定めず少数の賛成での改憲が可能であったり、新聞・テレビ等を使った宣伝は改憲派に有利な「議席比」によるなど、改憲のハードルを引き下げるカラクリが法案には組み込まれていた。加えて、有料広告は野放しにされ、資金力にものをいわせ「金で憲法を買う」ことが可能となる内容だった。

改憲手続法の阻止が改憲をはばむ

団は、改憲手続法を03年以降顕在化した明文改憲の突破口と位置づけ、その成立阻止に全力を挙げることを確認した。国民投票法は手続法であり実体法や憲法そのものに手をつけるわけではないとする形式的な評価、あるいは、国民主権の実現の立場からより良い国民投票法を目指すべきだとの意見もあったが、団はそうした立場をとらなかった。国民投票法が02年以来の改憲を目指す政治的動向の延長線上に登場したこと、最終目標が9条改憲にあり9条改憲と国民投票法とは不可分の関係にあること、国民投票法を備えない法制の下では憲法改正は実現できず、実践的には国民投票法の成立を阻止することが9条を守ることに直結し、ひいては日本の軍事大国化、自衛隊の海外派兵の阻止、この国の平和を守ることに通ずるからだった。団が、国民投票法を「改憲手続法」と呼ぶのはこの意味においてである。

団は、06年の2月と9月、2度にわたり全国活動者会議を開き、改憲手続法の政治的意味や危険性、改憲の「カラクリ」をいち早く明らかにするとともに法案阻止を訴えた。法案の本質を解明したブックレット（1万部）、問題をわかりやすく解説した宣伝用リーフレット（80万部）を作成、発行し、3次にわたる批判「意見書」、4度の「声明」を発表した。選挙運動や国民投票運動への各政治主体の平等なアクセスを担保する法制度を実践しているイタリアへ団独自の調査団を派遣、有料広告の全面禁止の必要性を裏付ける調査報告書を作成、改憲手続法阻止運動に貢献した。数次にわたる国会要請、街頭宣伝、共同センターやマスコミ労組その他との共同行動など、団はできることはすべて実行した。

改憲手続法は、07年5月14日に成立したが、成立には18もの附帯決議を付された上、与党の採決強行によって自公民の大連立による改憲は挫折を余儀なくされた。自民党は2ヶ月後に行われた第21回参議院選挙で惨敗、その後改憲に向けた動きは急速に後退していくこととなる。

自民党憲法改正草案と安倍96条改憲先行発言

09年8月30日、第45回総選挙で自民党は敗北、9月16日、民主・社民・国民新の連立による鳩山政権が誕生した。下野した自民党は12年4月27日に「自民党憲法改正草案」を取りまとめる。天皇を元首と明記、9条2項を削除し国防軍を創設、公益や公共秩序の強調による人権制限、家族の尊重と相互扶助義務など、戦前回帰を思わせる極めて復古的内容の草案であった。自民党や改憲推進勢力の、時代錯誤ではあるが本音を示すものであった。しかし、憲法の核心である平和主義と人権保障を蔑ろにする草案は、厳しい批判にさらされるとともに、国民的支持をまったく得られなかった。

12年12月16日、第46回総選挙において民主党は大敗、第2次安倍政権が発足する。政権を奪還した安倍首相は翌13年1月30、31日の国会代表質問において憲法改正に言及、まずは96条、改憲手続条項の改正を目指す意向を表明した。しかし、この「96条改憲先行」発言は、改憲をたやすくできるよう手続を緩和するもので、改憲への「裏口入学」であって立法の破壊であるとする批判を受け、事実上、撤回に追い込まれた。

安倍首相の改憲への執念と5・3ビデオメッセージ

集団的自衛権の解釈変更や戦争法を制定し終えた安倍首相は、17年5月3日、ビデオメッセージを通じて明文改憲を訴えた。9条1、2項をそのままにして自衛隊を明文で書き込む、高等教育を無償とする、そして20年を新憲法施行の年としたいとした。9条を残し自衛隊を憲法に書き加える加憲方式によることで改憲に慎重な公明党を取り込み、教育無償化によって日本維新の会とも手を組み、国会内での改憲発議に必要な3分の2議席を確保しようとする意図だった。

天皇の元首化や国防軍の創設を棚上げにし部分改憲とすることは、戦後レジームからの脱却、戦後体制の根本的変革を目論む安倍首相にとっては大きな後退を意味する。しかし、9条が残っても自衛隊の存在が憲法に明記されれば、非武装を定めた9条2項は死文化し、武力によらない平和という憲法原則が武力による平和へと転換してしまい、戦争する国づくりが完成することを意味する。団をはじめ護憲平和勢力は安倍改憲阻止のために全力をあげることとなった。

挫折に追い込んだ安倍改憲

団は、安倍メッセージ直後の群馬5月集会で安倍改憲阻止のために全力を尽くすことを確認した。8月には安倍改憲阻止に特化した討論合宿を開催、安倍改憲の背景、その政治的意図、阻止運動における団の課題と任務等、全面的な検討と討議を行い、以後、全国隅々までの学習会の組織と展開に努めた。

安倍改憲阻止の運動には、秘密保護法や戦争法の運動を通じて形成されてきた共同運動、総がかり行動なども加わり、9条の会その他とともに広範な運動が展開された。「安倍9条改憲NO！全国市民アクション」が安倍改憲阻止3000万人署名を呼びかけるなど、憲法・平和を守る民衆運動、護憲平和勢力の闘いは、改憲推進運動を質量ともに圧倒した。その結果、憲法審査会では改憲に向けた実質審議を行うことができず、国会における改憲発議を封じ込めた。加えて「森友・加計学園」「桜を見る会疑惑」「黒川検事長定年延長」等の腐敗と疑惑にまみれた安倍首相は、20年8月28日、政権を投げだすこととなり、安倍改憲は挫折に至る。

Ⅲ　米軍基地と沖縄をめぐる30年

日本は、独立後も国土の多くを米軍に提供する「基地」国家であり、地位協定や航空法特例法その他により米軍に数々の特権を認めてきた。基地周辺の住民は騒音被害や米軍機墜落の危険にいまもさらされている。

とりわけ沖縄に基地被害が集中している。本土ではほとんどが旧日本軍の施設を引き継いだのに対し、沖縄では、「銃剣とブルドーザー」で民有地を米軍が接収し基地とした。ベトナム戦争終結後、基地の整理縮小が進んだ本土に対して、72年5月まで米軍の統治下にあった沖縄は、本土からの移駐も加わり、米軍の専用施設区域の70%を一手に引き受けることとなった。反面、基地縮小が進んだ本土の人々に沖縄の深刻な基地被害が見えにくくなっていた。

少女暴行事件と県民の怒り

95年9月4日、米兵による少女暴行事件が発生する。沖縄に駐留する米第3海兵隊隊員による犯行だった。米兵による犯罪や航空機の墜落など在日米軍は、数々の事件・事故を起こしてきたが、事件は、55年9月に石川市（現うるま市）で起きた幼女誘拐レイプ殺害事件（由美子ちゃん事件）を想い起こさせた。10月21日、宜野湾海浜公園には8万5000人の県民が集まった。沖縄県民総決起大会である。子ども連れの母親の姿も多く見られ、壇上に立った普天間高校3年の仲村清子は、「基地があるゆえの苦悩から私たちを解放してください。沖縄を本当の意味で平和な島にしてください」と訴えた。

団は、12月16日、那覇市で拡大常任幹事会を開き、米軍基地強制使用問題の集中討議を行った。職務執行命令訴訟についての見解「許されない米軍用地の強制使用、実質審理を」が提案、確認されるとともに、この裁判を国民的に広く訴え、大田県知事や補助参加予定の反戦地主を支援する方針が提起され承認された。団員は職務執行命令訴訟の沖縄県弁護団の一員として、あるいは反戦地主弁護団の中心として、その運動の一翼を担った。

代理署名拒否と職務執行命令訴訟

9月28日、大田昌秀沖縄県知事は、県民の怒りを背景に強制使用手続における代理署名を拒否する。在沖米軍の使用する土地の多くは民有地であり、米軍の使用を了解しない地主については、県知事が地主に代わって物件調書への署名を行う強制使用手続がとられていた。大田知事は、この代理署名を拒否した。

村山政権は、12月7日、職務執行命令訴訟を福岡高裁那覇支部に提起した。職務執行命令訴訟は、国が国家機関の一部である地方自治体を相手に行う訴訟（機関訴訟）で、かつて米軍立川基地拡張に伴う土地収用に際して、基地拡張に反対する砂川町長を相手に東京都知事が提起して以来、35年ぶりの訴訟であった。

国は、代理署名は国の事務を県に委任しただけの機関委任事務であり、職務執行命令訴訟は上命下達の手続からの逸脱を是正するためのものだとして、形式審理による早急な判断を求めた。これに対して県は、基地とともに生きてきた戦後沖縄の実態、米軍基地の存在が県民にもたらしている不利益と犠牲、米軍用地の強制使用の不当性と代理署名拒否の正当性、そしてそれらの根底にある安保条約や地位協定の問題性など実質的審理を求めた。

12月22日、第1回口頭弁論において大田知事は「代理署名に応じなかったのは熟慮の上の判断であり、基地の実態を踏まえ、慎重な審理をお願いしたい。憲法、地方自治法に沿い、歴史の審判に耐えうる判断をしていただきたい」と訴えた。

しかし、福岡高裁那覇支部（大塚一郎裁判長）は、県が求める実質的審理を事実上拒否、申請した証人のうち大田県知事だけを採用、その他すべてを却下、また、補助参加を求めた反戦地主らを排除した上で、96年3月11日に結審、同月25日に判決を強行、大田知事に代理署名を命じた。訴訟は最終的に上告棄却で確定する（1996〔平8〕年8月28日最高裁大法廷判決）が、いずれも県の主張をまったくかえりみない不当な判決であった。高裁や最高裁の形式的判断にかかわらず、訴訟は、沖縄の受けている被害の実態と不平等性を明らかにし、県民を励ますとともに、安保条約の負担を一地方自治体である沖縄とその住民に担わせていることを全国に明らかにした。

象のオリの不法占拠と仮処分、収用委員会での公開審理

職務執行命令訴訟で国は勝訴したものの、読谷村楚部通信所（その形状から「象のオリ」と呼ばれていた）では、使用期限切れが目前に迫っていた。高裁判決の6日後、96年3月31日には使用期限が切れ、4月1日以降、国（米軍）による不法占拠状態となることは確実な情勢にあった。

象のオリの地主だった知花昌一は、前年の11月22日、那覇防衛施設局に対し契約更新の拒否と土地の返還を要求、重ねて3月12日にも内容証明郵便で通告していた。国は権原なく居座り続けることを表明し、期限切れ直前の3月25日には周囲に二重のフェンスを設置、1500名の警察官を配備し、知花と支援者の象のオリへの立ち入りを実力で阻止する暴挙に出た。

4月1日、知花は、所有地への立ち入り、工作物の収去、土地の返還を求め、仮処分を那覇地裁（稲葉耶季裁判長）に申し立てた。使用権原が失われていることに争いの余地はなく、居座り続ける国こそが無法者であり正義は知花にあることは明らかであった。国は知花らの立ち入りを認める和解に応じざるを得なかった。国が和解に応じなければ立ち入りを認める決定を出す予定で、既に決定書も作成していたことを稲葉裁判長は後に語っている。

象のオリ以外にも使用期限切れの迫った土地は数多くあった（その多くは97年5月15日が期限）。強制使用が認められるには収用委員会での審理を経ることが必要で、闘いの場は沖縄県収用委員会に移ることとなった。

収用委員会の審理は広く公開され、第1回審理は97年2月21日、沖縄コンベンションセンターを会場に開催、計11回の審理が県内各所で行われ、多くの県民が会場に足を運んだ。そこでは銃剣とブルドーザーによって始まった沖縄の基地の歴史、各基地の軍事的位置づけ、基地の存在が県民生活に及ぼす影響など多方面にわたる意見陳述が行われた。この意見陳述は、憲法を論拠とした大衆的な論戦で、地主本人と代理人弁護士とが協力して展開した。

県民投票と米軍用地特措法改悪

96年9月8日の沖縄県民投票は、投票率59.53％、基地の整理縮小と地位協定の見直しを求めるもの89.09％であった。しかし、国は、沖縄県民の声に応えないどころか、使用期限が切れた後も強制使用が継続ができるように、また、収用委員会が国の申請を却下した場合にも強制使用を可能とする米軍用地特措法の改悪でこれに応えた。権原なき強制使用、不法占拠を合法化する米軍用地特措法改悪は立法機関の自殺行為ともいうべき暴挙であった。

97年4月17日は、米軍用地特措法の参議院での強行採決が予想されていた。沖縄県弁護士会有志による国会前座り込み行動の呼びかけに、朝から団員が国会前に駆けつけていた。衆議院第二議員会館前には、団の旗が掲げられ、沖縄県弁護士会有志とともに多くの団員が座り込みに参加していた。午後には、同じく沖縄から上京した違憲共闘の人々も合流し、団の旗の前は、抗議行動の中核的場所となっていた。午後4時31分、参議院は、特措法の採決を強行した。まともな審議を行うことなく国会提出から成立まで10日あまりという異常な事態であった。そればかりか、照屋秀伝反戦地主会会長や知花昌一ら21人を参院の審議妨害を口実に逮捕し、麹町警察に引き渡すという暴挙に出た。団員は、急遽、分散留置中の逮捕者全員と接見し、翌日には照屋、知花の釈放を勝ち取った。

普天間基地撤去と辺野古新基地建設

96年4月12日夜、橋本首相とモンデール駐日大使は共同記者会見にのぞみ、普天間基地の全面返還を発表する。沖縄県民の怒りを慰撫し、闘いの高まりを抑えるために日米両政府が下した政治的決断だった。しかし、普天間返還には新たな基地建設が条件とされていた。県民の願いは、危険な普天間基地の返還、撤去であって、移設ではなかった。政府は日米安保絶対の立場から、普天間基地の県内移転に固執し、その最適地とされたのが大浦湾辺野古であった。

返還発表から17年後の13年1月28日、沖縄41市町村長・議長は、安倍首相にあてて、米軍普天間飛行場の閉鎖・撤去と県内移設断念等を求めた「建白書」を提出したが、国は、3月22日、辺野古基地建設に不可欠な公有水面埋立の承認を申請、さらに普天間基地の県外移設を公約に当選したはずの仲井眞弘多沖縄県知事が、12月27日、この申請に対し承認を与えてしまう。

仲井眞知事の裏切りに対する県民の意志は明らかであった。翌14年1月19日の名護市長選で辺野古移設反対を掲げる稲嶺進市長を再選、11月16日の県知事選では、新基地反対を公約とした翁長雄志那覇市長が、保守革新を超えた「オール沖縄」に支えられ、仲井眞知事に10万票の大差で勝利する。

翁長新知事の承認取消と国の埋立強行

翁長新知事は、仲井眞前知事による埋め立て承認を検証する第三者委員会の報告をふまえ、15年10月13日、埋立承認を取り消した。国は、11月17日、翁長知事を相手に、埋立承認の取消を取り消せとの代執行訴訟を福岡高裁那覇支部に提訴、16年3月4日いったんは和解合意するものの、7月22日、国はあらためて、県知事が埋立承認取消を取り消さないのは違法だとして違法確認訴訟を提起、福岡高裁那覇支部（多見谷寿郎裁判長）は、9月16日、国の主張を全面的に容認する不当判決を下し、同判決は、12月20日の最高裁による上告棄却によって確定する。

国は埋立工事を強行するが、辺野古の基地ゲート前には連日、数十人から数百人の県民、支援の市民らが座り込みを続け、埋立用岩石を積載したダンプカーの搬入に抗議、ときには阻止する行動を継続している。警察官による排除、ごぼう抜きをされても翌朝にはまた座り込みを続けている。海上にはカヌーやボートで漕ぎ出した人々が埋め立て工事に抗議するなど、ひるむことなく工事の中止を訴え続けている。県も新たな訴訟を提起する

工事が進む沖縄県名護市辺野古の沿岸部
2020年2月21日　写真提供＝共同通信社

など辺野古の闘いはいまも続いている。埋立予定地の海中地盤の軟弱性が発見されたため、国は設計変更を余儀なくされた。軟弱地盤の改良がはたして可能なのか、可能だとして費用と期間がどれくらいかかるのか、その見通しはまったく立っていない。

基地被害の回復を目指して——基地訴訟の始まり

砂川最高裁判決（59年12月16日）以降、基地周辺の住民は、米軍による騒音や米兵犯罪に泣き寝入りを強いられていたが、航空機の夜間早朝の飛行差止や騒音に対する損害賠償を認めた大阪国際空港訴訟での大阪高裁（75年11月27日、沢井種雄裁判長）判決が基地訴訟の転機となった。75年に自衛隊小松基地騒音訴訟、76年には横田基地周辺住民による初の米軍基地訴訟が提起され、77年厚木基地、82年嘉手納基地と周辺の住民による基地訴訟が続き、多くの団員が訴訟の弁護団に加わった。

横田訴訟東京高裁判決（87年7月15日、武藤春光裁判長）が、国防が「他の諸部門よりも優越的な公共性を有し、重視されるべき」とすることは憲法全体の精神に照らし許されないと判断して以降、今日では、すべての訴訟において損害賠償が認められているが、基地管理運営権限を米軍に委ねた地位協定3条1項を根拠に、米軍の活動を制限できない（第三者行為論）として飛行差止は退けられ、「静かな夜を」との周辺住民のささやかな願いの前に、安保条約と地位協定が立ちはだかっている。

全国に広がる大規模基地訴訟

90年代後半、全国の基地訴訟は、原告数が数千名という巨大規模を特徴とする新訴訟に発展した。また、08年4月17日の名古屋高裁のイラク派兵違憲訴訟判決は、平和的生存権を憲法上の法的な権利と認め、憲法9条に違反する戦争の遂行によって個人の生命や自由が侵害される場合には差止を請求できるとするもので、基地問題に立ち向かう住民と弁護団にとって闘いの原動力となった。20年、第2次横田、第3次嘉手納、第2次普天間、岩国の各基地訴訟が最高裁に係属している。被害救済の日まで基地周辺の住民と団員による闘いは続いている。

変貌する日米安保と拡大される米軍基地

安保条約は、アメリカの世界戦略とともに軍事同盟としての性格を強めつつ変貌を遂げ、横須賀基地の原子力空母の母港化、艦載機の岩国移駐、佐世保への強襲揚陸艦の配備、Xバンドレーダー設置などにより新たな被害を生み出し、基地被害を拡大している。岩国基地の空母艦載機移駐に反対する住民投票や新たな基地騒音訴訟の提起など、各地で基地強化に反対し被害の救済を求める市民が立ち上がっている。

普天間基地や横田基地に配備が進められているオスプレイは、米海兵隊の先制攻撃能力を飛躍的に向上させた侵略性の極めて高い兵器であるとともに、墜落事故を繰り返している。かかるオスプレイの配備に反対する市民の会が各地で立ち上がり、配備の撤回を求める取り組みが起こされている。

秋田・山口へのイージス・アショア配備

北朝鮮に対するミサイル防衛のためとして17年12月、閣議決定されたのがイージス・アショアの導入であり、18年5月、配備候補地が秋田市陸上自衛隊新屋演習場と萩市陸上自衛隊むつみ演習場とされた。ハワイ・グアムの米軍基地を防衛する「盾」としての配備である一方、両候補地とも住民の生活圏に近接し、レーダーの電磁波被害、ブースター落下の危険、敵からの攻撃目標となるおそれ等、地域住民にとっては死活問題であり強い反対の声があがったのも当然であった。

住民による粘り強い反対運動の展開、地元紙「秋田魁新報」の全社あげての配備反対の論陣、19年3月20日の秋田弁護士会が配備反対の会長声明を発表、多くの市町村でも配備撤回を求める請願が採決された。防衛省の杜撰な調査報告書の作成や説明会での居眠りなどは住民の怒りを増幅させた。団は、19年4月と8月に秋田・山口において現地調査、知事・市長への配備反対の申し入れ、反対住民との意見交換や激励等を行った。

19年参院選挙では配備反対掲げた野党共闘候補が、保守王国秋田において自民党現職に勝利する。山口でも、阿武町議会は計画撤回を全会一致で採択し、同町の有権者の6割が配備に反対する「町民の会」の会員となるなど旺盛な住民運動が展開された。その結果、20年6月15日、河野防衛大臣は、イージス・アショア配備計画の停止を発表するに至り計画撤回に追い込んだ。

5　子どもの権利擁護と教育をめぐる闘い

子どもの権利委員会の発足

94年3月に子どもの権利条約が批准された。この条約は、子どもを権利行使の主体として捉え、子どもの意見表明権を認め、子どもの最善の利益を基準として、子どもをひとりの人間として、その人権を保障しようとするものである。

子どもが学ぶ学校現場では、小中学校から高校に至るまで、新学習指導要領が実施され、「できる子」と「できない子」に選別する教育が進められていた。国や財界が求める新学力観に基づき子どもを評価する教育政策のもとで、校内暴力や不登校など子どもを取り巻く問題はいっそう深刻化していた。

全国で団員は、子どもの権利を擁護し、いじめや体罰、校則問題などの権利侵害を救済する活動に取り組んでいた。

94年7月、団は「子どもの権利委員会」を発足させ、国や財界の「教育改革」、人づくり政策の問題点を検討し、批判するとともに、子どもの権利の観点などから真にあるべき教育政策を展望し、運動づくりに取り組んだ。団員は、日弁連子どもの委員会あるいは「市民・NGO報告書をつくる会」等にも参加して活動し、子どもの権利侵害状況を国連「子どもの権利委員会」に報告するカウンターレポートづくりにも取り組んだ。

教育基本法「改正」との闘い

教育改革国民会議の提言

2000年12月、森喜朗首相の私的諮問機関である「教育改革国民会議」は、「教育を変える17の提言」をまとめ、家庭でのしつけ、学校での道徳教育、伝統・文化の尊重、奉仕活動の義務づけなど国家主義的教育を進めるとともに、競争・選別教育を徹底させ、産業界に必要な労働力・人材を確保する「教育改革」を提起し、これに対応する教育基本法「改正」を求めた。

政府は、奉仕活動規定のほか、この提言にも盛り込まれていた指導力不足教員の免職等の制度を具体化する学校教育法・地方教育行政法・社会教育法の「改正」案を「教育改革関連法案」として国会に提出した。団は、教育改革対策本部を設置し、「改革」法案の問題点を指摘する意見書を発表するなど反対の活動に取り組んだ。政府は、多くの国民の反対を無視して、01年6月には改正法の成立を強行した。

これにとどまらず、教育改革国民会議は、教育基本法について「時代に合わなくなった。個人や基本的人権などが強調され過ぎ、国土や郷土、伝統、文化、家庭、自然の尊重が抜け落ちている。宗教教育についての規定があるため、情操教育が十分に行われない」として、その見直しを提言した。これは、日本国憲法を体現する教育基本法の基本を否定しようとするものだった。

政府は、この提言を受け、中央教育審議会で教育基本法「改正」に向けた議論を本格化させた。03年3月には、同審議会が教育基本法「改正」を答申し、「改正」案づくりが進められる段階となった。

団は、教育改革関連法が成立した下で、教職員の運動と連帯して、学校現場における子どもの権利擁護への取り組みを進めるとともに、教育基本法「改正」を許さないために、02年8月には、中教審に対して「教育基本法『改正』についての意見——教育基本法にそった教育こそ求められる」を提出した。団は、03年2月には全国活動者会議を開催し、教育改革対策本部を教育基本法改悪阻止対策本部と改組し、わかりやすく問題点を解説したブックレット「変えてはいけない！教育基本法〜みんなで知ろう、その大切な内容、そして『改正』のねらうもの」（唯学書房、2003年）の刊行・普及をはじめ、集会、宣伝・学習活動などの取り組みを全国的に展開していった。

改憲の動きと一体の教育基本法「改正」

教育基本法は、戦後、教育勅語を廃止した後、日本国憲法の下で、国民主権、平和主義、民主主義、基本的人権の尊重を正しく担っていく国民を育成することを目指して制定された。それは、「個人の尊厳を重んじ、真理と平和を希求する人間の育成」「人格の完成を」目指し、「平和的な国家及び社会の形成者」育成を期するものとされた。国家のための「人材育成」ではなく、子どもの権利を中軸に日本国憲法の理念を教育現場に生かすものにしたのである。

これに対し、06年4月、国会に提出された教育基本法「改正」案は、教育基本法前文で明記していた「（憲法の）理想の実現は、根本において教育の力にまつべきものである」との文言を削除して、平和憲法と一体の関係を断ち切った。そして、同前文が「真理と平和を希求する人間の育成を期する」としていたのを「真理と正義を希求し、公共の精神を尊び、豊かな人間性と創造性を備えた人間の育成を期する」に変更し、かつ、1条の教育の目的から「個人の価値をたっとび」という文言を削除し、個人の価値を尊重する「国民のための教育」から公益や国益を重んじる「国家のための教育」へと、その立場を明確に転換させたものであった。

「改正」案は、2条の教育の目標として「伝統と文化を尊重し」「我が国と郷土を愛する」「態度を養う」ことを明記し、国定の道徳・徳目を強制するものであり、「人格の完成」から国家の求める「人格の形成」(人づくり)へと変容させるものであった。これは、教育現場において「愛国心」の押し付けを行うことの公式な宣言であり、戦争する国づくりをめざす改憲を先取りするものである。愛国心を押しつける教育は現憲法が保障する国民の内心の自由を侵害するものでもあった。

「改正」案は、義務教育の基本理念である「平等」や「機会均等」を変質させ、能力主義の徹底や競争のさらなる激化に道を開くものであった。義務教育について「九年間」という文言を削除し、法律による義務教育の複線化や期間の弾力化をねらうものとなっていた。他方で、5条の男女共学の規定を削除し、男女差別教育への逆行をも許容していた。

「改正」案は、「教育は国民全体に対し直接の責任をもって行われるべきものである」との文言を削除し、「この法律及び他の法律の定めるところにより行われるべきものである」とし(16条1項)、教育の主人公を国民から国家に切り替え、国家が教育に介入し統制することに道を開くものであった。そのうえで、国が「教育に関する施策を総合的に策定し、実施」するものと規定し、政府及び地方公共団体に対し、教育振興基本計画の策定を義務づけ、行政の責務・権限を一気に拡大するものであった。それは、教育の場に「日の丸・君が代」の強制に代表されるような行政による教育への介入・統制に拍車をかけるものであった。

このように教育基本法「改正」の動きは、徹底した平和主義と個人の尊重を基本とする日本国憲法に真っ向から反する改悪であり、05年11月に発表された自民党の新憲法草案など日本を戦争する国にする改憲の動きと一体のものであった。

教育基本法「改正」に対する国民的な運動と団の取り組み

教育基本法「改正」の動きに対して、法案の提出前から教職員組合はもとより、労働組合・諸団体や多くの市民、学者が反対の声をあげた。全国ネットワークや「改悪を止めよう」全国連絡会が結成され、数千人を結集する全国集会が何度も開かれた。全国各地で連絡会等が組織され、地域集会や街頭での宣伝活動等が取り組まれた。06 年 4 月 28 日に国会に提出された「改正」案に対しては、日本教育学会が反対の意見書を発表し、日弁連をはじめとする全国の弁護士会が反対声明を発表した。

団も、各地での運動に参加して活動し、反対声明を発表し、意見書を作成して、国会要請行動を積み重ねた。Q＆A方式で「弁護士から見た『改正』の問題点」を冊子で作成し普及するとともに、視覚にもわかりやすく訴え問題点を広く理解してもらうために、リーフレット「見つめてみよう子どもたちのいま、想像してみよう子どもたちの未来」を作成し、4 万部を普及した。

しかし、06 年 12 月 15 日、政府は、教育基本法「改正」を強行した。

翌日の新聞は、「復古的で過去に向かう危険がある」（東京)、「これで幕にしてはいけない」（毎日）と報じた。運動を国民的規模に広げ、国会での要請などの活動を担ってきた団は、運動を通じて強まった教職員団体や諸団体・市民とのつながりを生かして、教育現場において改悪教育基本法の具体化を許さない取り組みを進めることを確認した。団は、08 年、これまでの対策本部を教育問題委員会に改組し、恒常的な取り組みを進めていくこととした。

「日の丸・君が代」による教育統制との闘い

04 年 1 月 30 日に発表された国連「子どもの権利委員会」の最終見解は、日本の子どもたちが置かれている実情について、「過度に競争的な教育制度」であり、子どもの健康に悪影響を与え、その能力の全面的発達を阻害していると指摘した。当時、不登校と呼ばれる子どもたちは 12 万 6000 人を超え、児童虐待も後を絶たない事態が生まれていた。さらに「高等教育への入学が過度に競争的で」「私的な補習」が不可欠で、「貧しい家庭の子どもにとっては経済的に困難」な状況が生じている点など経済格差と教育格差への懸念も表明された。

新自由主義改革は、競争と選別を進め、競争から落ちこぼれた者たちの規制・統制を強化する。全国の小中学生に「心のノート」が配布されて愛国心をすり込む教育が進められ、東京都などでは「日の丸・君が代」の強制が進められた。子どもを治安の対象とし、学校と警察とが相互に情報を連絡しようとする制度が各地で作られ、非行や少年犯罪に対し、少年法を改悪して厳罰化などをすすめる動きが具体化されていった。

「日の丸・君が代」は、侵略戦争の精神的支柱とされたものであり、これを強制することは、侵略戦争の反省の上に制定された憲法の立場と相容れないものであり、思想・良心の自由を侵害するものでもある。石原慎太郎知事のもとで東京都教育委員会は、03年10月23日に通達を出し、入学式や卒業式での起立・斉唱・伴奏を教職員に命令した。従わなかった教職員らを大量に懲戒処分したうえ、見せしめに「再教育研修」を実施した。さらには、60歳定年後に懲戒処分を理由として再採用しない等の不利益扱いまで行った。教職員らに対する「日の丸・君が代」の強制は、同時に生徒・児童に対する強制でもあった。

このような動きに対しては、反対する市民らにより、卒業式や入学式に向けてのビラ配布等の活動も開始され、団員らは学校側などからの妨害を許さない監視活動に取り組んだ。これに対して、都教委は、毎年、「日の丸・君が代」を強制し、従わない教職員に対する懲戒処分を繰り返している。

教職員らは、国歌斉唱義務不存在の確認等を求める予防訴訟、処分取消訴訟などを次々と提起した。数百人の教職員が原告となり、団員らもこの裁判闘争に取り組んだ。06年9月21日、東京地裁は、「日の丸・君が代」を強制する校長の職務命令が思想・良心の自由を侵害する等として起立・斉唱・伴奏の義務がないこと及び損害賠償請求を認める判決を下した。しかし、高裁段階で、教職員らの請求は退けられ、他の訴訟も含めて、10年～12年に、最高裁で思想・良心の自由を侵害しないとする不当な判断が繰り返された。この中でも、12年1月16日の最高裁判決においては、戒告処分を容認したものの、停職処分及び減給処分は裁量権の逸脱・濫用があり違法であるとして、これを取り消す結論も導き出し、懲戒処分に一定の限界があることが明らかにされた。

「日の丸・君が代」の強制は、東京都にとどまらず、各地で進められた。大阪では維新の会による府政・市政の下で、11年6月、「大阪府の施設における国旗掲揚及び教職員による国歌斉唱に関する条例」が成立し、翌12年2月には、大阪市でも同様の条例が成立して、学校現場で「日の丸・君が代」が強制される事態となった。さらに、教育関連条例等を成立させて、全国一斉学力テストの結果を学校別に公表するなど競争をあおり、学校選択制の導入や学校の統廃合、教員に対する評価と処分を進めようとした。団大阪支部は、教職員組合や父母らとともに広範な反対運動を組織し、維新の会による「教育破壊」を許さない活動に取り組んだ。

第2次安倍政権とそれを引き継いだ菅政権の下で、全国で、「教育再生」の名のもとに、教職員に対する管理・統制の強化や教育内容に対する国家統制が進められようとしている。教育や教員に対する統制を強める動きを許さない課題が重要となっている。

「つくる会教科書」採択阻止の闘い

「新しい歴史をつくる会」が歴史、公民の教科書を出版し、01年4月、文部科学省は、検定意見に基づく修正を経て「つくる会教科書」を合格させた。つくる会は、全国の教育委員会の1割で採択することを目標に運動を繰り広げた。

「つくる会教科書」は、反憲法的であり、憲法改悪を先取りする内容となっている。

歴史教科書においては、日本による韓国の併合、中国への侵略を肯定し、侵略戦争を「大東亜戦争」と呼称することに端的に見られるように、これを正当化している。また、「神武天皇の東征伝承」を掲載するなど神話を史実と描き、教育勅語を「近代日本人の骨格をなすもの」とし、天皇が絶対的権力を有していた戦前の制度を美化している。史実として多くの誤りがあり、教科書としての体裁をなしておらず、中学生が学ぶものとしてふさわしいものではなかった。

公民教科書においても、核兵器廃絶に疑問を提示し、国防義務を強調し、口絵に自衛隊の写真を数多く掲載するなど、戦争を賛美していた。また、「天皇を精神的な中心として国民が一致団結して、国家的な危機を乗り越えた」とするなど、日本を優越した民族とし、憲法前文及び1条に定める国民主権原理に根本から反している。基本的人権の擁護に対しては、国益・公益の優先を主張し、人権が公共の福祉によって制限されるべきことを強調していた。

そもそも、政府が、侵略戦争と植民地支配を美化した「つくる会教科書」を合格させたことは、日本政府が検定基準の1つとしている「近隣諸国条項」にも、対外公約である植民地支配と侵略に痛切な反省を表明した95年の村山首相談話や98年の日韓共同宣言などにも反している。

こうした「つくる会教科書」の検定合格に対して、国内外で批判の声が沸き起った。団も、緊急プロジェクトチームを立ち上げ、「つくる会教科書」の問題点をまとめ、意見書を作成・普及して批判活動に取り組んだ。「子どもと教科書全国ネット21」を中心に地域の市民とともに、「子どもには渡せない」教科書であることを各地で訴え、教育委員会での採択にあたっては教師や学校の意見を聞くべきことを求めて、採択しないよう求める要請行動を展開した。

このようにして、急速に広がった国民的運動により、採択期間とされた01年8月までに、東京都および愛媛県の一部の学校で採択された以外は採択を許さない成果が勝ち取られた。

「つくる会」は、採択しないよう求める市民運動を攻撃したり、教科書採択手続に関して採択地域の細分化や教育委員の選任などを通じて、巻き返しを図った。その後、4年ごとに行われる教科書の採択に際して、団は、その都度、「つくる会教科書」の問題点を検討して意見書を作成し、全国的な運動を展開してたが、東京都でも杉並区や武蔵村山市、横浜市など、少数とはいえ一定の範囲で「つくる会教科書」が採択されるなど攻防が続いてきた。しかし、採用された自治体における市民を中心とした撤回運動は継続的に取り組まれてきた。この粘り強い運動の成果もあって、20年には、使用冊数に対する占有率において、歴史教科書で6.4%から1.1%へ、公民教科書で5.8%から0.4%に激減（育鵬社）させた。「安倍内閣が進めてきた教科書」採択を通じた「教育再生」の動きを押し返した。

少年法「改正」問題への取り組み

少年法は、少年の可塑性や要保護性を重視し、犯罪を犯した少年や非行少年の1人ひとりに対して、学校や社会、家庭などの環境や少年自身の状況に応じて、きめ細かな教育的・福祉的・医療援助等の措置をとり、立ち直り、健全な育成を図る制度を定めている。少年法は、日本国憲法により保障されている子どもの成長発達する権利を実現しようとするものである。

99年3月、政府は国会に少年法「改正」案を提出した。この「改正」案は、少年事件に関して、刑事罰適用年齢を14歳に引き下げ、故意犯罪により死亡結果が生じたときには原則として検察官に逆送して刑罰を科すとした。また、家庭裁判所での保護処分に対する抗告受理申立など検察官の関与を認めるものであった。この「改正」案に対して、団は少年の保護・教育的な処遇を阻害する問題点を指摘し反対声明をあげた。弁護士会や市民からの反対の声があがり、衆議院の解散により一度は廃案となったものの、2000年12月に、改正法成立が強行された。

その後、07年、14年にも、弁護士会などの反対をも押し切って、警察の調査権限拡大や厳罰化などの「改正」が強行された。団は、その都度、反対声明をあげ、問題点を明らかにする「Q＆A」を作成して、取り組んできた。

21年2月には、18歳・19歳の少年を特定少年とし、検察への逆送の範囲を拡大して刑事処罰手続きによる範囲を広げ、推知報道を解禁し、また虞犯少年を保護手続の対象から外すなど、保護・教育の処遇に反する少年法「改正」案が提出された。

しかし、少年犯罪は刑法犯の検挙人員が82年の約31万7000人をピークに減少し続けており、12年からは毎年戦後最低を更新していて、18年は約4万4000人とピーク時の7分の1程度となっている。殺人、強盗、強制性交等（強姦）、放火といった重大犯罪も、60年～65年頃がピークで少なくともここ15年ほど減少傾向が続いている。いずれもピーク時の10分の1程度、強制性交等については26分の1に減少している。現行少年法に基づく処遇が有効に機能していることは、このような犯罪統計にも表れている。この「改正」案の立法事実は、何ら認められるものではなかった。

特定少年とされる18歳及び19歳の少年は、民法で成年とされることとなっても、進学や就職等、それまでの生活環境が大きく変化するもとで挫折や新たな人間関係に伴うトラブル等にも直面しやすい時期である。

団は、競争・選別が強化される教育によりはじかれた非行・犯罪少年に対して少年法による教育的な関与が必要であるにもかかわらず、厳罰化を進める動きは健全な育成をはかる責任の放棄であることを訴え、院内集会や国会要請行動など反対運動に取り組んでいる。

6　治安警察、刑事司法改革、再審をめぐる闘い

悪法ラッシュの80年代から90年代

——警察国家への危険な動きと悪法を阻止した反対運動

80年代、戦後政治の総決算の名の下に中曽根康弘内閣による行政改革が進められ、市民の運動を監視しこれを抑圧する治安対策と警察権限の拡大強化を進める動きが顕著になってきた。従来から検討されていた刑法や監獄法の改正に関する議論などとともに、新たな立法化の動きが相次いで浮上した。

78年、刑事弁護人抜きでも裁判を進行させせようとする「弁護人抜き法案」が突如国会に提出され、急速に広がった反対運動により翌79年に廃案が勝ち取られた。それと前後して立法化が図られようとした刑法「改正」、80年代に入って国会に提出され廃案となった警察拘禁二法案、国家機密法案等、団は、広く国民的な反対運動を展開し、その成立を阻んできた。

そして、90年代に入ると警察は地方自治体に働きかけ、拡声器規制条例や生活安全条例など、市民の表現活動を規制し抑圧する危険のある制度の導入が行われるようになった。警察権限の拡大強化が進められる問題を含めて、団は、それらの危険性を広く訴え反対運動に取り組んできた。

ここでは、刑法「改正」、警察拘禁二法案、国家機密法案に反対する団の取り組み、そして、これらの悪法反対闘争のなかでつくりあげられてきた活動スタイルについて紹介する。

刑法「改正」

74年に法制審議会が答申した刑法「改正」草案では、処罰規定を大幅に拡大し、刑を引き上げて重罰化するとともに、その中で国家秩序・企業利益を重視し大衆運動を抑圧する刑罰の導入と強化、社会的に危険な人間を社会から長期間隔離する保安処分の導入などが盛り込まれていた。例えば、新設しようとする公務員機密・企業機密の漏示罪は、言論・表現の自由に対する抑圧を強化することとなり、騒動予備罪や準恐喝罪、多衆犯規定などは大衆行動への抑圧を強化するものであった。

80年代に入って、法務省は、この草案を法案化する動きを加速し、日弁連との協議を進めたが、日弁連は街頭に出て国民に問題点を訴える活動を展開した。団は、日弁連の活動に積極的に参加するとともに、他の法律家団体とも協力してパンフレットなど宣伝物を発行して学習会や街頭宣伝など積極的に活動を進めた。結局、これらの運動がねばり強く取り組まれ、「改正」草案は葬られるに至った。そして、99年の刑法「改正」は条文の口語化・平易化にとどまり、実質的な改悪を許さなかったのである。

警察拘禁二法案[5)]

1908年に制定された監獄法の改正議論に乗じて、82年4月に代用監獄を恒久化する警察拘禁二法案（刑事施設法案・留置施設法案）が国会に提出された。

起訴される前のいわゆる未決勾留の場合でも法務省所管の拘置所（監

5）前掲『自由法曹団物語』（下）掲載

獄）に収容されることになっているのであるが、拘置所の数が少なく収容しきれないために、警察署の留置所を拘置所の代用としてきたのが代用監獄である。そもそも、代用監獄は、捜査と拘禁が分離されなければならないという刑事司法制度上の大原則に反する制度である。実際、捜査機関・警察が、警察の留置所（代用監獄）で被疑者の身柄を拘束してその支配下に置き、長時間・厳しい取り調べで自白を強要する手法により、えん罪がつくり上げられてきたことは、再審無罪事件や弾圧事件をはじめ様々な事件を通じて明らかにされてきた。代用監獄制度の存続が許されないことは「国連被拘禁者人権原則」など多くの国際法規が示しているところでもある。

しかも、81年、三井脩警察庁長官は、様々な法規を適用して国民の運動に対応するよう訓示し、拘禁二法案が提出された当時は、ビラはり活動等への不当逮捕など弾圧事件が多発していた。団は、日弁連の反対運動にも積極的に参加するとともに、警察拘禁二法案が、そのような警察にさらなる弾圧や権利侵害を許すことになると問題提起し、自白強要の舞台となっている代用監獄（留置所）の恒久化に反対しその廃止を求めて、全団あげての運動を展開した。意見書・パンフなど宣伝物を作成し、地域で学習会を開いて、宣伝・学習活動を進めた。

結局、拘禁二法案については、再提出を含めて93年に至るまで国会で3回審議されるものの廃案に追い込んだ。しかし、人権侵害を防止するために捜査・取調の可視化などの取り組みがなされているものの、代用監獄の廃止は未だ実現しておらず、その廃止は今日に至る課題として残されている。

国家機密法案

78年、日米両政府により合意された「日米防衛協力のための指針」では、日米での共同作戦を進めるために求められる情報活動とそれに伴う情報の保全について責任を負うことが確認された。その直後から「スパイ防止法」制定を求めて地方議会での促進決議を積み上げる動きが進められ、85年6月には「スパイ防止」の触れ込みで、自民党の議員提案により国家機密法案が国会に提出された。軍事外交に関する広範な情報を「秘密」として国民に知らせず、これを知ろうとする国民の活動を処罰し弾圧することを狙う法案であった。国民の知る権利が奪われるだけでなく、国民の生活や活動が警察などに監視され抑圧されることにもなる。法案が提出されるや、直ちに国家機密法阻止各界連絡会議が結成された。全国各地に同様の組織がつくられ多彩な運動を展開した。団も、意見書・パンフなど宣伝物を作成し、法案阻止の連絡会に参加し、全団あげて学習宣伝活動等に取り組んだ。マスコミ・言論界や各地の弁護士会・日弁連も反対の声をあげ反対運動を展開した。

85年12月には、審議未了で廃案を勝ち取った上、その後自民党が試みた再度の法案提出も阻止することができた。この秘密保護法制は、後に01年のテロ特措法に一部導入され、13年には特定秘密保護法の成立が強行されることとなった。

団の闘いの手法

これらの取り組みを通じて、団は、闘う法律家団体として悪法反対運動の進め方を確立していった。

それは、①法案の内容を法律家の立場から詳しく分析し、特に、もしその法案が成立したらこの国と国民がどうなるのか、を解明する。その結果を意見書などにまとめて、国会、マスコミ、市民運動や労働運動などの活動家、学者・文化人などに届ける。②その内容をわかりやすく要約したパンフ、リーフ、ニュースやビラなど宣伝物をつくり普及する。場合によっては、書籍として普及する。③各種学習会の講師や集会・宣伝活動などの弁士をつとめる。そのために団内（各支部・法律事務所）で学習会を行い、多数の団員を講師として養成する。④各政党、法案準備段階で審議会メンバー、国会に提出された場合には法案が付託された委員会のメンバーに対する要請、説得活動に取り組む。全国各地で議員の地元事務所などに対する要請・説得活動も展開する。⑤マスコミ各社に働きかけ、論説委員などにも面会して、法案の問題点や運動を取り上げてもらう。⑥大小の集会やデモ、学習会、街頭での宣伝活動等、関連諸団体・個人、法律家など共同の取り組みを呼びかけ、組織化に協力する――などである。

治安立法と弾圧

オウム真理教事件と警察の捜査批判

阪神淡路大震災による被害状況が連日報道を賑わせていた95年3月20日早朝、東京都心部を走る複数の地下鉄車両内で猛毒の化学兵器であるサリンが散布され、14名もの死者と6000名にも上る負傷者を出す大惨事が発生した。後に地下鉄サリン事件と呼ばれるこの事件は、麻原彰晃（本名、松本智津夫）に率いられた宗教団体オウム真理教の教団員によって引き起こされた事件であることが判明する。さらに捜査の過程で、オウム真理教は、同年5月に起きた目黒公証役場の刈谷事務長拉致監禁致死事件、前年の94年6月に長野県松本市で8名の死者を出した松本サリン事件、そして89年11月に発生した坂本堤弁護士一家殺害事件など、多数の凶悪事件を実行していたことが次々と明らかとなっていった。警察は地下鉄サリン発生直後に山梨県上九一色村などにあった教団施設を一斉に捜索し、教団幹部を逮捕した。そして95年5月16日、自衛隊で対化学兵器の訓練を受けた多数の機動隊員を投入して上九一色村の教団施設内で捜索を行い、隠れていた麻原彰晃を発見、その場で逮捕した。その後、麻原彰晃をはじめとする元教団幹部らの犯罪は法廷の場で裁かれることとなり、長期の裁判を経て死刑判決が確定、18年7月には、麻原彰晃ら13名の元教団幹部らの死刑が執行された。1つの組織がこれほど計画的に多数の民間人を対象とした殺害事件を実行したのは、わが国では初めてのことであった。

教団による数々の犯罪行為が明るみになるまで、マスコミは教団の宣伝活動を無批判に取り上げてきたが、事件後は連日のように教団の危険な実態を報道し始めた。教団が坂本堤一家殺害事件を起こした後も、教団に批判的な弁護士やジャーナリストらを標的として攻撃を続け、武装化してきたことを知って、多くの国民は驚愕するとともに、オウム真理教のような犯罪集団に対しては、より強力な警察権力の行使を望む心理状態に置かれていった。教団による犯罪行為の徴憑を見逃し、初動捜査を誤った警察は、それまでの失敗を挽回するため、国民世論も背景に、教団に関係すると疑われた者に対する微罪逮捕や別件逮捕など、通常では到底許容されないような違法捜査を全国で繰り返した。

団は、団員である坂本堤弁護士とその家族の命を無残にも奪ったオウム真理教を徹底して批判するとともに、警察の初動捜査の誤りと遅れを強く批判してきた[6)]。しかし、教団の犯罪が明るみに出た後、一転して始まった警察による強制捜査の実態は、憲法、国際人権法、刑事訴訟法などが定める適正手続に反し、かえって国民の基本的人権が危殆に瀕しかねないものであった。このような状況に危機感をもった団は、団内議論を経た上で、95年7月17日「オウム真理教関連事件についての警察の捜査に関する意見書」を発表した。意見書では、オウム真理教による数々の犯罪行為のうち、松本サリン事件と坂本弁護士一家殺害事件に焦点を当て、これらの事件における捜査の問題点について具体的な事実に基づいた検証を行い、警察の初動捜査の誤りを指摘した。そして、教団関連事件捜査を口実とした適正手続違反の捜査、松本サリン事件における河野義行に対する見込み捜査を批判し、あわせて国民に対する正確な情報の公開や、一日も早い全容解明などを求めた。

破防法適用による解散命令を許さない闘い

オウム真理教教団による数々の犯罪行為の事実が明るみになってくるにつれて、政府内では、教団に対して破壊活動防止法（破防法）に基づく解散命令を発すべきであるという議論が持ち上がってきた。破壊活動防止法は「暴力主義的破壊活動を行った団体」とその構成員に対して刑罰を含む規制を可能とする法律である。同法は、政府を批判する左翼政党や団体の活動を規制することに主眼をもった結社の自由に対する直接的な弾圧立法

6）前掲『自由法曹団物語』（上）掲載

である。成立後も同法に対する野党の反発や国民的批判は根強く、個別行為に対する処罰は別として、同法に基づく団体規制としての解散命令が出されたことはなかった。

既に95年6月30日には東京地方検察庁と東京都が、宗教法人法に基づく解散請求を東京地方裁判所に申請し、同年10月30日同裁判所は教団に対し宗教法人法に基づく解散命令を発出していた。ところが、オウム真理教関連事件による国民世論の変化を背景として、村山富市自社さ連立政権は同年12月14日、教団に破防法に基づく団体規制を適用する方針であることを表明し、公安調査庁は教団に対して破防法に基づく解散命令を発出した。

団は、教団による凶悪犯罪を厳しく非難するとともに、破防法に基づく解散命令は、教団の信徒や元信徒だけでなく、それらの者が日常接する何万人という一般市民も含めて、常時、公安調査庁、公安警察の監視下におかれることになりかねないことを指摘した。そしてそのような事態になれば、自由と民主主義は破壊され、かえって社会全体を危険に陥れることになりかねないとして、教団を破防法による解散命令の対象とすることに反対し（同年12月27日、「破防法の手続き開始に反対する―公安調査庁の適用方針に対する反論」）、反対運動を進めることとなった。

翌96年1月から公安審査委員会における弁明手続が開始された。団は引き続き破防法に基づく解散命令に対して反対の意思を表明し、青法協や日民協など他の法律家団体と共闘して、法律家によるデモ行進やマスコミへの要請行動などを繰り広げた。日弁連も反対決議をあげ、団体規制の対象として狙われる可能性がある労組や市民団体も、反対の声を強くしていった。この運動の集中により、政府が主張してきた破防法に基づく団体規制の必要性については、国民の間でも次第に疑問視する意見が多くなってきた。

97年1月31日、公安調査庁の申請を受けて審理を進めていた公安審査委員会は、教団に対する破防法に基づいた解散命令を棄却すると決定を下した。この決定は、団をはじめとした法律家と幅広い市民、団体との共闘によるねばり強い運動の成果であった。

盗聴法成立阻止の闘い

オウム真理教によって引き起こされた諸事件が大きな国民的関心となっていた96年10月、法務省は法制審議会に対して、盗聴捜査の導入などを内容とした「組織的犯罪対策立法」を諮問した。諮問の理由は、暴力団による薬物・銃器の取引やこれらの組織による不正な権益の確保を目的とした犯罪や、法人組織を利用した悪徳商法等の大型経済犯罪などの組織的犯罪とともに、当時最も問題視されていたオウム真理教関連事件を例とする大規模凶悪事犯に対処するためとされていた。法制審議会には弁護士委員も参加しており、反対意見を出していたが、法制審議会は翌97年9月、法務大臣に対して、盗聴捜査の導入を内容とした組織的犯罪対策立法を答申した。これを受けて法務省は、組織的犯罪処罰法骨子案、刑訴法一部改正法骨子案とともに、「犯罪捜査のための電気通信の傍受に関する法律案要綱骨子」（盗聴法案）を発表した。政府はこれらの法案を97年の臨時国会に提出し、翌98年4月早々には施行することを目論んでいた。

しかし、国民世論はこれを許さなかった。この盗聴法案は、あらゆる電気通信機器を対象とする無限定な盗聴を許すものであり、通信の秘密やプライバシー権をはじめとする国民の重要な基本的人権を侵害するおそれが高い。法案提出前から、報道機関をはじめ法曹界以外からも、多くの批判が寄せられ、法案を提案した法務、警察側からは、盗聴法による犯罪捜査は厳格な要件によって権力の濫用が抑制されているから、国民の基本的人権が侵害されるおそれは杞憂にすぎないとの反論がなされていた。

団は、上田誠吉をはじめ多くの団員が関与して裁判闘争になった緒方宅電話盗聴事件を例にとるなどして、警察の態度を徹底して批判した。86年に発生した緒方靖夫日本共産党国際部長（当時）宅への公安警察による盗聴事件[7]では、数々の証拠から警察の組織的関与が明るみになり、全面否認の警察側は国家賠償請求訴訟で敗訴判決を受け確定した。しかし、その後も警察は国会における質問で指摘されても「警察は過去においても現

7）前掲『自由法曹団物語』（下）掲載

在においても盗聴は行っていない」との姿勢を変えなかった。そのような態度を取り続ける警察に、盗聴を合法化して新たな武器を与えることがいかに危険であるかという批判に対して、法務・警察は合理的な反論ができるわけがなかった。団は、98年1月「『盗聴法案』要綱骨子に対する批判的意見書」を皮切りに、次々と声明や批判的意見書を発表し、他団体とも協力して市民集会を開催するなど、盗聴法成立阻止運動の中心となって活動した。

盗聴法案批判の国民世論に押され、自民・自由に加え、98年に野党から閣外与党に転じた公明の3党は、対象犯罪を薬物関連犯罪、集団的密航関連犯罪、銃器関連犯罪、組織的殺人の4類型に限定し、令状請求者・令状発付権者も限定した上で、常時立会人を必要とするなど法案の一部修正を行った。しかし、それでも根本的な問題点は解消されないまま、3党は99年6月1日衆院本会議で強行採決を行い、野党は同年8月10日から12日にかけて徹夜の牛歩戦術で抵抗したが、参議院で採決となり盗聴法が成立した。

盗聴法の成立を受けて、団は厳しくこれを批判し、日弁連も国民の人権侵害が起こらないよう運用を監視してゆくとの会長声明を発出した。

盗聴法成立から17年後の16年5月24日、「刑事司法改革」の一環と称して改正盗聴法も含めた「刑事訴訟法等の改正法」が可決成立した。これまで弁護士側が強く求めてきた取調べ可視化の制度化といわば引き換えに、盗聴法の対象犯罪拡大、要件緩和が現実化し、当初政府が画策していた盗聴法案が「生き返る」ことになるのであった。

共謀罪法成立阻止の闘い

9.11と「テロとの戦い」

冷戦が終結した90年代以降、新自由主義・グローバリズムの拡がりにより国境を越えて多国籍企業が世界市場を席巻すると、貧富の格差と分断が急速に世界中を覆い尽くしてきていた。このころから、先進資本主義国政府における治安対策は、多国籍企業と結びついた国家に対して、非集団的な攻撃を仕掛けてくる見えざる敵である“テロ組織”を主な対象とすることとなる。特にその強烈な契機となったのは、01年の9.11事件の発生であった。この事件をきっかけに、ジョージ・ブッシュ米大統領は報復として、事件を主導したとされるイスラム過激派のテロ組織アルカイーダの拠点となっていたアフガニスタンを空爆するとともに、国内のテロ対策と称して「米国愛国者法」(USA Patriot Act)を急遽成立させた。同法は、移民に対する管理を強め、テロリストと目された容疑者の権利制限を許可するなど、これまでになく法執行機関の権限を強化するものであった。

反イスラム感情が急速にアメリカ国内に浸透してゆく中、03年3月19日、ブッシュ大統領は、イラクが大量破壊兵器を保有し、テロ組織であるアルカイーダとも協力関係にあるなどといった不確かな理由を大義にして、大量の軍隊を投入してイラクへの侵攻を開始した。超大国アメリカによる単独行為に対して、国連安保理の常任理事国であるロシアや中国だけでなく、イギリスを除く欧州連合も反対する中、わが国では小泉首相が同年3月20日にアメリカのイラク侵攻を支持するとの声明を早々と発し、その後、イラクに自衛隊を派遣するなど軍事的加担を加速して、今日につながるアメリカとの戦力一体化を進めてゆく。

内心と思想を罰する共謀罪

このような2000年代初頭の世界情勢を背景として、アメリカをはじめ世界中で“テロの恐怖”が更なる治安強化を増幅させる状況が生じ、わが国でも新たな治安立法の強化が推し進められることになる。その先駆けの1つが「共謀罪」の制定であった。

02年9月森山法務大臣は、「国際的な組織犯罪の防止に関する国際連合条約」批准にともなう国内法整備を名目に法制審議会に新法を諮問し、法制審の答申を経て、03年3月の通常国会に、「犯罪の国際化及び組織化に対処するための刑法等の一部を改正する法律案」を提出した。この法案には、組織的な犯罪の実行を事前に処罰するとのふれこみで、いわゆる「共謀罪」の規定が盛り込まれていた。「共謀罪」の最大の問題点は、犯罪の実行着手に至らない「共謀それ自体」を処罰の対象とするところにある。

わが国では犯罪の実行着手以前の「思想」そのものを処罰の対象とした「治安維持法」が多くの国民に狂暴な牙をむいた暗黒の過去が存在する。戦前・戦中の天皇制政府は、この治安維持法を武器にして、政府を批判する日本共産党員、その支援者、学者、出版・言論人なども対象に、それらの者が何ら具体的な犯罪行為を行っていなくとも、研究や言論が「結社の目的遂行の為にする行為」とされれば「目的遂行罪」に該当するとして、検挙、拘禁することが可能であった。思想警察である特別高等警察は、この規定を根拠に、多くの人々を検挙し、拷問を繰り返すなどの残虐行為を行った。布施辰治をはじめとする団の先達たちの多くも、治安維持法に違反した被疑者・被告人の弁護活動をしたことが「目的遂行罪」にあたるとして検挙され、法曹資格を剥奪されるなどの苦難を経験している。

3度の廃案

団は、「共謀罪」が犯罪行為そのものではなく、人の内心や思想までも処罰する危険な性格を有する治安立法であり、しかも、対象となる組織も無限定であって、政府に批判的な民主的な活動や労働運動だけでなく、通常の市民生活でさえも対象とされるおそれがあるとして、成立を阻止するため、矢継ぎ早に声明や意見書を発表し、他の法律家団体、労働組合、市民団体と共闘して反対活動を強化していった。

政府与党は、立法事実の不存在は認めつつも、上述した国連条約を遵守する必要性を繰り返すとともに、オウム真理教によるテロ事件や9.11事件後の国際的テロ犯罪に対処する必要があると主張して、法案の採決を迫った。しかし、03年に小泉政権によって最初の政府案が国会に提出されて以来、04年、05年と2度の国会で廃案となり、さらに06年には与党修正案、その後は再修正案も提出されたが、いずれも廃案となって終わった。「共謀罪」の創設に徹底して反対してきた団をはじめとする法律家団体、労働組合、市民団体が、野党と一体となって共闘した成果であった。

第2次安倍政権の強行

03年から06年にかけての「共謀罪」創設の策動は阻止することができ

たが、政府は諦めてはいなかった。09年から12年までの民主党政権時代を経て、同年暮れの総選挙における自民党の勝利によって発足した第2次安倍政権は、歴代自民党政権が成し遂げなかった反動的諸施策を強行してゆく。13年12月には、安全保障上の秘密を保護するとの名目で、国民の表現の自由や知る権利を制限するとして強い批判を招いた特定秘密保護法を強行成立させた。そして、14年7月1日、政府解釈を変更して集団的自衛権行使容認の閣議決定を行い、15年9月19日、憲法違反の戦争法（安保関連法）を成立させた。これに引き続いて安倍政権は、20年開催予定の東京オリンピックにおけるテロ対策も立法目的に加えて「共謀罪」を新設する方針であることを表明し、17年3月、またしても共謀罪法案を国会に提出した。

団は声明や決議、意見書を作成して発表するとともに、社会文化法律センター、青法協、国法協、日民協、日本労働弁護団とともに「共謀罪法案に反対する法律家団体連絡会」を発足させ、共闘組織として反対運動を展開した。日弁連も法案に反対し、同年6月には、法案にはプライバシー権や表現の自由に対する侵害の危険性があると指摘していた国連人権理事会のケナタッチ特別報告者が日弁連主催の会議にウェブで参加し、法案に対する憂慮を表明した。大手マスコミの意見は分かれたが、多くの地方紙が批判的意見を社説などで主張した。

これまでの「共謀罪」の議論と同様、このときも法案に対する国民的批判には根強いものがあった。しかし、国会では、自民・公明の与党に加え、日本維新の会も賛成にまわり、5月23日には衆院本会議で強行採決により可決、続く参議院でも6月15日に与党と日本維新の会の強行採決によって可決され、法案は成立した。成立に反対した立憲民主党、日本共産党、自由党（当時）、社会民主党の4党と無所属の会の1会派は、同年12月に廃止法案を共同提案している。

安倍政権下における共謀罪の制定を阻止することはできなかったが、法成立後、「共謀罪法案に反対する法律家団体連絡会」に集った弁護士を中心に「共謀罪対策弁護団」が結成され、三澤麻衣子団員が初代事務局長に就任している。同弁護団は、「共謀罪」成立後の同法の適用状況を監視するため、ねばり強く活動を続けている。

表現の自由に対し牙を剥いた刑事弾圧との闘い

反戦運動の高揚

03年、大量破壊兵器の保有や国際テロ組織アルカイーダとの協力関係という不確かな理由で、アメリカがイラクに軍事侵攻すると、当時の小泉首相は真っ先にアメリカを支持する声明を発し、自衛隊を中東に派遣した。しかし、後に全国各地で提起されることとなるイラク派兵違憲訴訟において、名古屋高裁が航空自衛隊の空輸活動のうち、多国籍軍の武装兵員をバグダッドへ空輸した活動は、他国による武力行使と一体化した活動となっていることから違憲であると断じたとおり、自衛隊の海外派兵は憲法違反であるとする声が広がり、全国でイラク戦争反対、自衛隊海外派遣反対の運動が強まっていた。

反戦運動の高まりに対して、政府与党は、国内におけるテロ対策を口実に「共謀罪」の創設などによる治安立法の制定に乗り出すとともに、自衛隊のイラク派兵や9条改憲に反対する市民運動に対して、“日本の秘密警察”とも呼ばれる公安警察を使っての刑事弾圧を強めてゆく。

相次いだビラ配布弾圧

その嚆矢として、04年2月、東京都立川市内にある自衛隊宿舎に、自衛隊のイラク派遣に反対し自衛官にイラク派兵反対の反戦ビラを配布したことが、住居侵入罪に該当するとして、配布した立川自衛隊監視テント村の会員3名が逮捕され、長期勾留の末に起訴されるという事件が発生した（立川反戦ビラ配布事件）。

さらにその翌月の3月、東京都中央区の集合住宅に日本共産党機関紙号外などの政治ビラを配布した目黒社会保険事務所に勤務する男性が、国家公務員法の禁止する政治的行為を行ったとして、国家公務員法違反（国公法102条・人事院規則14－7）で逮捕、起訴されるという事件が発生した（国公法堀越事件）。同じく04年12月、東京都葛飾区内の集合住宅に日本共産党の議会報告を配布していた僧侶の男性が、住居侵入罪で逮捕され、その後起訴された（葛飾ビラ配布事件）。翌年の05年の9月には、東京都世田谷区の警察官舎に日本共産党機関紙号外を配布した厚労省職員の男性が、堀越事件と同様の国家公務員法違反で逮捕、その後起訴された（国公法世田谷事件）。

04年から翌05年のわずか1年の間に立て続けに起こったこれらの事件には、いずれも政治的な主張をともなう表現行為としてのビラ配布行為が刑事処罰の対象にされるという共通点があった。これまで長い間、刑事事件の対象とされる程の行為とは看做されてこなかったビラ配布行為が、この時期、集中して取締りの対象となり起訴されるにまで至ったことは異常というほかない。イラクへの自衛隊派遣で高まる国民的批判を押さえつけるための政治的弾圧であることは明白であった。

裁判闘争

団は、立川反戦ビラ配布事件における警察、検察による捜査と訴追を批判し、さらに多くの団員が、葛飾ビラ配布事件、国公法堀越事件、同法世田谷事件において弁護団の中核として弁護活動を担った。

立川反戦ビラ配布事件は、東京地裁八王子支部（長谷川憲一裁判長）で無罪となったものの、東京高裁（中川武隆裁判長）で逆転有罪となり、08年4月最高裁第二小法廷（今井功裁判長）の上告棄却決定で有罪（罰金10万円～20万円）が確定した。

葛飾ビラ配布事件では、捜査段階から東京東部法律事務所を中心とした団員弁護士が精力的な弁護活動を開始し、当時弁護士2年目であった団員中村欧介が主任弁護人を務めた。東京地裁（大島隆明裁判長）は無罪としたが、立川反戦ビラ配布事件同様、東京高裁（池田修裁判長）で逆転有罪となり、09年11月最高裁第二小法廷（今井功裁判長）の上告棄却決定で有罪（罰金5万円）が確定した。

国公法堀越事件は、都内の集団事務所から多数の団員弁護士が弁護団に参加し（主任弁護人は石崎和彦）、後に発生した国公法世田谷事件も同様に多くの団員弁護士が弁護団に参加した（主任弁護人は小林容子）。2つの国公法違反事件の弁護団は、国家公務員の政治的行為を一律全面的に禁止した国公法・人事院規則を合憲とした74年の最高裁猿払事件大法廷判決を覆すことを目標に、憲法、行政法、刑法、刑事訴訟法、国際法等々、ほぼすべての論点にまたがる全国の学者の協力を仰ぎ尋問を実現するなど、団員の総力をあげて弁護活動に取り組んだ。日本国民救援会や当事者の出身母体である国公労連も、2人の無罪獲得のため強力な支援体制を組んで闘った。その結果、国公法堀越事件では、東京地裁（毛利晴光裁判長）の有罪判決を東京高裁（中山隆夫裁判長）が破棄し（10年3月29日）、適用違憲によって無罪を勝ち取ることができた。国公法世田谷事件は、残念ながら東京地裁（小池勝雄裁判長）、東京高裁（出田孝一裁判長）とも有罪となったが、国公法堀越事件では検察が、国公法世田谷事件では被告が上告したことにより、2つの国公法違反事件はいずれも最高裁で審理が続けられることになった。そして、12年12月、最高裁第二小法廷（千葉勝美裁判長）は、いずれの事件についても上告を棄却すると決定した。この決定により、国公法堀越事件は無罪判決が、国公法世田谷事件は有罪判決が確定することとなった。

2つの国公法違反事件を通じて、最高裁猿払事件大法廷判決そのものを大法廷で破棄することにはならず、同じ国家公務員による政党ビラ配布行為で結論が異なるという矛盾はそのまま残ることになった。ただ、国公法堀越事件が無罪となったことで、国家公務員の政治的行為を、職務権限・地位、政治活動の態様如何を問わず、一律全面的に禁止することを合憲とした最高裁猿払大法廷判決の中核的判断部分は実質的に破棄され、判例変更をしたも同然となった。これにより国家公務員の政治的表現の自由を回復する大きな橋頭堡を築いたことはまちがいない。団の伝統である大衆的裁判闘争の取り組みが刑事弾圧事件において獲得した勝利であった。

「刑事司法改革」と自由法曹団

あるべき刑事司法の模索と裁判員裁判

90年代以降のグローバリズムの拡がりによる多国籍企業の席巻と世界

的な新自由主義政策を背景に、わが国の社会経済体制も急速に変化を余儀なくされていった。財界は、これまでの日本の司法制度が競争力の足かせになっているとして、財界中心の「司法改革」を求め、財界の要請を受けた自民党は、97年政務調査会司法制度特別調査会を設置して意見聴取を始めた。そして翌98年には司法制度改革審議会の設置を提言し、99年小渕内閣の下で設置された（佐藤幸治委員長）。

司法制度改革審議会は、00年9月の審議とその取りまとめで、国民の司法参加を拡充する必要があるとして「広く一般の国民が、裁判官とともに責任を分担しつつ協働し、訴訟手続において裁判内容の決定に主体的・実質的に関与していくことは、司法をより身近で開かれたものとし、裁判内容に社会常識を反映させて、司法に対する信頼を確保するなどの見地からも、必要である」とし、欧米の陪審や参審制度も参考にして検討すべきであると指摘した。

団はかねてより、国民の司法参加を徹底するという見地から、司法制度改革審議会の論議の俎上に出てきた職業裁判官と国民が合同で審理を行う参審制はとるべきではなく、事実認定を国民だけで行う陪審制を基本として国民の司法参加の具体化を図るべきであると主張してきた。しかし、その後の審議会の過程で、一般国民が裁判員として職業裁判官とともに評議に参加する「裁判員」制度が提起され、01年6月に発表された最終意見でもこの裁判員制度が提案された。これに対して団は、審議会で提起された裁判員制度は、事実認定と量刑双方で職業裁判官と裁判員がともに合議するもので、陪審制度と比べて国民の司法参加が不十分であり、特に職業裁判官と裁判員の人数差が小さければ力の差を生みやすく、国民の司法参加は形骸化しかねないと批判した。

政府は、審議会の最終意見を受けて、04年3月「裁判員の参加する刑事裁判に関する法律案」（裁判員法案）と、公判前整理手続を含む「刑事訴訟法の一部を改正する法律案」（改正刑事手続法案）を国会に提出した。これらの法案では、団が要求してきた陪審制に基づく国民の実質的な司法参加が否定されるばかりか、誤判の構造的原因となってきた取り調べの可視化、人質司法の打破、全面証拠開示等々、あるべき刑事司法の視点が抜けており、裁かれる側の防御権より、裁く側の都合を優先するものであった。しかし、裁判員法は同年5月に成立し、4年後の09年5月に施行されることとなった。

団は、裁判員法の施行を前にして、多くの冤罪事件に取り組んできた今村核を委員長とした司法問題委員会において、あらためて裁判員制度の問題点について検討することとした。08年岐阜県下呂温泉で開催された五月集会の刑事裁判分科会では、裁判員制度が議論の中心となったが、司法制度改革と国民の司法参加の意味をどのように考えるべきか、裁判員制度を「前進」とみるべきか等々、団員の間でも厳しい議論が交わされた。

その後、団は、司法問題委員会を中心に、現今の刑事手続全体が有する問題点を指摘した意見書を作成し発表してきた。同意見書は、裁判員制度導入の時点から、団が目指してきた国民の司法参加の意味が矮小化されてきたこと、刑事手続で問題となっている構造的要因を是正するため、裁判員制度を導入するにあたって改善すべき項目などを「提言案」として提起した[8)]。多くの団員の実践経験に裏打ちされたこれら制度批判や提言は、その後も次々と出てくる刑事司法制度の「改革」の検討にあたって、重要な指針となるものであった。

取調べ可視化と新たな捜査手法の導入

日本型冤罪が発生する最大の原因として、「人質司法」と呼ばれる長期身柄拘束の下で、密室の取調室で捜査機関が被疑者・被告人に自白を強要し、虚偽の自白が生み出されてきたことがあげられる。古くは松川事件や八海事件、死刑再審4事件といった事件から、近時では足利事件、布川事件、東住吉事件、松橋事件、湖東事件といった再審事件の例を引くまでもなく、これまで多くの冤罪事件が、捜査機関の密室における取り調べにお

8）公判前整理手続終了後の弁護人の立証制限・限定の廃止、開示証拠の目的外使用規定の廃止、裁判員であった者の守秘義務規定の削除、被疑者・被告人の取調べ過程の全面可視化、検察官手持ち証拠の全面開示など

いて採取された任意性のない自白や虚偽自白から生まれてきた。そのため、任意性のない自白や虚偽自白かどうかを事後的に検証する方法として、取調状況を録音録画して、後日、検証できるようにすべきであるとの議論がなされてきた。取調可視化制度は、刑事弁護に携わる弁護人の悲願であり、日弁連も強くその法制化を求めてきた。09年の総選挙で大勝し政権についた民主党はマニフェストに取調過程の可視化制度の導入を掲げていたため、弁護士そして冤罪事件の支援にかかわってきた国民は早急な法制化の実現を期待したが、期待に反して法案提出は遅々として進まなかった。

ところが、その後一転して取調べの可視化は法制定へ向けて急展開することとなった。その契機となったのは、このころ連続して明らかとなった警察・検察による捜査の「不祥事」であった。02年に鹿児島で発生した志布志事件、03年に富山県氷見市で発生した氷見事件は、いずれも07年に無罪（志布志事件は一審で、氷見事件は再審で）が確定したが、これらの冤罪事件では捜査機関が、被疑者に対して自白を強要していたことが明らかとなった。さらに10年に再審無罪となった足利事件、11年に同じく再審無罪となった布川事件も、取調段階での自白強要と虚偽自白が誤った有罪確定判決の最大の原因であることが判明した。警察、検察の失態はマスコミ報道を通じて拡がり、国民の捜査機関に対する目は厳しさを増していった。とどめとなったのは、現職検察官による虚偽証拠の作成が冤罪を生んだ厚労省元局長事件であった。この事件によって検察に対する国民の信頼は地に堕ち、警察・検察が抵抗してきた取調可視化制度は、一気に法制化へ向けて進むことになった。

このような動きの背後で、法務・検察、警察権力は、治安立法のさらなる強化という方針も捨ててはいなかった。厚労省元局長事件によって設置された「検察の在り方検討会議」、その提言を受けて設置された法制審議会特別部会「新時代の刑事司法特別部会」は、取調可視化制度の導入と引き換えに、それとワンパッケージにして「新しい捜査手法」である捜査公判協力型「司法取引」制度や刑事免責制度を導入し、盗聴法の要件を緩和して使いやすくすることを盛り込んできた。こうして法制審特別部会は14年7月、取調可視化制度とともに、「新しい捜査手法」として司法取引や盗聴拡大を盛り込んだ「新たな刑事司法制度の構築についての調査審議の結果」と題する案を法務大臣に答申した。

日弁連は、かねてより念願だった取調可視化法を実現させるため、新しい捜査手法の危険性には留意しつつも、法案賛成はやむなしという対応であった。しかし、日弁連の中からも、このような抱き合わせ法案の提案を飲むのは、「毒まんじゅう」を喰うことになるとの批判も出ていた。

この答申に対して団は、取調可視化制度はたしかに必要であるものの、新たな冤罪を生む可能性がある捜査公判協力型「司法取引」や刑事免責制度を導入し、さらに日弁連もともに批判してきた盗聴法の要件緩和・適用拡大に賛成することはできないとして、法務検察、警察が画策した「新しい捜査手法」を全面的に批判する態度を表明した。そして、政府が提出してきた刑訴法「改正」一括法案に反対するため、野党の国会議員と連携し、与党案の問題点を理論的に批判するとともに、弁護人としての経験から団員が国会に参考人として出席して反対理由を述べた。これら一連の活動によって、与党案は一部修正を余儀なくされた。

15年8月7日、衆議院本会議で自民、公明、民主、維新の賛成により、一部修正を含む改正刑事訴訟法一括法案は可決した。しかし、法案に対する反対運動は、簡単に法案の成立を許さなかった。法案は参議院で継続審議となり、その間にも団と社会文化法律センター、青法協、国法協、日民協の5団体による廃案を求める共同声明が出され（16年3月22日）、団員を中心とした再審事件の元弁護人による「法案の抜本的見直しを求める再審無罪事件弁護団の共同アピール」が出されるなど（16年4月22日）、最後まであきらめず反対運動は続けられた。

16年5月、参議院本会議において法案は賛成多数で可決、成立した。

再審事件と再審法改正を目指す闘い

白鳥決定によってこじ開けられた“再審の門”

75年5月20日、最高裁第一小法廷（岸上康夫裁判長）は、52年に札幌で発生した白鳥警部殺害事件（白鳥事件）で、首謀者とされた村上国治元被告が申し立てた再審請求に対し、特別抗告を棄却すると決定した（白鳥決定）。結論は棄却だったが、白鳥決定は、再審開始の要件である刑訴法435条6号の明白性判断について「確定判決における事実誤認につき合理的な疑いをいだかせ、その認定を覆すに足りる蓋然性のある証拠をいう」とし、さらに明らかな証拠であるかどうかは、「もし当の証拠が確定判決を下した裁判所の審理中に提出されていたとするならば、はたしてその確定判決においてなされたような事実認定に到達したであろうかどうかという観点から、当の証拠と他の全証拠と総合的に評価して判断すべき」と述べ、総合評価説に立つことを明確にした。その上で決定は、「再審開始のためには確定判決における事実認定につき合理的な疑いを生ぜしめれば足りるという意味において、『疑わしいときは被告人の利益に』という刑事裁判における鉄則が適用される」とした。白鳥決定は、それまで裁判所が示してきた明白性判断における孤立評価説や「疑わしいときは確定審の利益」の判断とはまったく異なる画期的なものであった。

この白鳥決定と、翌76年に白鳥決定の論理を具体的に適用して再審を開始した財田川事件の最高裁決定（財田川決定）によって、これまで固く閉ざされてきた再審の固い門が、ようやくこじ開けられることとなった。白鳥・財田川決定以後、財田川事件を含め、免田事件、松山事件、島田事件のいわゆる「死刑再審4事件」が次々と再審無罪となり、無辜の人々が死刑台から生還したのであった。

このように再審の幕開けにとって決定的な契機となった白鳥決定を導いたのは、戦後幾多の弾圧事件を経験してきた団員を中心とした弁護活動と、白鳥事件対策協議会をはじめとした労働者や市民の支援運動であった。村上元被告は、結局、裁判で無罪判決を得ることはできなかったが、本人と弁護団、支援運動の闘いの成果となった白鳥決定は、その後に続く再審請求人たちにとって、希望の導きとなったのである。

死刑再審4事件後の逆流

こうして70年代後半から80年代にかけて死刑再審4事件で無罪判決が出て以降、白鳥・財田川決定の判断基準を法制度化し、さらにこの間一度も改正されてこなかった再審法制を、無罪主張する者にとって使いやすいものとするよう改正せよとの声が強まった。

そこで、この間、再審事件を支援し成果をあげてきた日弁連人権擁護委員会を中心に、再審法改正運動が始まった。運動は総評（当時）や日本国民救援会、そして広汎な市民も加わって拡がり、運動に後押しされて野党からもいくつかの改正法案が出され、国会で審議されるところまで進んだ。

このような裁判の前進と再審法改正運動が高揚するにつれ、危機感をもった法務・検察当局の抵抗も強まってきた。そして法務・検察当局の強硬姿勢に呼応するかのように、最高裁調査官によって白鳥・財田川決定を矮小化する論文が出され、裁判所はふたたび再審の門を固く閉じる方向へと逆戻りし始めた。

その結果、90年以降2010年代に入るまでのおよそ20年の間、日弁連が支援する再審事件で無罪が確定した事件は、93年に徳島地裁で再審無罪が確定した榎井村（えないむら）事件のみとなった。ひとたび再審開始決定が出されたにもかかわらず、検察官の異議申立によって取り消された例も多い。日産サニー事件は、92年に福島地裁いわき支部（西理裁判長）で再審開始決定が出たが、95年に仙台高裁の即時抗告審（藤井登葵夫裁判長）で取り消され確定した。大崎事件第一次再審も、02年に鹿児島地裁（笹野明義裁判長）で再審開始決定が出たが、04年に福岡高裁宮崎支部の即時抗告審（岡村稔裁判長）で取り消され確定した。死刑再審事件である名張毒ぶどう酒事件は、05年に名古屋高裁の請求審（小出純一裁判長）で一度は再審開始決定が出たものの、翌06年には同じく名古屋高裁の異議審（門野博裁判長）で取り消された。

このように長い再審逆流の時代をむかえると、それまで盛り上がっていた再審法改正運動も急速に勢いを失い一時停滞を余儀なくされるに至った。

再審の新たな展開

90年代から始まった再審逆流の時代も、10年代に入ると変化が生じた。10年、幼女を殺害したとして無期懲役に服していた足利事件の菅家和利元被告が、東京高裁の即時抗告審（田中康男裁判長）で実施したDNA型再鑑定によって、犯人とは別人であることが客観的に判明し、再審無罪となった。その後、11年には布川事件、12年には東京電力女子社員殺人事件、16年には東住吉放火殺人事件、20年には湖東事件で、それぞれ再審無罪判決が確定した。さらに11年には福井女子中学生殺人事件で名古屋高裁金沢支部（伊藤新一郎裁判長）が、14年には死刑囚として、当時、世界で最も長期間未執行のまま拘置されてきた袴田事件で静岡地裁（村山浩昭裁判長）が、17年には大崎事件第3次再審で鹿児島地裁（富田敦史裁判長）が、それぞれ再審開始を決定した。

このように、10年以降は“再審ラッシュ”ともいわれるような状況を呈してきたが、この再審の新たな潮流をつくってきた弁護団の中心には、白鳥・財田川決定や死刑再審4事件の歴史的な成果を引き継いだ多くの団員の姿があった。10年10月の青森三沢で開催された団総会では、無期懲役から再審無罪となった布川事件の櫻井昌司、杉山卓男の元被告と足利事件の菅家利和元被告が登壇し、それぞれの元弁護人（布川事件では柴田五郎、足利事件では泉澤章）とともに勝利の報告と団への御礼を壇上から伝えた。14年和歌山の南紀白浜で開催された5月集会では、徳島ラジオ商殺し事件や島田事件で弁護人を務めたベテランの西嶋勝彦から、同年3月に再審開始決定が出された袴田事件の弁護団長として特別報告がなされている。

再審の新たな展開により、再審法改正運動も再度活性化してきた。19年に徳島で開催された日弁連人権擁護大会第3分科会シンポジウム（実行委員長西嶋勝彦、事務局長杉本周平団員）は「いまこそ再審法の改正を」と題して開催され、最終日に提案された決議は満場一致で採択された。

再審の展望は決して順風満帆というわけではない。福井女子中学生殺人事件は13年に名古屋高裁金沢支部の異議審（志田洋裁判長）において再審開始が取り消され、袴田事件も18年に東京高裁の即時抗告審（大島隆明裁判長）で再審開始が取り消された。既に鹿児島地裁と福岡高裁宮崎支部で再審開始が認められていた大崎事件第3次再審では、19年に最高裁第一小法廷（小池裕裁判長）で開始決定が取り消され、請求が棄却された。一方、19年には松橋事件で、20年には湖東事件でそれぞれ再審無罪が確定し、同年には袴田事件について、最高裁第三小法廷（林道晴裁判長）が、開始

布川事件の再審開始が決まり、
握手を交わす桜井昌司さん（左）
と杉山卓男さん
2005年9月21日
写真提供＝共同通信社

決定を取り消した東京高裁決定をさらに取り消し、東京高裁に差し戻すなど、再審の現状は混とんとした状況にあるといえよう。そのような中でも、白鳥決定の成果を受け継いできた団員は、それぞれの事件弁護団で弁護人として力を尽くしながら、再審法の改正を現実のものとするため積極的に運動に参加している。

終章

連帯・共同・未来へのバトン
——コロナ危機が浮かび上がらせた社会の歪みと克服の道すじ

団の創立百周年の21年は、前年から地球規模でパンデミックをもたらしている新型コロナウイルスの感染拡大というかつてない状況の下で明けた。前年の暮れから、コロナ危機の影響で仕事や住まいを失うおそれがあるとして、全国で様々な食糧支援や相談活動が行われていた。新宿区の公園で行われた「年越し相談会」には、仕事や住まいを失った人々が多数訪れていた。会場には女性専用の相談ブースも設けられていた。労働組合や諸団体のメンバーに混じって、団員の姿が見られた。

同じ頃、兜町では、株価がバブル期以来という高値をつけていた。日銀や年金積立金などの公的資金がつぎこまれ、行き場を失った過剰なマネーが集中した結果であった。多くの人々の生活実態とのあまりのギャップ。「何かがおかしい」と思わせるに十分な光景であった。

いま、世界で、この「おかしさ」をもたらした新自由主義に基づく政策が批判されている。日本も例外ではない。「世界で企業が一番活躍しやすい国」を掲げて登場した安倍晋三政権によって、コロナ危機による打撃はいっそう深刻なものとなっている。

団の百年の歴史がこれからどのように引き継がれ、発展していくのか。世界をおそったコロナパンデミックが何をもたらしたのか。そこからどのような未来が展望されるのか。

「自己責任」を押しつける新自由主義的な政策

新型コロナウイルスから国民の命と健康を守る体制の弱体化が誰の目にも明らかとなった。この間進められてきた医療費削減を至上命題とする病院の再編、病床削減や保健所の統廃合が、検査や治療を進める上で重大な障害になっている。

医療、保育、介護、障害者福祉など、対人ケアを内容とする労働者は、コロナ危機の下でも献身的に奮闘している。しかし、これらの分野の効率化、営利化の動きと表裏一体の問題として、保育、介護の現場で働く労働者の賃金が一般労働者に比べて月10万円も少ないなど、その専門性に比して劣悪な処遇の実態も浮き彫りになった。

「世界で企業が一番活躍しやすい国」にするというかけ声の下、労働者の権利に関わる規制が次々と緩和されてきた。非正規労働者の割合は、19年には4割近くに上っている。また、ギグ・ワークといわれる「雇用によらない働き方」が広がり、労働者としての法的な保護を受けられないでいる。日本の実質賃金は97年以降、先進諸国の中で唯一減少し続けている。

新型コロナ危機によって最も被害を受けたのは、この間規制緩和により増加した不安定な労働者である。20年には百数十万人の非正規労働者の雇用が喪失したといわれている。雇用と同時に住まいを失った労働者も多い。フリーランスといわれる労働者は、当初は、休業補償などの支援措置の対象とされず、仕事の減少による収入源には自己責任で対処することが迫られた。

安倍首相は、就任早々の13年、合理的な理由もなく生活保護を切り下げ、「特例水準の解消」を口実として年金引き下げを強行した。これらの措置は、低所得者や高齢者・障害者の生活の下支えを奪うものであった。

安倍政権は、14年、19年の2度にわたって消費税を増税した。消費税増税は、ただでさえ賃金が上がらない下で消費を低迷させ、中小業者の経営に打撃的影響を与えた。そこにコロナ危機による需要の「消失」が追い打ちをかけた。

空襲による焼け野原が被う戦後間もない時期に国民の権利として高らかに謳われた「健康で文化的な最低限度の生活」の保障（憲法25条）という原点が、それから70年余を経ていまなお、政治の基本にすわっていない。このことがコロナ危機をより深刻にした最大の原因である。

コロナ危機の下でも、国民に「自己責任」を押しつける安倍政権の姿勢は変わらなかった。感染拡大防止のための営業の自粛に関して、「自粛と補償はセットで」という世論が大きく広がった。しかし、政府は「個別の損失補償はしない」という立場にこだわり続けてきた。

20年度の補正予算では、1人10万円の給付金、持続化給付金、家賃支援給付金、学生支援制度などが実施された。これらの支援措置は、政府が積極的に実施したものではなく、現場の切実な声と運動、野党の要求の結果、政府が受け入れざるを得なくなったものであった。その一方で、本来、感染が収束した時点で実施するとされていた巨額の「Go To」キャンペーン予算は、当初から計上されていたのである。安倍政権がどこを向いて政治を行っているのかを象徴するものであった。

権力の私物化・強権政治がもたらした政治の機能不全

13年秘密保護法、14年集団的自衛権行使を容認する閣議決定、15年安保法制（戦争法)、16年盗聴法拡大など刑訴法改悪、17年共謀罪法、18年一部の労働者を労働時間規制から除外する「高度プロフェッショナル制度」など、安倍政権は、従来は強行できなかった法と制度を強行的に実現した。内閣法制局長官に対する露骨な人事によってそれまでの自民党政権の憲法解釈を変更し、国会ではまっとうな疑問に答えず、「問答無用」の強行が相次いだ。

安倍政権の下で、これまでにない権力の私物化が横行した。園児に「教育勅語」を暗唱させることで有名な森友学園に対して、異常な廉価で国有地を売却した森友事件。安倍首相の友人が理事長をつとめる加計学園に対して、獣医学部の設置を無理矢理認めさせた「加計疑惑」。「各界において功績、功労があった方々を招いて慰労する」内閣主催の「桜を見る会」に大量の後援会員を招待した「桜を見る会疑惑」。

これらの疑惑が問題となるたびに、安倍首相は、自らの責任を否定し、虚偽の答弁を繰り返した。虚偽の答弁がされるたびに、官僚たちは、首相の答弁に合わせるために、文書の改ざん、廃棄を繰り返してきた。森友事件では、近畿財務局職員が、意に沿わない文書の改ざんを強制され、良心の呵責に耐えかねて自死するという悲劇まで生み出した。

このような安倍政権の体質は、的確な新型コロナ対策を実施する上で大きな障害となった。自らの「政治遺産」として東京オリンピック・パラリンピック開催にこだわったことにより感染拡大に対する初動の対策が遅れた。また、医療現場や国民生活の実態を見ようとせず、専門家の意見を尊重しない独善的な姿勢は、思いつきの一斉休校や「アベノマスク」と揶揄された布マスクの配布など的外れの施策をもたらした。

安倍政権は「感染拡大防止と経済の両立」を強調したが、そこでいう「経済」とは、一部の大企業、「お友だち」の利益を確保することであった。持続化給付金事業については、事務事業が経産省から電通やパソナで構成された実体のない「サービスデザイン推進協議会」に769億円で委託され、その97%に上る事業が電通や電通系子会社に丸投げされるという、税金の「中抜き」が問題となった。「Go To」キャンペーンは、感染拡大防止に逆行するだけでなく、大手旅行会社や予約サイト事業者に恩恵が集中しているとの指摘もされている。

コロナ危機の下で見えてきた変革の兆し

安倍政権7年8か月のほとんどの期間、団は、改憲策動を阻止し、憲法違反の悪法を阻止するために全力を挙げてきた。

これらの運動は、14年の「戦争させない・9条壊すな　総がかり実行委員会」の結成に呼応して、これまでにない幅広い共同の運動として発展した。団は、意見書の作成や学習会運動などに精力的に取り組み、他の法律家団体とも協力して、国会論戦で悪法の本質を明らかにすることに貢献してきた。

しかし、誰の目にも違憲性が明らかになり、政府がまともな答弁をすることができなくなっても、安倍政権は、数に頼んで強行採決を繰り返し、悪法を成立させてきた。また、数々の疑惑に対して、安倍政権はまともな答弁を行わず、文書の廃棄、改ざんなどあらゆる手を使って疑惑にフタをしようとしてきた。

国会内外の運動に参加しながら、「アベ政治やめろ」の国民の声が国会に反映されないもどかしさに歯ぎしりすることが続いてきた。それは、「安倍一強」といわれる政治状況を生み出し、政治を変えることに対する無力感をも生み出しかねないものであった。この間の国政選挙では、低投票率の下で自民党の勝利が続いていた。しかし、コロナ危機の下での20年通常国会では、ようやく国民の声が国会に届き、政治を動かす動きが芽生えてきた。

生活と政治が身近に　様々な支援策の実現

新型コロナウイルスの感染拡大を防止するには、人と人の接触を減らさなければならない。そのために、政府は、飲食店などに対して、営業自粛を求めた。しかし、営業自粛の必要性はわかっていても、それだけではたちまち経営と生活が行き詰まってしまう。だから、「営業自粛をいうのなら補償とセットで」という声が上がるのは当然である。これに対し、安倍政権は、「損失補償という対応はしない」と冷淡な姿勢を示した。コロナ危機の中でも、あくまで自己責任だというのである。

このままでは、自分たちの仕事も生活も立ち行かなくなる。そのような切実な声が「自粛は補償とセット」などのスローガンとともに広がり、国会での野党の論戦とも相まって、各種の給付制度を実現させた。「514人のうち40人が退学を考えている」とのアンケートに基づいて学生の窮状を明らかにし、学費の半減を訴える学生団体（FREE）の訴えは、困窮している学生への支援制度を実現させた。

ドイツのメルケル首相は、20年5月、社会における文化活動の重要性を述べ、文化支援を連邦政府の優先順位リストの最上位にあると表明した。これに対し、日本政府は、ただイベント自粛を求めるだけであった。文化・芸術の分野でも「文化芸術復興基金」創設を求める運動が広がる中で、「文化芸術活動の総合支援パッケージ」の予算措置がとられた。

コロナ危機の中で、多くの団員が、面談、電話あるいは街頭で、困窮する人々の相談活動を行ってきた。このような切実な声が、労働組合や諸団体を通じて、またSNSでの呼びかけによって国会に届き、一定の支援策を実現させたのである。

コロナ危機を通じて、それまで距離があると感じられてきた生活と政治の距離が近くなった。「声を上げなければ変わらない、しかし声を上げれば変えられる。」このことが多くの人々に共有されるようになってきている。

短期間で廃案に追い込んだ検察庁法「改正」

安倍政権は、20年6月で定年退職するはずだった黒川検事長の定年を延長する閣議決定を行った。この決定は、従来の国家公務員法、検察庁法の解釈に真っ向から反するものであった。この異例の人事は、「桜を見る会」など数々の疑惑に対処するために政権に近い黒川検事長を検事総長に抜擢するためではないかといわれた。それればかりか、安倍政権は、この異常な決定につじつまを合わせる政治的思惑で検察官の定年延長を可能にする検察庁法改正案を国会に提出した。

コロナ危機で多くの国民が苦しんでいる中で、またもや安倍首相が私利のために法を曲げるのか。団は、法律家6団体と協力して声明を発表しウェブ上の記者会見を行った。団員らの呼びかけで、「法の支配の危機を憂う弁護士の会」が結成され、日弁連と全国の単位弁護士会が次々と反対声明を出した。さらには、検事総長経験者、特捜部長経験者ら検察官OBも公然と反対の声を上げげた。Twitter上ではハッシュタグ「#検察庁法改定に抗議します」を合言葉に反対の声が一気に広がり、ツイート数は数百万にのぼった。多くの文化人・芸能人が声を上げたのもこの運動の特徴であった。

反対世論の高まりの中で検察庁法改正案は廃案となった。コロナ危機の下で国民の暮らしを顧みない安倍政権に対する批判と一体となった運動の広がりが、短期間で廃案に追い込む力となった。特筆すべきは、「集会が開けない」という困難な条件の下で、SNSやウェブが大きな力を発揮したことである。その活用に長けている若い団員が活躍したことも今後に生かすべき教訓である。

「桜を見る会」の疑惑追及

19年10月のしんぶん赤旗日曜版のスクープをきっかけとして、安倍首相が政府主催の「桜を見る会」に後援会員を大量に招待していることが国会で追及されるようになった。安倍首相は、野党の追及に対し、後に「118回の虚偽答弁」と指摘される不誠実な答弁を繰り返した。「桜を見る会」

の参加者の「名簿は廃棄した」とどこかで聞いたことがまたもや行われた。

これだけ明瞭な私物化を不問に付すわけにはいかない。団は「桜を見る会」の疑惑を徹底的に追及することを確認し、幅広い法律家に法的な責任を徹底的に追及することを呼びかけた。20年2月に「『桜を見る会』を追及する法律家の会」が結成され、安倍首相の刑事責任を追及することを中心課題とすることを確認した。会では、「桜を見る会」前夜祭での収支の未記載（政治資金規正法違反）、参加費5000円と比して高額な酒食（最低でも1万1000円はかかるとされている）の提供（公選法違反）の2点にしぼって告発状を作成し、多数の法律家に告発人となることを呼びかけ、合計941通の告発状を東京地検に提出した。

これに対し、東京地検は、20年12月、安倍首相の公設第一秘書を政治資金規正法で略式起訴し、安倍首相を不起訴とする処分を行った。この処分は極めて不十分であるが、数々の疑惑から責任逃れを繰り返してきた安倍首相にまつわる疑惑に司直の手が入ったことは運動の成果として確認すべきだろう。そして、この経過を通じて、黒川検事長の定年延長と検察庁法改正の狙いが、安倍首相本人の刑事責任逃れにあったことが単なる憶測ではないことがはっきりした。不起訴処分に対して、既に検察審査会への申し立てが行われており、責任追及はまだまだ続く。

「桜を見る会」告発状提出
2020年5月21日　写真提供＝しんぶん赤旗

憲法と民主主義を守る底力

12年12月に発足した安倍政権は、20年8月24日、史上最長の在任期間を達成した。ところが、その直後の8月28日、安倍首相は退陣を表明した。

表面上は健康状態を理由とする退陣だが、新型コロナウイルス問題での行き詰まりと繰り返される権力私物化に対する国民の批判の広がりが実際の理由である。

安倍首相退陣までの経緯が示しているのは、憲法と民主主義を守ろうとする民衆の底力とでもいうべきものである。安倍政権の7年8か月、憲法と民主主義が破壊され続けてきた。これ以上、民主主義をないがしろにされてはたまらない。憲法9条そのものに手をつけさせることは絶対に許せない。このような危機感が深く広がっていった。安倍首相の退陣は、自ら先頭に立って進めようとした9条改憲の挫折を意味するものであった。

本来であれば、新政権は、安倍退陣の原因と向き合い、それを克服することを目的とすべきであった。しかし、後任に就いたのは、官房長官として安倍政権を支え「安倍政権の継承発展」を掲げる菅義偉首相であった。菅首相は、自らの政治信念として、臆面もなく「自助・共助・公助」を掲げた。さらに、菅首相が就任早々行ったことは、日本学術会議が推薦した6名の会員候補の任命を拒否するという、前代未聞の人事介入、学問の自由の侵害であった。

憲法と民主主義をないがしろにする政治は、国民の命と暮らしに責任をもたない。コロナ危機の下でこのことが実感をもって受け止められた。自己責任では対処しようのない状況の下で、あらためて「健康で文化的な最低限の生活を保障する」という政治の責任が鋭く問われることになった。

こうした体験が、1人ひとりの暮らしと政治を身近なものにし、憲法の規定に息を吹き込むこととなっている。この変革への兆しを大きな流れにしていくことができるかどうかが問われる時代となっている。

日本国憲法の理念が実現される社会を目指して

新型コロナパンデミックによって生じている様々な困難は、日本と世界の歪みを映す鏡のようなものである。私たちに問われているのは、その歪みを直視し、原因を探り、すべての人々の幸福のために現状を変える立場に立つのか、それとも、一握りの人々だけが富を一人占めする、より歪んだ社会にしていくのかということではないだろうか。

いま世界では、今回のパンデミックや地球規模での気候変動、貧困と格差の極端な拡大などの問題をめぐって、資本主義の行き詰まりや見直しが語られるようになっている。いまの社会、いまの体制が未来永劫のものでは決してない。危機を乗りこえるためには、変えなければならないし、変えることはできる。このような議論がわき起こる時代に入ってきた。

世界政治を見ると、大国が世界の政治経済をコントロールしていく時代ではなくなりつつある。核保有大国の反対と妨害にもかかわらず、17年に核兵器禁止条約が成立し、その後のあからさまな妨害をはねのけて、21年1月に同条約が50国の批准というハードルを乗りこえて正式に発効した。その推進力となったのは、中小の国々と被爆者運動を含む世界の市民運動である。

新型コロナパンデミックに対して、軍事力は完全に無力である。軍事的対立よりも国際的な協調と連帯こそが当面の危機を乗りこえるために有効であることもまた共通の認識となりつつある。

わが国では、日本国憲法の意味をあらためて共有し実現していくことが課題となる。

憲法施行50周年を機に団が出版した『憲法判例をつくる』（日本評論社）の「監修のことば」で、中田直人団員（故人）は、「自由法曹団の歴史の3分の1は大日本帝国憲法のもとで、残りの3分の2は日本国憲法とともに刻まれてきた。しかしその歴史に一貫する結集の基礎と活動の指針は、国民主権・基本的人権・平和主義の理念であった。したがって戦後の活動は、日本国憲法の諸原理を現実の社会に根づかせ、ひろげ、つよめることに向けられてきた。」と述べている。これらの活動は、裁判闘争として、全国各地での様々な運動として、国会での攻防として、繰り広げられてきた。

団と団員が取り組む課題は、大きく広がっている。その概要を素描するが、その根底には、「国民主権・基本的人権・平和主義の理念」を実現するという共通の目標が流れていることをあらためて確認しておきたい。

すべての人々に人間らしい生活を保障するために

コロナ危機の下で、すべての人々に人間らしい生活を保障する政治を実現することが切実な課題となっている。憲法13条と25条を体現する政治といってもよい。法律家として、権利闘争に全力で取り組むと同時に、権利を実現する政治を展望することが求められる。

そのために重要なことは、自己責任を押しつけ格差を容認する論理、企業の利益を最優先する論理に対して、「健康で文化的な最低限の生活の保障」を対置し、それぞれの分野で具体的に実践していくことである。

労働分野では、「8時間働けば、人間らしく暮らせる社会」を共通の目標として、長時間労働の是正、雇用形態による差別と格差の是正、最低賃金の引き上げ、労働者の尊厳を侵害するハラスメントの禁止などが大きな課題となる。

社会保障の分野では、憲法25条に依拠した権利闘争と社会保障の充実を求める運動を両輪として展開することが求められている。現在、生活保護と年金の引き下げに対して、全国で集団的な裁判闘争が進められている。裁判で豊かな憲法論を展開すると同時に、裁判闘争を制度改革につなげる運動との連携がより求められるだろう。

憲法9条を守り実現するために

安倍政権の下での執拗な9条改憲の企てに対し、団は、改憲阻止を中心課題として取り組んできた。「総がかり運動」と野党共闘、そして全国津々浦々での団員の活動によって、9条改憲を食い止めてきた。戦後の平和運動によって憲法9条の大切さが多くの国民に受け入れられてきたことが、その大きな力となった。

安倍改憲が挫折したとしても、支配層は9条改憲を断念することはない。その根底には、「日米同盟に基づく軍事的抑止力が最善で唯一の道」という固定観念がある。憲法9条の実践を妨げているのは、戦後のアメリカ軍の軍事占領とそれを事実上永久化している日米安保体制である。それが日米同盟の下に再編強化され、米軍と自衛隊の一体化、集団的自衛権の行使容認、自衛隊の敵基地攻撃能力の保有など9条をないがしろにする動き、解釈改憲が進められている。しかし、いま世界の流れが大きく変わりつつある下で、「日米同盟」に代わる選択肢を打ち出し、憲法9条と平和主義を実現するための取り組みが求められている。

日本国憲法の原点は、侵略戦争と植民地支配に対する痛切な反省にある。この原点を踏まえた上で、日本が東北アジアの平和の実現のために積極的な役割を果たすために何をなすべきか、という視点を持つことがまず重要である。

改憲勢力は中国や北朝鮮の脅威を強調する。しかし、東北アジアという地域の中で経済的相互関係が深まっている事実も考えれば、軍事的対立のみの関係を維持し続けるわけにはいかない。批判と対話という外交を力にしてこそ本当の意味での安全が保たれる。沖縄をはじめとする米軍基地は軍事的緊張を高めるだけで東北アジアの平和を実現する上での阻害物といわざるを得ない。

「日米同盟強化」を徹底した生活の視点から批判していくことも大切である。生活の視点から見れば、「日米同盟」は米軍を特権化して無法を許し、多くの国民に被害を強いてきた。そして、多くの団員が米軍基地による被害の救済に取り組んできた。自衛隊に関しても秋田県の新屋演習場と山口県のむつみ演習場へのイージス・アショアの配備計画は、地元住民のねばり強い反対運動と世論の広がりによって、20年6月に配備断念に追い込んだ。米国からの高額兵器の「爆買い」により、軍事費は史上最高額を更新し続けている。9条を守るということは、軍事費の増大を許さないということ、その分を国民の命と健康、暮らしを守るために活用することにつながることがより明らかになっている。

憲法9条を守ることは、決して現状維持を意味しない。相当な力で現実を変えなければ憲法9条の実践は不可能である。この間、全国各地で、「安倍9条改憲NO！」の幅広い運動がつくられてきた。その中で、多くの団員がねばり強い活動を継続している。このつながりを生かして、憲法9条を守り、活かす社会のイメージを共有して、さらに運動を発展させていくことが求められている。

民主主義の基盤＝表現の自由を断固擁護する

意見の内容にかかわらず、自由に表現活動ができることは民主主義の基本中の基本である。団は、労働者の争議行為に対する弾圧の中で創立され、戦前・戦後を通じて、思想・表現に対する弾圧・差別と闘うことを中心的な役割としてきた。思想・表現の自由を擁護することは今後も引き続き重要な課題である。この点で、装いを新たにした表現抑圧に対して、理論的な対応も含めて取り組むことが求められている。

１つは、時の政権の意に沿わない表現に対し様々な口実を設けて抑制する手法である。19年の愛知トリエンナーレで見られたように、税金を使っていることを理由にして、「政治的に偏った表現」であるとして抑圧する手法が目立っている。日本学術会議の任命拒否問題でも、日本学術会議が税金でまかなわれていることを理由に任命拒否を正当化する議論がある。このような議論は、表現の自由と政府・行政との関係をはき違えた議論である。政府・行政の役割は、自由な言論・表現の空間を確保することであって、その空間における言論・表現内容に口出しすることは表現の自由を侵害するものである。このような認識を広く共有してもらえるような運動が求められている。

もう１つは、安心・安全やデジタル化等を理由とした監視体制の強化である。共謀罪法案の審議に際して国際的に批判されたように、わが国では、個人情報やプライバシー保護の制度が極めて未整備であり、権利侵害に対する救済手段も不十分である。個人情報やプライバシー保護の十分な保障がない下での情報収集活動の強化には、警戒と批判が必要である。とりわけ、マイナンバーを通じて様々な個人情報を統一的に管理したり活用しようとするデジタル関連法には重大な問題がある。

環境と生活破壊を許さない

新型コロナパンデミックと共通する問題として、気候変動など地球規模での環境問題が国際的な課題となっている。その根源に利益追求を至上命題とする資本主義の暴走があることも広く指摘されている。

福島第一原発事故もまた同様の根を持つ問題である。福島第一原発事故による被害賠償を求める集団訴訟、原発の稼働差し止めを求める訴訟が全国で提起され、多くの団員が参加している。国の責任追及と完全な被害救済の実現を進めながら、「原発ゼロ」とわが国のエネルギー政策の転換を実現することが大きな課題となっている。

団は四大公害訴訟をはじめ、公害・環境問題に一貫して取り組んできた。「被害に始まり、被害に終わる」に象徴されるように、被害事実と加害の構造を徹底的に明らかにすることがその出発点であった。そして、事実を踏まえて、ひるむことなく加害者の責任を追及し、さらには被害を根絶するための政策を実現してきた。こうした取り組みの精神を引き継いで、様々な公害・環境問題に取り組んでいくことが求められている。

声を上げ始めたマイノリティの権利を守る

人権を守る上で、社会的マイノリティの権利に目を向け、権利擁護のために断固闘うことは重要な課題である。

いま、人種や民族、宗教などの属性の違いをことさらに強調して分断と差別をあおる風潮が世界的に強まっている。わが国でも、在日外国人に対するヘイトスピーチをはじめとする排外的な動きが目立っている。とりわけわが国においては、第２次安倍政権で、侵略戦争と植民地支配の歴史的事実を否定する歴史修正主義者が政権の中心に居座っていることが排外主義を助長している。排外主義に基づく差別・煽動は、社会的マイノリティの人間としての尊厳を侵害する行為である。意図的に特定の集団を敵視し差別をあおる勢力とは断固とした態度で闘わなければならない。同時に、偏見や無理解から行われる差別に対しては、ねばり強い批判と説得が必要である。

ジェンダー平等の実現に向けて

わが国のジェンダーギャップ指数は、153カ国中121位（20年）で、G7の中では最下位であり、「ジェンダー平等後進国」といわれている。これは、わが国が個人の尊厳と多様性に対する不寛容な社会であることの1つの象徴である。ジェンダー平等を法的に、また社会的に実現していくことが重要な課題となっている。性的少数者に対する差別をなくすことも重要な課題である。21年3月17日、団員が代理人を務める札幌地裁の同性婚裁判において、「同性婚否認は違憲」との画期的な判決が勝ち取られるなど闘いが進められている。

憲法を実現する政治・社会の実現のために

第2次安倍政権の時代は、悪法が強行され、権力の濫用、私物化が横行した時代であった。しかし、権力の横暴に対してこれまでにない抵抗の闘いが広がった時代でもあった。

その先頭に立ったのは、辺野古新基地の押しつけに対する「オール沖縄」の闘いである。翁長雄志知事（故人）に象徴されるように、従来の保守・革新の枠を超えて、政府の横暴を許さないという一致点での共闘が進み、知事選挙や国政選挙での勝利を勝ち取った。

沖縄の闘いに励まされるように、全国でも野党の共闘が発展している。野党共闘は15年の安保法制（戦争法）反対運動から生まれ、立憲主義の回復を大きな課題とした。そしていま、コロナ危機の経験から、自己責任を押しつける新自由主義からの脱却が大きな一致点となりつつある。

この間、全国各地で、団員をはじめとする弁護士が、安保法制（戦争法）反対、安倍9条改憲反対の幅広い共同の結節点となるべく奮闘してきた。また、この間の国政選挙での野党統一候補の擁立と選挙戦においても、多くの団員・弁護士が様々な取り組みを行ってきた。

今日、様々な権利闘争に力を尽くしながら、権利侵害の根源となっているいまの政治を根本から変えていくために様々な形で関わっていくことが、緊急かつ重要な課題となっている。

戦前の治安維持法体制の下での団の厳しい闘いは、日本国憲法として結実した。この日本国憲法を守り、その理念を実現する社会を展望して、日々の取り組みを進めていこう。

未来に向かって希望のバトンをつなぐ

団は、20代から90代まで70年の幅で弁護士という同じ職業の者たちが結集するという希有な団体である。この百年史で取り上げた事件・運動に直接関わった団員もいれば、「歴史的事実」としてしか知りようのない世代もいる。

多様な団員が、全国各地で、多彩な活動を繰り広げながら、「団は、あらゆる悪法とたたかい、人民の権利が侵害される場合には、その信条・政派の如何にかかわらず、ひろく人民と団結して権利擁護のためにたたかう。」という目的を共有して活動している「民衆の弁護団」である。

百年の歴史の中に流れている団の精神を新たな時代、新たな課題にどう生かしていくか、新たな人々にどうつないでいくのか。問題提起としていくつかの視点を提起する。

民衆の権利実現のために、民衆とともに全力で闘う

団の精神を一言で表現するとすれば「民衆とともに」ということになろう。弁護士は、法律家として相談にのり、代理人として裁判を担う。しかし、権利闘争の主体はあくまで当事者であり、それを支える多くの民衆である。民衆に依拠した裁判と運動こそが原点であることをまず確認したい。

民衆の権利実現の１つの主要な手段は裁判闘争であり、団員は多くの時間と労力を裁判闘争に注いでいる。相手は、強大な国家権力や大企業であることが多い。裁判所までが、公正さをかなぐり捨てて権利の実現を妨害することすらある。団は、厳しい裁判を闘う中で、「大衆的裁判闘争」という基本姿勢を確立してきた。

中田直人団員（故人）は、『憲法判例をつくる』の「監修のことば」で、大衆的裁判闘争について「広範な国民大衆の共感と支持をえられるように、事実と道理にもとづく裁判を大衆運動として展開する」とした上で、その根底にあるのは「それによってつくりだされる世論による批判こそが、裁

判が公正に行われるよう監視し、裁判における誤りを正し、裁判をとおしての民主主義を実現する力になるという確信である。」と述べている。裁判の内容や進め方は変化しても、その基本姿勢は受け継ぎ、発展させていくべきである。

大衆的裁判闘争は、何よりも事実を大切にする。事実は、まず現場で、当事者から明らかにされるものである。上田誠吉団員（故人）は、団が「神戸の川崎造船、三菱造船の労働争議における人権じゅうりん事件にたいする調査と抗議の運動に結集した弁護士たちを中心にして、結成された」ことについて、「大衆運動の要求に直接にこたえようとした点」、「まず事実を調査し、事実に立って抗議する、という姿勢が自由法曹団の出発点にあったこと」を団創立の特徴としてあげている（「自由法曹団の歩んだ六十年」・団報 106 号「自由と人権」）。

権利闘争は裁判の土俵だけでは収まらない。裁判に勝利しても権利の実現には大きな壁が立ちはだかる場合もある。また、裁判に負けても要求が実現される場合もある。権利闘争に対する広い視野を持って裁判に取り組むことが大切である。

権利を守るために立法に関わる

団は法律家の団体であるが、いまある法律を前提にして活動するだけではない。民衆の権利を抑圧する法律がつくられようとするときは断固として反対し、成立を阻止するために全力を尽くしてきた。

第１章で触れたが、団は創立したときから、普通選挙法制定、過激社会運動取締法反対、治安維持法反対などの立法制定運動・立法反対運動に取り組み、敗戦後の再建時に定めた規約には「法制の徹底的革新を期することを目的とする。」と定めた。立法に関わることは団の一貫した特徴である。

憲法と国民の権利を蔑ろにする政府が続いてきた下で、団の歴史は数々の悪法反対闘争の歴史と重なっている。悪法反対の取り組みの中で、団は、法律の本質を解明し、政府の説明のウソやごまかしを明らかにする役割を果たしてきた。同時に、他の法律家団体や団体、個人の共同を広げていく上でも大きな役割を果たしてきた。その中で、たとえ法律は成立しても、憲法の内容を共有し、民主主義を守る力を育てていくことを重視してきた。安倍政権の下で強行成立させられた秘密保護法、安保法制（戦争法）、共謀罪について、反対運動を担った団体・個人が法律の廃止、それを実現する政権交代を目指して運動を継続・発展させており、団も参加している。

権利侵害の救済のためには、個別の裁判だけでは限界がある。被害者を救済し、その原因をなくすための立法が必要となる場合が多い。歴代政府の下で、権利を実現するための立法を実現することは容易ではない。しかし、公害・薬害・労災などの分野で、裁判闘争を力に、運動と世論の力で、被害救済の立法と制度を実現させてきた。

95年の阪神・淡路大震災では、多くの家屋が倒壊し、再建のための支援を求める切実な声が広がった。当時の村山富市首相は「資本主義国だから個別の財産に対する補償はできない」と言い放った。これに対し、団は、被災者の実態調査などによって、支援の必要性を明らかにした。同時に、資本主義の「総本山」のアメリカの災害支援法の調査を行い、再建の足場を失った被災者に再建の支援を行うことは国の責任であることを論証した。多くの団体・個人のねばり強い運動によって、98年に生活再建支援法が成立した。政府の「自己責任」論を事実と道理をもってうち破った立法であった。11年の東日本大震災の際も、団は、復旧・復興のための県民センターや県民会議における活動をはじめ、憲法に基づく「人間本位の復興」を実現すべく力を尽くした。

民衆の権利の擁護、実現のための立法をめぐって団が果たすべき役割は、さらに大きくなっていくと思われる。

未来に対する希望をつなぐ

若い団員への歴史と経験の承継は、大変重要な課題である。しかし、そのことは経験主義とは異なる。人生経験や発想の違いあることを互いに認め合った上で、共通の課題に対等の立場で取り組んでいくことが何よりも求められている。

コロナ危機の下で、従来行ってきたような宣伝や集会ができなくなった。その中で、若手団員が中心となって、SNSやウェブ上の会議、会見を行い、重要な成果を上げた。憲法記念日には、「おうちで憲法集会」という新たな取り組みも行われた。大阪市廃止をめぐる住民投票では、大阪支部の団員が作成したコンパクトな動画が大いに力を発揮した。こうした取り組みは、従来の運動の単なる「代替物」ではなく、参加者を広げ、内容を豊かにするという、新たな可能性を切り開いている。どの課題についても、これまでの切り口とは違う発想によって多くの人々に共感をもってもらうことが可能になるだろう。

相互に「リスペクト」しながら、分け隔て無く自由に議論ができる、そのような団体を目指していきたい。

百年の歴史の中で、団と団員の活動は、順風満帆だったわけではない。むしろ、困難に直面することのほうがはるかに多かったといえるかもしれない。それでも、闘いの中で勝利し、勝利できなくても、運動を紡ぎ続けてきた。こうした運動を支えてきたのは、目前の人権侵害の深刻さと人間の尊厳を踏みにじる者たちへの怒り、法律家としての使命感であろう。

加えて、未来に対するある種の「楽観主義」をもって人々とともに闘うことが団の活動を支えてきた。日々の闘いは必ず新しい時代につながる。そして、新しい時代は新しい人たちが担っていく。創立百周年にあたって、その思いを引継ぎ、受け渡していきたい。

あとがき

編集委員会発足

2018年11月、自由法曹団創立100周年記念事業・出版事業検討会議が開かれ、出版事業を推進する編集委員会が発足しました。編集委員長を船尾徹、副委員長を渡部照子・吉田健一・今村幸次郎、事務局長を中野直樹、年表担当を荒井新二としました。

編集委員会での討議で、団100年をまとめる歴史本、団員の活動を描く物語本、そして団100年の年表の3冊を刊行すること、刊行予定を2021年と決めました。

編集の方針

団は、1966年に結成45年を記念して『自由法曹団物語』を刊行し、76年にはその後の活動を含めて再編集して『自由法曹団物語（戦前編）／（戦後編）』の2冊を出版しました。2002年には、結成80年を機に『自由法曹団物語——世紀を超えて』上下の2冊を出版しています。いずれも全国各地で団員弁護士が取り組んだ事件や活動を描いたドキュメンタリーです。

本書は、これまでの団物語とは異なり、100年の歴史を俯瞰しながら団が様々な分野で人々とともに取り組んだ事件と運動の100年史にすべく編纂しようしたものです。そのコンセプトをカバンに入る単行本の分量とする、社史風・資料集でない読み物とする、かといって団員個人の物語にもしない、というところにおきました。

時代区分を基本にしつつ、団と団員が力を注いできた様々な裁判・社会運動のなかから特定の分野を選んで構成することにしました。読者の皆さんに関心事の歴史事象が取り上げられていないことも多々あろうかと思いますが、歴史を網羅するという編集方針をとっていないことからの制約であることをご了解ください。

執筆の経過

19年8月、主執筆を引き受けていただいた団員に執筆のお願い文を発信しました。団はこれまで正史をまとめ刊行したことはありません。主執筆を引き受けた団員も手本がなく、共通するイメージを持ち合わせていないところからのスタートとなりました。

通史ではありますが、それぞれの時代区分と分野において、どのような時代・社会状況を取り上げ、団の活動のどこに光をあて、どのように描くかは、主執筆者の判断に依拠することとしました。編集委員会と主執筆者相互の意見交換会を何回か開催し、20年2月はじめから初稿が届き始めました。その頃から新型コロナウイルス感染がひろがりはじめ対面会議をもつことが制約されました。そのため執筆者どうしの意見交換の機会をもつことができなくなり、編集委員会と各執筆者との個別の調整により、全体の統一性にも配慮した手直しをお願いしました。

各章各分野の冒頭の囲みで時代・社会状況の説明をして、読者の理解に役立つように工夫をしました。

謝意

本書の刊行に向けて、執筆協力者一覧記載の団員には原稿執筆とともに編集委員会からの要望に対する対応をしていただきました。執筆支援協力者一覧の団員には、主執筆者へのサポート、執筆分担、原稿への意見交換、校正作業等にご協力をいただきました。本書はこれらの多数の団員の下で刊行されたものです。これらの方々にあつくお礼を申し上げます。

本書の第3章の主執筆を担当していただいた坂本修団員（元自由法曹団団長）が20年7月7日急逝されたとの訃報がとどきました。第3章は同団員なくしては記せなかった歴史です。貴重な記録を遺していただいた坂本団員に衷心から感謝の念を表します。

最後に、日本評論社の柴田英輔さんには編集作業の仕上げに丁寧なご指導をいただきましたことに感謝申し上げます。

2021年6月

自由法曹団物語編集委員会

〈資料①〉気風——自由法曹団の現地調査活動

自由法曹団は、東京の弁護士グループが、1921 年 8 月 10 日、ストライキに入った造船所などの労働者が警察や軍隊によって弾圧を受けた神戸に現地調査に入り、犠牲者からの聴取、抗議、演説会などを行い、帰京後「神戸人権蹂躙問題調査報告書」を発表し、平沼検事総長に申し入れを行った活動を機に創立された。1923 年関東大震災時の亀戸事件、大杉栄虐殺事件にも調査活動を行った。

以来、自由法曹団は、人権蹂躙のあるところ、これを調査して真実を究明し、抗議し、社会に訴え、その解決を求める活動を気風としてきた。

74年	兵庫県　解同朝田一派・八鹿高校事件調査 (02 年団物語(下)「勇気の川原——八鹿高校事件」)
76年	新潟県　信濃川河川敷調査 (02 年団物語(下)「首相の犯罪に挑む——信濃川河川敷裁判」)
81年	北海道　北炭夕張新鉱ガス突出事故調査 (02 年団物語(上)「ドカンとくれば死ぬばかり——夕張新鉱ガス突出災害」)
95年	兵庫県　阪神淡路大震災・ロスアンジェルス地震調査 (02 年団物語(上)「災害の現場に立つ——阪神・淡路大震災」)
95年	沖縄県　米兵による少女暴行事件　基地実態調査 (02 年団物語(下)「沖縄——怒りと激動の 10 か月」)
11年	宮城・岩手県　東日本大震災被災地 (21 年団物語「東日本大震災からの復興」)
15年	千葉県　銚子市・県営住宅追い出し母子心中事件 (21 年団物語「銚子市県営住宅追い出し母子心中事件」)

自由法曹団は、戦争と平和、選挙制度等について海外を含む調査活動を行ってきている。

93年	PKO 法施行で戦後初の海外派兵の現地カンボジア調査 (02 年団物語(下)「民間機を飛ばした自由法曹団員」)
90〜 91年	イギリス、フランス、ドイツ選挙制度調査 (02 年団物語(下)「『国家改造』との激突——小選挙区制」)
02年	アメリカのアフガン戦争の被害——パキスタン調査団 (21 年団物語「9.11 とアフガン戦争・イラク戦争 NO」)
07年	イタリアの国民投票運動におけるメディア規制と促進の調査
19年	イージス・アショア配備候補地の秋田・山口調査

〈資料②〉自由法曹団の周年行事

周年	開催年	団員総数	月日	行事内容	参加者数
45周年	1966年	336名	10月1日	祝賀会 （東京・ダイヤモンドホテル）	600名
			10月2日	権利擁護討論集会 （法政大学）	630名
50周年	1971年	581名	11月 6～7日	権利擁護討論集会「人権のために」 （新宿・文化服装学院）	535名
				レセプション （上野タカラホテル）	420名
55周年	1977年	925名	2月26日	自由法曹団物語出版記念レセプション （日比谷・松本楼）	220名
			2月27日	討論集会	400名
60周年	1981年	1087名	10月24日	討論集会「自由と人権のために――たたかう人びととあゆんだ60年」 （ヤクルトホール）	328名
70周年	1991年	1411名	10月28日	記念のつどい「歴史の転換点に立って、いま、自由と平和・民主主義を 守り抜くために！」 （ホテルラングウッド）	844名
				レセプション	870名
				物故団員をしのぶ会	65名
75周年	1996年	1460名	7月19日	東日本集会「いま沸き起こる新たなうねり」 （全電通会館）	300名
			10月19日	西日本集会 （神戸朝日ホール）	400名
				レセプション（神戸ハーバーランドニューオータニ）	170名
80周年	2001年	1555名	10月26日	記念のつどい「21世紀をきりひらく」 （弁護士会会館クレオ）	700名
				レセプション （後楽園ドームホテル）	650名
90周年	2011年	2020名	10月21日	記念のつどい「流れをかえる――9.11と3.11」 （グランパシフィック LE DAIBA）	509名
				レセプション	598名

〈資料③〉 自由法曹団の発行物

○「自由法曹団ニュース」第1号
（1946年10月1日発行）

自由法曹團ニュース

第1号

1946.10.1

自由法曹團

海員ゼネスト彈圧の陰謀

▽33号告発への抗議

綱領

人権の擁護伸張

松山町

警官暴行事件の告発

新団員紹介

団員へのお願い

○「自由と人権」第1号
（1955年12月15日発行）

第一号

自由と人権

1部 20円

団再建に活発な討議

法廷のあり方について

○ 自由法曹団編集「労働法律旬報」第1号（1949年11月5日発行）

勞働法律旬報 No. 1　（昭和24年11月5日）

勞働法律旬報

昭和24年11月5日
毎月三回發行
No. 1

自由法曹團編集

焦点

無協約を目的とした
改訂の申入れは無効

大ていの協約は「期限滿了一カ月前に兩當事者から協約改訂の意思表示なき場合は更に一カ年有効とす」という更新規定が設けられているが、「變更せる條件により協約の再締結を希望する當事者は相手方に對し、其の旨を本協約の期限滿了二カ月前に書面を以て通告するものとす、右通告到達後一カ月を經て兩當事者は其再審議に着手するものとす」というように規定していないため、從來の水準の高い協約を無効にし、首切りや賃下げを強行しようとする經營者は、一カ月前に形式的に改訂の申入れをし、新協約案も提示しないし、新協約案を提示する場合でも、できるだけ遅らせ、また新協約締結の團体交渉をできるだけさぼり、期限が切れると同時に破棄するという全く協約の精神をふみにじつた强引な戰術に出ている例が相當ある。

當事者が協約を締結するとき、改訂の申入れの時期を一カ月前に限定した精神は、改訂の申入れをした方が、直ちに新協約案を提示し一カ月の間にできるだけの努力を傾け、新協約を締結し、無協約狀態からくる混亂を防止しようとしたために他ならない。當事者の一方でも現行協約に從う意思がない場合には無協約にするというのであれば、なにも一カ月前という限定をおく必要はないわけである。まして、かかる規定を有する協約は、たいてい「新協約が成立するまで、その効力を延長する」という所謂自動延長規定がついており、改訂の申入れと同時に協議を開始し、協議が整はないときでも、無協約狀態におち入ることを防止しようとする精神は明白である。故に改訂の申入れをした方が、新協約の締結に努力しない場合は、その改訂の申入れは無効であることは理の當然である。しかし從來の判例は改訂の申入れをきはめて形式的に解釋し、單に意思表示さえあれば、それで協約は更新せず、期限滿了後は自動延長規定によつて延長されているにすぎないと勞働協約の本質について全然無知な判示をしていた。しかるに澁川化學の判決では――この判決は本號掲載の佐伯辯護士の批判の通り從來の諸判決より一歩後退した判決であるが――この點に關する限り、從來の判決より前進し「改訂の申入れだけで、一カ年間はつておいたのは、當事者間ですでに取消したものと認める」から、協約は自動延長規定によつて延長されているのではなくて、更新規定によつて更新されており、一方的な破棄は許されないと判示した。この理は一カ年間だけでなく、一カ月間でも同じである。

故に一カ月前に改訂の申入れをしただけで新協約締結のため誠意を示さない場合は、その無効を主張してあくまで闘うべきである。

しかし從來の「一カ月前に改訂の意思表示なき場合は」という表現の仕方は確に不備であるから、これからは前述のように二カ月前に書面を以つて申入れをし、申入れをした時から一週間位の間に必ず新協約案を提示せしめ、誠意を以て協約締結の努力をするということをはつきり協約でうたい、かかる要件をかく改訂の申入れは無効とするということを明記しておくべきであろう。

目次

—1—

○ 自由法曹団編集「人権のために」
第1号（1959年4月）

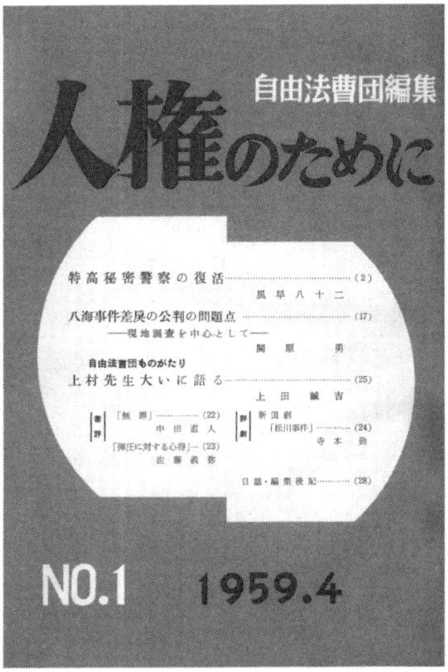
自由法曹団編集
人権のために
特高秘密警察の復活……………………(2)
風早八十二
八海事件差戻の公判の問題点……………………(17)
――現地調査を中心として――
関原勇
自由法曹団ものがたり
上村先生大いに語る……………………(25)
上田誠吉
書評
「無罪」……………(22)
中田直人
「弾圧に対する心得」…(23)
佐藤義弥
評劇
新国劇
「松川事件」…………(24)
寺本勤
日誌・編集後記…………(28)
NO.1　1959.4

○「自由法曹団ニュース」
第1号（1968年10月10日発行）

◇ 題名募集
10月末日までに事務局宛に投稿して下さい。
◇ 原稿募集
毎月末までに事務局宛にどしどし投稿して下さい。
自由法曹団
ニュース
1968.10.10発行
発行所　No.1
東京都港区琴平町21番地
TEL (501) 9486番
自由法曹団事務局
井本検事総長の
罷免と辞職を申入れる
―罷免要求署名運動を拡大―
発刊にあたって
団長　岡崎一夫
目にあまる警察の暴挙
―たびかさなる妨害―
大宮原子炉設置に異議申立
百里裁判に右翼が大挙介入

○「旬刊自由法曹団通信」第1号
（1973年3月21日発行）

旬刊
自由法曹団通信
第1号
一九七三年三月二一日
自由法曹団本部
東京都港区芝琴平町二一番地
TEL 〇三（五〇一）九四八六

自由法曹団通信の発行について
団・本部事務局

自由法曹団は、ここ数年で大きく発展し、団員数も六百名を超えるようになりました。
そこで、団内の連絡を一層緊密にするため「自由法曹団通信」（旬刊）を発行することにします。一方通行的な本部事務局からの連絡だけでなく各支部からの報告、全国の団員の活動報告・近況・意見・提案等日常的な短信を掲載していく予定です。「旬刊」による速報性を生かすために、原稿は四百字以内程度にお願いします。資料等は、表題ないし要旨だけを紹介します。全国の団員に対する通信・連絡のため、団員各位がこの「通信」を大いに活用されるようお願いします。
発行は毎月一日、一一日、二一日の予定で、団員宛に送ります。ただし複数の団員が一つの事務所を構成している場合は、事務所宛に一部とします。
「団ニュース」はこれまで通り毎月一回発行します。（「人権のために」「団ニュース」は公刊し、「団報」と「通信」は団内機関誌紙として運用したいと考えます。なお従来各支部・幹事所属事務所等に送っていた「事務連絡」は廃止します。）

◎豊田・嘉松合同法律事務所からの便り

全国総会大歓迎
――幹事会議題について一言――

◇岡山での全国総会の開催、大歓迎です。
◇当所も陣君が来て活気づいてきました。嘉松君も今迄年中、老人の顔ばかりと対面していたので、これで気が楽になったでしょう。二人とも、近い将来に、も一人位ふやしたい気持になっているようです。小生はもうタッチしません。顔をきかせていささか収入に貢献すること、健康をとりもどして、平和運動中心にも一度大衆運動に挺身したいということです。
◇三月一〇日の幹事会は行けません。議題の一つに三重の中村君の問題がありますね。小生も戦前から戦後にかけて、同じ目に会っているので中村君の切歯扼腕ぶりが眼にみえるようです。

―1―

○「旬刊自由法曹団通信」第1773号
（2021年3月1日発行）

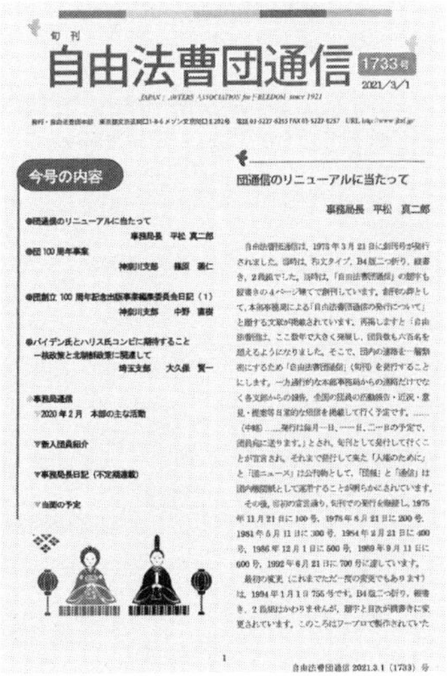
旬刊
自由法曹団通信　1733号
2021/3/1
JAPAN LAWYERS ASSOCIATION for FREEDOM since 1921

今号の内容
●団通信のリニューアルに当たって
事務局長　平松 真二郎
●団100周年事業
神奈川支部　篠原 義仁
●団創立100周年記念出版事業編集委員会日記（1）
神奈川支部　中野 直樹
●バイデン氏とハリス氏コンビに期待すること
―核政策と北朝鮮政策に関連して
埼玉支部　大久保 賢一
※事務局通信
▽2020年2月　本部の主な活動
▽新入団員紹介
▽事務局長日記（不定期連載）
▽当面の予定

団通信のリニューアルに当たって
事務局長　平松 真二郎

自由法曹団通信は、1973年3月21日に創刊号が発行されました。当時は、和文タイプ、B4版二つ折り、縦書き、2段組でした。当時は、「自由法曹団通信」の題字も縦書きの4ページ建てで創刊しています。創刊の辞として、本部事務局による「自由法曹団通信の発行について」と題する文章が掲載されています。再掲しますと「自由法曹団は、ここ数年で大きく発展し、団員数も六百名を超えるようになりました。そこで、団内の連絡を一層緊密にするため「自由法曹団通信」（旬刊）を発行することにします。一方通行的な本部事務局からの連絡だけでなく各支部からの報告、全国の団員の活動報告・近況・意見・提案等日常的な短信を掲載して行く予定です。……（中略）……発行は毎月一日、一一日、二一日の予定で、団員宛に送ります。」とされ、旬刊として発行して行くことが宣言され、それまで発行して来た「人権のために」と「団ニュース」は公刊物として、「団報」と「通信」は団内機関誌紙として運用することが明らかにされています。
その後、当初の宣言通り、旬刊での発行を継続し、1975年11月21日に100号、1978年8月21日に200号、1981年5月11日に300号、1984年2月21日に400号、1986年12月1日に500号、1989年9月11日に600号、1992年6月21日に700号に達しています。
最初の変更（これまでただ一度の変更でもあります）は、1994年1月1日755号です。B4版二つ折り、縦書き、2段組はかわりませんが、題字と目次が横書きに変更されています。このころはワープロで製作されていた

1
自由法曹団通信 2021.3.1（1733）号

〈資料④〉自由法曹団の書籍出版

発行年	書籍名	出版社
1950	働くものの法律知識　自由法曹團編	近代評論社
1959	松川事件上告審弁論　松川事件弁護団常任世話人会編	労働法律 旬報社
1966	自由法曹団物語――解放運動とともに歩んだ45年	労働旬報社
	人権と公判闘争　創立45周年記念	労働旬報社
1976	自由法曹団物語（戦前編）創立55周年記念	日本評論社
	自由法曹団物語（戦後編）創立55周年記念	日本評論社
	現代の思想弾圧　職場の権利必携シリーズ no.8　自由法曹団労働部会編	民衆社
1984	警察と市民の人権	みずち書房
1985	国家機密法のすべて　上田誠吉・坂本修編	青木出版
1986	市民の生活と警察――警察と市民の人権 PART Ⅱ	イクォリティ
1988	新版　憲法とわたしたちのくらし　自由法曹団婦人部編	あかつき印刷
	警察拘禁二法のすべて	学習の友社
	「連合」路線の真相――労働者の権利闘争の現場から	学習の友社
1989	ザ・代用監獄	白石書店
1994	検証・小選挙区制	新日本出版社
1996	くらしの法律相談ハンドブック　75周年記念	旬報社
1998	憲法判例をつくる	日本評論社
	憲法とわたしたちの暮らし　自由法曹団婦人部編	あかつき印刷
1999	戦争への道　Q＆A――新ガイドライン法案のすべて（逐条解説付き）	学習の友社 ブックレット
2001	新くらしの法律相談ハンドブック　創立80周年記念	旬報社
2002	自由法曹団物語　世紀をこえて（上下）　創立80周年記念	日本評論社
	有事法制　ダレのため？なんのため？	学習の友社 ブックレット
	有事法制のすべて――戦争国家への道	新日本出版社
2003	有事法制　国民保護法制　だれのため？なんのため？	学習の友社 ブックレット
	有事法制とアメリカの戦争――続『有事法制のすべて』	新日本出版社
	変えてはいけない！教育基本法	唯学書房 ブックレット
2004	憲法「改正」――だれのため？なんのため？	学習の友社 ブックレット
2006	国民投票法＝改憲手続きの「カラクリ」	学習の友社 ブックレット
2009	なくそう！ワーキングプア　労働・生活相談マニュアル	学習の友社
2010	比例削減・国会改革　だれのため？なんのため？	学習の友社 ブックレット
2011	最新くらしの法律相談ハンドブック　創立90周年記念	旬報社
2013	安倍「雇用改革」を切る！　憲法をいかし、働くルールの確立を	学習の友社 ブックレット
2014	これが秘密保護法だ　全条文徹底批判	合同出版 株式会社
2021	自由法曹団百年史 1921-2020	日本評論社
	自由法曹団物語――人間の尊厳をかけてたたかう30話	日本評論社
	自由法曹団百年史 年表	すいれん舎

執筆協力者一覧

岡村親宜（東京支部）　東京本郷合同法律事務所
鶴見祐策（東京支部）　第一法律事務所
坂本修　（東京支部）　東京法律事務所
伊賀興一（大阪支部）　伊賀総合法律事務所
豊川義明（大阪支部）　C&L 法律事務所
中島晃　（京都支部）　市民共同法律事務所
石川元也（大阪支部）　石川元也法律事務所
杉井静子（東京支部）　ひめしゃら法律事務所
滝沢香　（東京支部）　東京法律事務所
田中隆　（東京支部）　田中隆法律事務所
村田浩治（大阪支部）　堺総合法律事務所
城塚健之（大阪支部）　大阪法律事務所
渕上隆　（東京支部）　東京中央法律事務所
松島暁　（東京支部）　東京合同法律事務所
泉澤章　（東京支部）　東京合同法律事務所
加藤健次（東京支部）　東京法律事務所

執筆支援協力者一覧

荒井新二（東京支部）　東京合同法律事務所
石崎和彦（東京支部）　第一法律事務所
今村幸次郎（東京支部）旬報法律事務所
井上洋子（大阪支部）　きづがわ共同法律事務所
尾林芳匡（東京支部）　八王子合同法律事務所
黒岩哲彦（東京支部）　北千住法律事務所
小林善亮（埼玉支部）　（弁）西むさし法律事務所
篠原義仁（神奈川支部）川崎合同法律事務所
菅野昭夫（石川県支部）（弁）金沢合同法律事務所
鈴木亜英（東京支部）　青梅ぽぴらる法律事務所
中野直樹（神奈川支部）（弁）まちだ・さがみ総合法律事務所
西田穣　（東京支部）　東京東部法律事務所
平井哲史（東京支部）　東京法律事務所
船尾徹　（東京支部）　東京南部法律事務所
山口真美（東京支部）　三多摩法律事務所
吉田健一（東京支部）　三多摩法律事務所
渡部照子（東京支部）　代々木総合法律事務所

自《じ》由《ゆう》法《ほう》曹《そう》団《だん》 百《ひゃく》 年《ねん》史《し》 1921-2021

2021 年 7 月 20 日　第 1 版第 1 刷発行

編　者――自由法曹団
発行所――株式会社　日本評論社
〒 170-8474 東京都豊島区南大塚 3-12-4
電話 03-3987-8621（販売：FAX－8590）
03-3987-8592（編集）
http://www.nippyo.co.jp/　振替　00100-3-16
印刷所――株式会社平文社
製本所――牧製本印刷株式会社
装　丁――図工ファイブ

ISBN978-4-535-52492-7